D0143762

72.

lot

LETTRES
DE
JEAN GIRAUDOUX

Du même auteur :

Jean Giraudoux, *Carnet des Dardanelles*. Introduction et notes de Jacques Body. Editions Le Bélier, 1969.

Jean Giraudoux, *Or dans la nuit*. Note bibliographique de Jacques Body. Editions Grasset, 1969.

Jacques Body, *Giraudoux et l'Allemagne*. Les Publications de la Sorbonne - Librairie Marcel Didier, 1975.

PUBLICATIONS DE LA SORBONNE

UNIVERSITÉ DE PARIS IV - PARIS-SORBONNE
Série "Documents" · 24

JEAN GIRAUDOUX

LETTRES

Présentées et annotées par

Jacques BODY
Professeur à l'Université François-Rabelais (Tours)

Ouvrage publié avec le concours
du Centre National des Lettres

PARIS
ÉDITIONS KLINCKSIECK
1975

PQ
2613
I74
Z53
1975
1

La loi du 11 mars 1957 n'autorisant, aux termes des alinéas 2 et 3 de l'article 41, d'une part, que les « copies ou reproductions strictement réservées à l'usage privé du copiste et non destinées à une utilisation collective » et, d'autre part, que les analyses et les courtes citations dans un but d'exemple et d'illustration, « toute représentation ou reproduction intégrale, ou partielle, faite sans le consentement de l'auteur ou de ses ayants-droit ou ayants-cause, est illicite » (alinéa 1ᵉʳ de l'article 40).

Cette représentation ou reproduction, par quelque procédé que ce soit, constituerait donc une contrefaçon sanctionnée par l'article 425 et suivants du Code Pénal.

ISBN 2-252-01649-3.

© Editions Klincksieck, 1975.

PRÉFACE

« Vous devez n'écrire à votre famille que des billets ».

(*L'Ecole des Indifférents*, p. 21)

L'amitié de Giraudoux était faite de rencontres rituelles, de rendez-vous téléphoniques, d'apparitions météoriques, qui ne laissent pas de traces écrites. Il redoutait la correspondance et négligeait d'*ouvrir* son courrier, rappelle son fils. Jean Giraudoux n'est par la marquise de Sévigné. Ses lettres méritent considération surtout pour des raisons extérieures à elles. Ce qu'elles forment, comme il arrive souvent, n'est pas une œuvre, mais comme l'ombre ou l'écho ou l'entour ou le revers de l'œuvre. Sa publication n'est guère destinée au grand public, mais plutôt aux spécialistes, de quelque méthode qu'ils se réclament, y compris la psychocritique ! Ce qui n'exclut pas que d'agréables surprises attendent, presque à chaque page, toutes les variétés de lecteurs : un mot d'esprit, un petit fait, un récit leste, ou une brève lumière jetée sur l'œuvre, et petit à petit, de ces lettres venues de toutes les parties du monde, quelque chose naît : le souvenir d'une absence, — ou renaît : l'illusion d'une présence.

Quand on a admis qu'il ne fallait presque rien attendre de ces lettres, on découvre qu'elles suivent toute la vie de Giraudoux depuis sa majorité jusqu'à sa mort; qu'elles racontent l'histoire d'un siècle mouvementé, et qu'elles jettent une nouvelle lumière sur toute son œuvre. On découvre surtout, dans ces lettres, sans jeu de mots, *tout le contraire d'un homme de lettres :* « J'étrenne ma plume pour vous, chère Suzanne, et il ne reste rien à mon porte-plume de la littérature de *Simon.* Je pense à vous à chaque instant et à tout propos. C'est peut-être quand je vous écris — le papier, la plume distraient — que j'y pense le moins profondément. »

Et à son fils : « J'ai publié un livre sous le titre *Littérature*, mais tu verras en le lisant que le titre est *Non-Littérature* ».

A l'exception des lettres reçues par Paul Morand et publiées dans son *Jean Giraudoux, Souvenirs de notre jeunesse* (1), ainsi qu'une lettre à Charles-Louis Philippe publiée en 1969 dans les Cahiers du Bourbonnais et des extraits de lettres glissées par Jean-

---

(1) Genève, La Palatine, 1948. Voir toutefois, pour rectifier un certain nombre de dates erronées, notre *Giraudoux et l'Allemagne*, p. 181, note 1.

Pierre Giraudoux dans la préface de *Portugal*, la correspondance de Jean Giraudoux est inédite. Nous nous proposons de publier les lettres que nous avons pu retrouver avec l'espoir que d'autres correspondants, (ou leurs héritiers) veuillent bien nous communiquer le texte d'autres lettres. La correspondance Giraudoux-Jouvet, conservée à la Bibliothèque de l'Arsenal, sera aussi publiée un jour, espérons-le. Toutefois les plus amples collections appartiennent au genre mineur de la correspondance familiale.

Le plus grand nombre des originaux est détenu par Jean-Pierre Giraudoux, qui m'a ouvert ses cartonniers avec la plus amicale libéralité. Il y a plus de dix ans, René Marill Albérès m'avait signalé l'intérêt d'un lot de cartes postales. Parmi les dizaines d'amis de Jean Giraudoux que j'ai ensuite sollicités, rares étaient ceux qui avaient reçu de véritables lettres, plus rares ceux qui avaient conservé ces lettres, plus rares encore ceux qui me les ont confiées. Aussi faut-il adresser des remerciements tout particuliers à Pierre Bressy, à Suzanne Lalique, à Edouard Maynial, à Mme André Morize et à Alain Mourgeon, à Marguerite-Marie et Cécile-Marguerite Toulouse, à M. François Chapon, conservateur de la Bibliothèque Jacques-Doucet (lettres à J. Doucet, Y. Friedmann, A. Gide, P. de Lanux, A. Suarès), à Mlle Kunz, conservateur de la Bibliothèque de Vichy (Fonds Larbaud, Fonds Marcel Ray), et à la Bibliothèque nationale (lettre à A. Breton).

Les nombreuses lettres ou cartes postales qu'il a adressées à ses parents, et particulièrement à sa mère, fournissent des indications biographiques. Elles sont parfois charmantes mais n'apportent guère de révélations. La banalité y devient pur symbole de la transparence. Tout aussi transparentes sont les lettres à Suzanne Lalique mais cette fois ciselées et d'un esprit miroitant : on y goûte ce que furent l'esprit et l'amitié de Giraudoux au fil des jours les plus quotidiens. Pudique à l'extrême, il ne se confie qu'à sa femme et à son fils, surtout à son fils, quand la guerre les sépare. Les lettres adressées à d'autres écrivains, Charles-Louis Philippe, André Gide, Valery Larbaud, André Suarès, André Breton, Marcel Ray, intéressent l'historien de la littérature, et c'est pourquoi elles font l'objet de commentaires un peu plus étoffés. Les indications les plus précieuses sur l'activité littéraire de Giraudoux sont ailleurs, dans la lettre à l'ami de « Jacques l'Egoïste », (p. 200) dans la lettre à Jacques Doucet sur *Simon le Pathétique* (p. 210) dans la lettre sur *Amphitryon 38* (p. 217). Peu de choses chaque fois et le commentaire s'est efforcé d'être suggestif mais bref, pour éviter de peser lourdement sur des têtes d'épingles. En outre, les lettres de l'étudiant d'allemand sont commentées dans mon *Giraudoux et l'Allemagne* (Librairie Didier, Les Publications de la Sorbonne,

1975) et il n'a pas semblé nécessaire de répéter ici ces commentaires non plus que de reproduire, réduite ou in-extenso, la bibliographie.

Le classement de telles lettres devrait répondre d'un coup aux exigences d'une double logique : celle de la chronologie, qui nous amènerait à mêler plusieurs correspondances; celles des liens, familiaux, affectifs ou officiels, qui lient l'auteur à chacun de ces correspondants, ce qui nous amènerait à brouiller la chronologie. On pourra suivre, rigoureusement, cette double logique, en utilisant la table à double entrée qui termine le volume. Pour celui que rebuterait cet usage « non linéaire » du livre, nous avons adopté une solution bâtarde. Considérant que l'homme Giraudoux n'était pas tout à fait le même lorsqu'il écrivait à tel ou tel, et qu'il a changé aussi avec le temps, nous nous sommes efforcé, de ne pas mêler plusieurs Giraudoux. Les lettres sont donc groupées par paquets homogènes (période continue, destinataires uniques ou comparables) : la chronologie commande l'ordre des lettres à l'intérieur d'un paquet et inspire l'ordre des paquets dans l'ensemble.

Le texte a été facilement établi grâce à la belle écriture de Giraudoux. Il n'a pas paru nécessaire de relever ses négligences de plume (absence de circonflexes ou de traits d'union) ni de signaler par un *sic* tous les noms de mois et de jours honorés d'une majuscule selon sa mauvaise habitude.

Les dates ont été beaucoup plus difficiles à établir. Giraudoux se contentait souvent d'une indication sommaire, du genre : « Mercredi ». Quand l'enveloppe est conservée, et que le timbre de la poste est lisible, la date de l'expédition est connue. Si elle diffère de la date de rédaction, cette dernière seule est portée en haut et à droite de la feuille. Dans les autres cas, on a épargné au lecteur le jeu compliqué des déductions mettant en œuvre l'analyse du texte, les repères chronologiques ou géographiques ou bibliographiques, et les calendriers perpétuels. Seules quelques lettres importantes, posant des problèmes de dates intéressants, ont fait l'objet d'un commentaire spécial.

PREMIÈRE PARTIE

LETTRES DE JEUNESSE (1902-1913)

Ses correspondants privilégiés sont alors ses parents, qui habitent maintenant Cusset, près de Vichy, et son frère Alexandre, qui achève à Paris (11, rue Descartes) ses études de médecine. Son père n'a jamais vu la mer : si l'on en croit *Siegfried et le Limousin* (p. 292) et la lettre du 20 septembre 1903, l'étang de Sagnat « est la plus grande quantité d'eau qu'il ait jamais vue ». Son fils lui annonce, comme autant de conquêtes familiales, les principales étapes de ses périples et compte triomphalement les frontières traversées. « Mon dixième pays », écrit-il le 11 avril 1906, sur une de ces cartes postales que sa mère est priée de conserver, et qu'elle a conservées en effet puisque nous les lisons grâce à elle, qu'elle a conservées religieusement, dans la double adoration de son petit garçon et de la chose écrite. Dieu sait pourtant que Jean écrit peu, ou qu'il écrit pour dire : « Vous écris » (de Cologne, 19 mai 1905) ! Mais ce lien est nécessaire de part et d'autre. Si Jean n'a pas son lot de lettres familiales au bout de la semaine, il réclame et s'inquiète : la santé de sa maman est toujours préoccupante (ce qui ne l'empêchera pas de vivre quatre-vingt-onze ans, et son fils chéri lui survivra peu).

Quant au frère aîné, Alexandre dit Alex, il a droit, de la part de son cadet, à des propos protecteurs et presque paternels : a-t-il échoué à son dernier examen de médecine, c'est injustice et malchance; attend-il en vain, jeune médecin, ses premiers clients, ils viendront, ils attendent d'être vraiment malades... Telle est la trame familiale et affective, très provinciale, très « petite-bourgeoisie », sur laquelle le fils prodigue brode le récit anti-épique de sa modeste ascension : service militaire, rue d'Ulm, boursier d'agrégation en Allemagne, lecteur à l'Université de Harvard, secrétaire à mi-temps du directeur du *Matin* (et chef de la rubrique des contes), élève vice-consul au ministère des affaires étrangères.

LETTRE DE LA TOUR EIFFEL (1897)

Grand événement : conduit à Paris, avec son frère aîné, par leur grand-oncle maternel Auguste Sabourdy et la tante Etiennette, un garçon de quinze ans, qui est déjà « un petit messie pour trois ou quatre phrases », envoie son premier message du haut de la tour sa jumelle : « Je suis né le mois où elle sortit de terre », est-il dit dans la « Prière sur la tour Eiffel » (*Juliette*, p. 131). Du coup, cette « Prière » apparaît mensongère, au moins en partie, trois pages plus loin : « Voilà vingt-deux ans, Jules Descoutures-Mazet, que par un printemps semblable tu m'as hissé *pour la première fois* sur cette tour, en uniforme de lycéen... ».

Jean Giraudoux   *Carte postale*
à   *(« de la Tour Eiffel »*
*M. & M*ᵐᵉ *Giraudoux*   *Imp. Phot. Neurdein Frères)*
percepteur à Cérilly (Allier)   *(Tampons de la poste :*
                                          — Paris... (illisible)
                                  — Paris 27... Dominique
                                                  sept. 97
                                         — Cérilly - Allier
                                            ...(illisible))

de la Tour Eiffel, 3 septembre 1897.

Nous sommes à la tour Eiffel d'où nous vous envoyons mille bons et tendres baisers.

                                            Etiennette
                                            Auguste
                                            Alexandre
                                               Jean.

Nous regrettons vivement que vous ne soyez pas avec nous tous les deux.

SERVICE MILITAIRE

(7 NOVEMBRE 1902 - 20 SEPTEMBRE 1903)

J. G. est normalien depuis juillet 1902. Toutefois, pour bénéficier des dispositions de la loi du 11 juillet 1892, il s'est engagé pour trois ans le 7 novembre 1902 « avec faculté d'envoi en congé après un an de présence au corps ». Il est promu caporal la veille de sa mise en disponibilité, et sergent six mois après. A l'école normale, il poursuivra ses études avec la promotion 1903.

—————

A Monsieur Giraudoux
Percepteur
Rue des Capucins
Cusset (Allier)

Clermont-Ferrand, décembre 1902
(Timbre de la poste :
Clermont-Ferrand Puy-de-Dôme
8 h 50 — ... 12.02)

(Carte postale :
Clermont-Ferrand,
Caserne d'Assas (du 92ᵉ d'Infanterie))

Chère maman, cher père,

La petite fenêtre à gauche, marquée d'une croix, est celle de ma chambre, mon lit en est à 3 pas. Aujourd'hui visite du Général de division qui m'a fait l'honneur de me parler quelques moments des devoirs que mon titre (1) m'imposait. Je suis très vaillant, la lettre de maman y est pour quelque chose. A dans quinze jours ! Je vous embrasse tous quatre.

(1) Son titre de normalien.

——————————————

Monsieur Giraudoux   [1902-1903]
Percepteur   *Timbre de la poste :*
Cusset (Allier)   *« de Lyon à Ambérieux »... 05 (?)*
(Carte postale :
Camp de la Valbonne - Les tentes.)

Cher parents,

Mes espérances de permission pour cette semaine, et même pour l'autre, se sont évanouies. Nous revenons à Lyon à la fin de la semaine prochaine, et alors seulement pourrai-je avoir 48 heures. Ce sera court, mais je l'emploierai bien avec l'aide de M. Lambert.

Nous sommes dans une plaine immense, près de l'Ain et du Rhône, et je débuterai ce soir dans mes exercices de 1ᵉʳ sommeil sous la tente.

Mille fois je vous embrasse à tous.

Jean.

Soldat au 98
14ᵉ Compagnie
La Valbonne (Ain)

Monsieur Giraudoux   *Evian* [*20? septembre? 1903?*]
Percepteur   *(Timbre de la poste :*
Cusset (Allier)   *(illisible))*
(Carte Postale :
Evian-les-Bains,
Arrivée du bateau)

D'Evian, Bonjour.

Jean.

Monsieur Giraudoux   *Genève, 20 septembre 1903*
Percepteur   *(Timbre de la poste :*
Cusset (Allier)   *Genève 20.IX.03 - 7 Exp. lettr.)*
France.
(Carte postale :
Genève - Pont de la Coulouvrenière)

Genève 20 Sept. 1903 (1)

Chers parents, Je regrette bien d'être tout seul dans mon exode, et de ne pouvoir montrer la mer, ou presque, à mon père. Je repars demain pour Lyon, et s'il n'y a pas de difficultés au régiment, je rentrerai Mardi soir.

Mille baisers de

Jean.

---

(1) Jour où il fut renvoyé dans ses foyers au terme de son service militaire (cf. Etat ds services militaires de J. G., in *Jean Giraudoux et l'Allemagne*, appendice I).

JEAN GIRAUDOUX ETUDIANT D'ALLEMAND
(1904-1907)

Le normalien Jean Giraudoux, « grâce un peu » à un autre normalien, agrégé d'allemand, Marcel Ray (voir ci-dessous, p. 91), prend la route de Munich via Belgique, Hollande et Rhénanie : *Simon* et *Siegfried* se souviendront de ces itinéraires fantaisistes.

Il bénéficie de deux bourses annuelles (1905-1906), de trois trimestres chacune, pour séjourner en Allemagne. Dans les faits, ces six trimestres se réduiront à 12 mois, répartis en trois séjours : Munich (27 mai 1905 - 1er mai 1906, soit moins de dix mois si l'on déduit une fugue en Autriche et en Italie au mois de septembre, et un long Noël en famille); Hambourg, Sassnitz, Berlin, Munich, Berlin (5 août - 17 septembre 1906), soit un mois et demi de grand tourisme, avec excursion à Copenhague, Elseneur, et « formidable randonnée » *automobile* jusqu'à Prague; Berlin de nouveau (24 mars - 16 avril 1907).

Sous l'angle universitaire, ces années d'études germaniques sont marquées par la rédaction d'un mémoire sur August von Platen, dirigé par Charles Andler, par une réussite sans éclat au Diplôme d'études supérieures (juin 1906) et par un échec à l'agrégation (juillet 1907), échec prévisible et prévu sinon souhaité : dès l'époque de son stage au lycée Janson-de-Sailly, dans l'hiver 1907, l'agrégatif Giraudoux avoue à ses parents que la carrière diplomatique lui plairait plus que l'enseignement, et dès le printemps il caresse l'espoir d'une bourse d'un an à l'Université Harvard.

Sous un angle plus intime, le séjour à Munich a affranchi le fils, l'étudiant, l'encaserné et lui a ouvert les portes du monde, du grand monde, du monde des arts, des théâtres et des lettres. Il a pris pension au café Stefanie : c'est Montmartre traduit en allemand. Il y rencontre Frank Wedekind, le plus scandaleux des auteurs-acteurs de cabaret aux yeux du temps. Il fréquente aussi le dramaturge bavarois Josef Ruederer, et le grand sculpteur Adolf von Hildebrand, et le ténor d'opéra Buysson, et le médecin de la Cour D^r von Hoesslin, ou plutôt ses fils et sa fille, tous trois grands musiciens. Tennis et concerts, Premières et baignades, Cafés et littérature, Carnavals et récitals, Munich est érigée pour longtemps en capitale de l'univers giralducien. A la lumière de cette correspondance, *Simon*, *Siegfried* et le *Limousin et Siegfried* apparaissent, en maints épisodes qu'on croyait fantaisistes, comme le florilège d'une mémoire curieuse, attentive et vagabonde.

Monsieur Giraudoux   *Paris, 20 juillet 1904*
Rue des Capucins   *(Timbre de la poste :*
Cusset (Allier)   *Paris 38 - rue Claude-Bernard*
(Carte postale :   *16 - 20.7.04)*
Paris - L'Ecole Normale, rue d'Ulm.)

L'entrée.   J.

Monsieur Giraudoux   *(Timbre de la poste :*
11, rue Descartes Paris -   *Bruges Station 9.5.05 - 19-20*
(Carte postale :   *Départ)*
Bruges
Une vue du quai du Rosaire)

Bruges, Mardi soir

     Mon cher Alexandre,

     Tout va bien. Je suis à Bruges depuis midi et j'en repartirai demain à 3 heures pour Bruxelles. J'attends un mot de toi à Amsterdam avec l'adresse demandée à Robert. Et l'examen ? Je donnerais je ne sais quoi pour que tu sois avec moi ! Bonjour à Robert. Je t'embrasse bien fort.

       Jean.

Monsieur Giraudoux   *Ostende, 10 mai [1905]*
Percepteur   *(Timbre de la poste :*
Cusset (Allier)   *Ostende (station) 10 mai, 13-14...)*
(Carte postale :
Ostende
Le Kursaal côté de l'ouest.)

Ostende, Mercredi

     Fugue vers le Vichy de Belgique. Histoire de revoir la mer.

       Jean.

Madame Giraudoux   *Bruxelles [11 mai 1905]*
6, rue Antoinette-Mizon   *Timbre de la poste :*
Cusset (Allier)   *(illisible)*
(Carte postale :
Bruxelles - l'Hôtel de Ville.)
Bruxelles, Jeudi matin

     Mon restaurant est dans la rue marquée d'une croix, rue de l'Etuve.

       Jean.

Monsieur Giraudoux   Anvers, 11 mai 1905
Percepteur   (Timbre de la poste :
6, rue des Capucins   Anvers (Gare) 11 mai 05, 21-22
Cusset (Allier)   (Gare Centrale - Départ))
(Carte postale :
Anvers - Panorama de la ville
avec Flèche de la Cathédrale
et le Musée du Steen)

Anvers, Jeudi soir

J'arrive et ai fait un tour sur le port. Je ne partirai pour
Rotterdam que Samedi matin. Je suis dans un excellent hôtel et une
jolie chambre éclairée à l'électricité.
Je vous embrasse mille fois.

                                                              Jean.

M. Alexandre Giraudoux   Anvers, 11 mai 1905
Hôtel des Ecoles   (Timbre de la poste :
11, rue Descartes   Anvers Gare Centrale - Départ
Paris - France   11 mai 05 - 21-22)
(Carte postale :
La flèche de la Cathédrale - Anvers)

Jeudi

            Mon cher Alexandre,

Je viens d'arriver à Anvers moins courbaturé qu'hier grâce
à mon entraînement. Je serai capable maintenant de visiter
tout le Louvre, le Bon Marché et autres par plaisir avec maman.
Le manque de nouvelles seul rend mon voyage un peu trop
solitaire. Tous les soirs je lis par bonheur mon Journal.
Je t'embrasse ainsi que Robert.
Et mes bagages ?

                                                              Jean.

Monsieur Giraudoux   *La Haye-Scheveningen, 13 mai* [*1905*]
Cusset (Allier)   *(Timbre de la poste :*
France   *Scheveningen, 5-6 N - 13 Mei...)*
(Carte postale :
Scheveningen - Strandgezicht)

Samedi soir

Je suis à La Haye depuis midi et fais une promenade sur la
côte, à 5 kilomètres de la ville. Je serai demain soir ou Lundi
matin à Amsterdam. Je vous embrasse. Comment allez-vous ?

Jean.
(Scheveningen)

Madame Giraudoux   *La Haye* [*14 mai 1905*]
Cusset (Allier)   *(Timbre de la poste :*
France   *Gravenhage (illisible))*
(Carte postale :
Gravenhage - Hofvijver)

La Haye, Dimanche

Chers parents,

Je vous écris ce soir. Voici le petit lac qui est au milieu de la
ville.

Jean.

Monsieur Giraudoux   *Amsterdam, 15 mai 1905*
Perception   *(Timbres de la poste :*
Cusset (Allier)   *Amsterdam 15 Mei 05*
La France   *Paris, 17.5.05, 14)*
(Carte postale :
Zaandam - Heerengracht)

Trouvé lettre poste restante. Portez-vous bien. A bientôt lettre.

Jean.

M. Alexandre Giraudoux   *Amsterdam, 16 mai 1905*
Hôtel des Ecoles   *(Timbre de la poste :*
11, rue Descartes   *Amsterdam, 7-8 N - 16 Mei 05)*
Paris - France
(Carte postale :
O.Z. Kolk, Amsterdam)

La lettre. T'écrirai demain probablement. Ecris-moi encore à Francfort. Ne te tourmente pas. Bonjour à Robert. Je t'embrasse bien fort.

Jean.

Madame Giraudoux   *Marken, 17 mai 1905*
Cusset (Allier)   *(Timbre de la poste :*
France   *Marken - 17 Mei 05 - 4-8 N)*
(Carte postale :
Groet uit Marken)

Marken, Mercredi

Bonjour, Jean.

Madame Giraudoux   *Haarlem, 18 mai 1905*
6, rue des Capucins   *(Timbre de la poste :*
Cusset (Allier)   *Haarlem 12-in, 18 Mei 05)*
France
(Carte postale : Spaarne)

Haarlem.

  Chers parents,

Je quitte la Hollande ce soir à 4 heures pour Cologne où j'arriverai vers 9 heures. J'y resterai un jour seulement puis partirai pour Mayence le long du Rhin. Je vous embrasse bien fort tous les quatre.

Jean.

Est-ce que maman conserve mes cartes postales ?

Monsieur Giraudoux   *Amsterdam, 18 mai 1905*
rue des Capucins   *(Timbre de la poste :*
Cusset (Allier)   *Amsterdam 4-5 - 18 Mei 05)*
France
(Carte postale :
Amsterdam - Voorburgwal)

Retour de Haarlem. Je pars jeudi soir.

Monsieur Alex Giraudoux   *Cologne, 19 mai 1905*
Hôtel des Ecoles   *(Timbre de la poste :*
11, rue Descartes   *Cöln - 19.5.05 - 5-6 N Rhein 1)*
Paris - France
(Carte postale :
Cöln - Dom Inneres)

Cologne.

Premier mauvais jour. Pluie jusqu'à midi. T'écrirai de Mayence où j'arriverai sans doute demain soir. Serai après-demain à Francfort; puis à Nuremberg : écris-moi là.
Je t'embrasse de tout mon cœur.

           Jean.

Lettre de maman qui est maintenant revenue de la première ... Parle-moi de ce qui m'intéresse, n'est-ce pas ?

Monsieur Giraudoux   *Cologne, 19 mai 1905*
Percepteur   *(Timbre de la poste :*
Cusset (Allier)   *Cöln - 19.5.05, 5-6 N)*
France
(Carte postale :
Köln - Dom, Südseite)

Je continue par habitude l'ascension des cathédrales. Voici la plus haute (123 marches).

Vous écris.

           Jean G.

Monsieur Giraudoux
Percepteur
Cusset (Allier)
France
(Carte postale : Gruss aus Mainz
Schusterstrasse mit Quintinskirche)

Mayence, 21 mai 1905
(Timbres de la poste : Mainz
21.5.05 - 7-8 N - 3
Paris 15 - 22.5.05 - Etranger)

Mayence. Dimanche.

Voyage splendide sur le Rhin. Espère avoir lettre à Francfort demain. Serai Munich Mercredi ou Jeudi. Vous embrasse.

Jean

Monsieur Giraudoux
Percepteur
Cusset (Allier)
France
(Carte postale : Wiesbaden
Foyer Bau des Königl. Theaters)

Wiesbaden, 21 mai 1905
(Timbre de la poste :
Wiesbaden - 21.5.05 - 8-9 N)

Je suis presque à Vichy.

Jean.

Madame Giraudoux
Perception
Cusset (Allier)
France
(Carte postale :
Frankfurt a. M. - Der Dom)

Francfort, 23 mai 1905
(Timbre de la poste :
Frankfurt (Main) 23.5.05)

Francfort, Mardi matin.

J'ai passé l'après-midi et la soirée d'hier avec les fils Ungerer. Je vous écrirai les détails dès mon arrivée à Munich où je serai jeudi matin. Mille baisers.

Jean.

Monsieur Giraudoux   *23 mai 1905*
Percepteur   *(Timbre de la poste :*
Cusset (Allier)   *Bahnpost (illisible) 23.5.06 (?))*
France
(Carte postale :
Partie an der Altmühl
Gruss aus Gunzenhausen)

   Chers parents,

   Pas de chance pour mes débuts en Bavière. Je me suis trompé
de train, ce qui retarde d'une heure mon arrivée à Nuremberg.
Je ne perds pas l'occasion de vous envoyer une carte de plus.

                                 Jean.

Monsieur A. Giraudoux   *Francfort, 23 mai 1905*
Hôtel des Ecoles   *(Timbre de la poste : Main 1*
11, rue Descartes   *Frankfurt - 23.5.05 - 10-11 V)*

(Carte postale :
Gruss aus Frankfurt a.M. Römer)

   Merci de ta lettre. C'est la seule que j'ai trouvée ici et j'aurais
été sans elle bien désappointé. J'ai passé la soirée avec les fils
Ungerer. Je t'écrirai après-demain bien installé à Munich. Je
t'embrasse fort, embrasse Robert.

(Non postée)   *Francfort 23 [mai 1905]*
(Carte postale :
Frankfurt a. M. - Goethe-Haus

   Ai trouvé carte postale aujourd'hui Mardi 23. Bien sensible
mais...

Monsieur Giraudoux   *Nuremberg, 24 mai 1905*
Percepteur   *(Timbre de la poste :*
Cusset (Allier)   *Nurnberg 2 BA - 24 Mai 05)*
France
(Carte postale :
Unser Kronprinz und seine Braut)

   Bonjour.

Monsieur Giraudoux   *Ratisbonne, 25 mai 1905*
Percepteur   *(Timbres de la poste :*
Cusset (Allier)   *Regensburg 25 Mai 05, 2-3 N*
France   *Cassel 26.5.05, 3-4 V. Ankunft)*
(Carte postale : Regensburg
Blick auf Dom und steinerne Brücke)

Ratisbonne - Jeudi 12 heures,

Dernière étape. Pars dans deux heures pour Münich où je serai
deux heures après. Mille baisers.

                                                    Jean.

(Une flèche indicatrice) : c'est le Danube.

à Monsieur Giraudoux   *Munich, 27 mai 1905*
Percepteur   *(Timbre de la poste :*
Cusset (Allier)   *Munchen 27.5.05 - 5-6 N - 2BP)*
Frankreich
(Carte postale : München
Bavaria mit Ruhmeshalle)

Munich - Arrivé. Ai trouvé une pension qui me paraît
excellente et où je resterai jusqu'à ce que j'aie découvert une
famille. J'ai mis hier une annonce dans les journaux. Ecrirai
sans faute demain matin Dimanche. Voici mon adresse : chez
Madame Dr. Eberlein, Amalienstrasse 15/I.
Mille baisers à vous et à Vichy. Comment va mon oncle ?

(1) La famille souhaitait bien sûr que Jean prenne pension... dans une
famille. La petite annonce publiée le lendemain dans le journal local ne reçut-
elle aucune réponse satisfaisante ? Toujours est-il que Jean resta un an à la
pension du premier jour, juste au-dessus du célèbre *Café Stefanie.*

à M. Alex Giraudoux   *Munich, 27 mai 1905*
Hôtel des Ecoles   *(Timbre de la poste :*
11, rue Descartes   *München 27.5.05 - 6N - 2 BP)*
Paris - Frankreich
(Carte postale :
München - Karlstor)

Arrivé, et installé provisoirement dans la maison qu'on m'avait
recommandée. Merci de ta lettre à Francfort qui m'a bien fait
plaisir, et de ta carte à Nuremberg. Je suis tellement bousculé

en ce moment que je n'ai pas pu encore écrire à Avallon.
T'embrasse fort avec Roland.

> J. G.

> chez Frau Dr. Eberlein
> Amalienstrasse 14/1
> München.

Madame Giraudoux   *30 mai* [*1905*]
Cusset (Allier)   (*Timbre de la poste :*
Frankreich   *Tegernsee - Mai 30 ...*)
(*Carte postale : Tegernsee*)

Je suis en excursion à une quarantaine de kilomètres de
Munich avec 5 personnes de l'hôtel.
Chaleur et neige.

> Jean.

                                        [*Munich, 26 juin 1905*]
Lundi.

Bien chers parents,

La lettre de mon oncle Auguste (1), reçue hier, m'a appris ce
que j'avais deviné au silence de maman. J'en suis plus chagrin
qu'étonné; mille étudiants m'avaient déjà dit que les Budinards
étaient infailliblement collés par Tinard. Il faut croire qu'il n'y
a pas d'exceptions, comme je m'y attendais. Il faut croire surtout
que la guigne est revenue sur Alexandre, et qu'elle se préoccupe
bien peu de son travail. J'espère cependant, malgré les paroles
historiques d'une demoiselle jadis fiancée, que de nouvelles
fiançailles ne seront pas nécessaires pour que tout aille à bonne
fin. Alexandre fera, j'en suis sûr, ce qu'il faut pour cela.

Je voudrais, maman, que ton joli jardin, ta maison, l'usage
constant de ta femme de ménage, te permettent de te reposer de
tous ces accidents, et que tu n'ajoutes pas trop d'importance à
ces aléas de la chance, et à ces retards. Encore quelques mois de
patience, et tout finira bien.

J'ai reçu les deux lettres l'une après l'autre; et j'ai été bien
heureux de fêter ma fête (2) avec elles. Un verre de bière a été
le complément de ce que Robert appelle « une agape »; je me suis
payé également une glace au citron qui m'a rappelé celle de
l'exposition de 1900. Mes propriétaires m'ont présenté leurs

souhaits sous la forme de leur note(3), que je vais descendre payer avec mes derniers centimes. Je n'ai plus un sou en attendant la paye de l'Ecole, qui ne viendra pas peut-être avant un mois.

Je n'ose dire cependant que la vie est amère. Les relations que j'ai, sans être des modèles d'intimité, sont très agréables; le tennis m'a fait connaître une gentille famille, composée de la mère, du père, des 2 fils, des 2 filles. Je vais de temps en temps chez eux, parler allemand. Munich continue à être jolie, mais de plus en plus chaude, et comme on me le conseille, j'irai sans doute ailleurs pendant les vacances. Tous les Munichois partiront, les étudiants, mon instituteur, mes camarades, et je serais vraiment trop seul. Peut-être irai-je à Vienne, qui est tout près, et où la vie me sera moins chère, pour un mois environ.

Mes journées se passent en lecture, dans le jardin anglais ou sur ma chaise longue; en conversation avec mes visiteurs, en bains dans des piscines où l'on ne peut se noyer car elles n'ont qu'un mètre 50 de profondeur. Mes amis de l'Ecole m'écrivent de temps en temps, à tour de rôle; ils sont en examens et m'envient. Quelque chose me manque, je n'ai aucun journal, si maman m'envoyait quelques numéros de temps en temps, ils me feraient grand plaisir. L'*Auto* des *Lundis* entre autres me manque bien vivement.

Je ne vous parle pas de la guerre, on en parle ici très peu, et les personnes avec qui j'en ai parlé sont des Bavarois, c'est-à-dire presque des ennemis des Prussiens. Les élections vont avoir lieu ici dans quelques semaines et on espère que le vieux parti catholique continuera à avoir la majorité.

Nouvelle visite au ministre de France, qui est de plus en plus aimable, et a mis sa bibliothèque à ma disposition. Mercredi, courses de chevaux. Jeudi, je vais au théâtre, aux places à 20 sous qui sont excellentes. Vendredi je ferai peut-être une excursion vers un lac voisin(4).

Santé parfaite, que je voudrais bien vous savoir; comment vont les douleurs de Papa ? Avez-vous reçu ma carte de Dachau ?

A bientôt, je vous embrasse comme je vous aime, mille fois, ainsi que tante et oncle auxquels je répondrai bien vite.

Votre Jean (5).

---

(1) Auguste Sabourdy (voir lettre du début décembre 1906, note 3). Alexandre vient d'échouer à un examen de médecine.

(2) La Saint-Jean, samedi 24 juin. Cette lettre, datée « lundi », est donc du 26. On n'attachera aucun crédit à l'évocation de cette Saint-Jean dans *Siegfried et le Limousin*, p. 87.

(3) Arrivé le 25 mai, il doit payer son « mois ».

(4) Il alla, en fait, à Dachau. Cf. Carte du 1er juillet 1905.

(5) Voir, du même mois de juin 1905, la carte postale adressée aux cousins Toulouse, ci-dessous.

Monsieur Giraudoux   *Dachau, 1ᵉʳ juillet 1905*
Percepteur   *(Timbre de la poste :*
Cusset (Allier)   *Dachau - 1 Jul, 05)*
Frankreich
(Carte postale :
Dachau - Rathaus)

De Dachau (1), Vendredi soir,

Petite promenade aux environs pour retrouver des personnes qui d'ailleurs n'y sont pas. Côtelettes de porc délicieuses pour les remplacer. A bientôt.

Jean.

(1) J. G. était déjà allé à Dachau une semaine plus tôt (cf. Lettre du 26 juin). Dachau était alors le rendez-vous des peintres (cf. Paul Morand, *Souvenirs...* p. 12).

Monsieur Giraudoux   *Munich, 3 juillet* [1905]
11, rue Descartes   *(Timbre de la poste :*
Hôtel des Ecoles   *Muenchen 3 Jul...)*
Paris - Frankreich
(Carte postale :
München - Isartor)

A bientôt une lettre mon cher Alexandre. Tu verras que tout finira, enfin, par aller bien (1).
Je t'embrasse mille et mille fois. Mille choses à Bob,

Jean.

(1) Son frère Alexandre venait de subir un échec à son examen de médecine (cf. lettre du 26 juin).

Madame Giraudoux   *14 juillet 1905*
Perception   *(Timbre de la poste :*
Cusset (Allier)   *Leoni - 14 Jul 5-6 Nm 05)*
Frankreich
(Carte postale :
Gruss aus Leoni am Starnbergersee)

Leoni, Freitag.
Mille baisers,

Jean.

Promenade sur un lac voisin. Visite du château d'où le roi se noya, et du monument de Bismarck : souvenirs peu français pour un 14 juillet.

Madame Giraudoux   [*mi-juillet 1905*]
Perception   *(Timbre de la poste :*
Cusset (Allier)   *(illisible))*
Frankreich
(Carte postale :
Un militaire, cerné de paons,
boit une chope de bière)

De la vallée de l'Isar, après un déjeuner avec Caillaud (1). Ai
reçu ce matin les journaux.

Jean.

J. Simon, Anna von Stetten, E. Tonnelat, L. Tonnelat.

Date : cf. lettre du 26.7.1905.
(1) Ce Caillaud, orthographié Caillaut dans la lettre à peine plus explicite
du 26, est bien l'homme politique Joseph Caillaux, comme le montre la lettre
d'Amérique du 18 décembre 1907, dans laquelle son nom est d'ailleurs écrit
Caillault : nom que, visiblement, dans la famille, on connaît de bouche à
oreille, sans doute par Auguste Sabourdy, cf. *Les Hommes-tigres*, p. 6 : « ... les
députés amis de mon grand-oncle... » Mais qui est cette « dame » mère d'un
garçon ? Toujours pas Mme Léo Clarétie, la future Mme Caillaux dont il
sera parlé au printemps 1914 dans une lettre à Suzanne et dans tous les
journaux, puisque Mme Clarétie avait une fille.

Monsieur Giraudoux   *Diessen 20 juillet 1905*
Percepteur   *(Timbres de la poste :*
Cusset (Allier)   *Diessen (1) 20 . Jul . 05*
Frankreich   *Cusset Allier ... 05 (?))*
(Carte postale :
Seebad St. Alban am Ammersee)

St Georges.
    D'un autre lac.
    Baisers.

Jean.

(1) Diessen, au sud de l'Ammersee, à cinquante kilomètres au sud-ouest
de Munich.

Madame Giraudoux   *Neuschwanstein* [22 ?] *juillet 1905*
Perception   *(Timbre de la poste :*
Cusset (Allier)   *? Jul 05)*
Frankreich
(Carte postale :
Kgl Schloss Neuschwanstein (1)*)*   *Cachet : Schloss Neuschwanstein*

Semaine d'excursion, tantôt seul, le plus souvent accompagné d'allemands. Des rencontres amusantes ... une doctoresse.

Jean.

L. Magnus - Ludwig Magnus.

(1) Neuschwanstein, célèbre château du célèbre Louis II de Bavière.

Madame Giraudoux   *Ammerwald* [22 *juillet*] *1905*
Perception   *(Timbre de la poste :*
Cusset (Allier)   *Ammerwald - 20 ? VI ou VII. 05)*
Frankreich   *Post Reutte.*
(Carte postale :
Hotel u. Pension Ammerwald (1) *(Tirol)*
mit Blick auf die Geyerköpfe)

Je vous envoie ma carte de la petite maison en bas des sapins. C'est déjà le Tyrol et l'Autriche.

Jean.

(1) Ammerwald, aujourd'hui en Autriche, entre Füssen et Garmisch.

Monsieur Giraudoux   *Plansee,* [22   *juillet 1905*]
Percepteur   *(Timbre de la poste :*
Cusset (Allier)   *illisible)*
Frankreich
(Carte postale : Plansee)

Excursion continue. Neiges. Chamois. Truites. Arriverai aujourd'hui à la villa des von Hösslin. Je vous embrasse.

Jean.

Madame Giraudoux   *Partenkirchen, [23 juillet 1905]*
Perception   *(Timbre de la poste :*
Cusset (Allier)   *Partenkirchen - Vor 9-10. 05)*
Frankreich
(Carte postale :
Der Badersee mit Zugspitze)

De Garmisch, la plus haute montagne de l'Allemagne. Passé
la soirée de samedi et couché chez les von Hösslin, toujours
charmants. Avez-vous reçu ma lettre ?

Bons baisers de
                Jean.

à   *Wallgau, [24 juillet 1905 ?]*
Monsieur Giraudoux   *(Tampon de la poste :*
(père)   *Wallgau ... (illisible))*
(Carte postale panoramique :
(Gruss aus Wallgau) (1))

                            Monsieur Giraudoux
                                Percepteur
                             Cusset - Allier
                              Frankreich

Panne de l'omnibus automobile. J'en profite pour vous envoyer
cette carte. J'espère trouver une lettre de Maman demain, en
rentrant. Bons baisers à vous et à Alexandre.

                                            Jean.

(1) Wallgau, entre Mittenwald et Urfeld.

Madame Giraudoux   *Urfeld, [24 ? juillet 1905]*
Perception   *(Timbre de la poste :*
Cusset (Allier)   *Urfeld, (illisible) 9 45. .... 05)*
Frankreich
(Carte postale :
Grüsse vom Herzogstand 1731 m.)

Couronnement de l'excursion. Ascension du Herzogstand. Rentre maintenant à Munich.

                                            Jean.

Madame Giraudoux   *Munich, 25 juillet 1905*
Perception   *(Timbre de la poste :*
Cusset (Allier)   *Muenchen ... 25 Jul 05)*
Frankreich
(Carte postale :
München - Reichenbachbrücke)

Bien chère maman, Lettre demain, mais la Ste Anne (1) ne se passera pas sans un mot de moi. Je vous embrasse mille fois.

Jean.

(1) La Sainte-Anne est le 26 juillet.

Frankreich   *Munich, 26 juillet 1905*
Monsieur Giraudoux   *(Timbre de la poste :*
Percepteur   *Muenchen (le reste effacé)*
Cusset (Allier)   *Belfort 7 15 - 27 7 05 (?))*

Munich, Lundi.

Chère maman et cher papa,

J'espère que vous avez reçu toutes mes cartes postales dans l'ordre où je les envoyai, et que vous avez fait avec moi, à deux jours d'intervalle, mon joli voyage. C'est la plus jolie partie de l'Allemagne que vous avez vue, des montagnes du Tyrol, ses vieux châteaux dont la reconstruction a ruiné la Bavière, et une foule de lacs, petits et grands, plus pittoresques les uns que les autres.

Un air excellent. Je suis revenu considérablement engraissé et embruni, sans avoir eu aucun malaise et avoir ressenti le moindre fatigue au cours de l'excursion que j'ai faite à pied. J'ai couché et déjeuné chez les von Hoesslin, dont la villa isolée est face à la plus haute montagne de l'Allemagne, et qui m'ont reçu avec toute la gentillesse possible. La jeune fille est fiancée depuis un mois, et j'ai fait la connaissance du prétendant, ou mieux encore de l'agréé, 23 ans, pas encore de moustaches, docteur en droit et directeur d'un orchestre célèbre. Très riche et très gentil. Nous avons à la veillée fait rôtir du kirsch et écrit des vers dans l'album de la maison. J'ai pu les faire faux et boîteux, sans crainte qu'on s'en aperçoive.

C'est avant mon départ que Caillaut m'a invité à déjeuner, avec la dame-mère et le fils. J'avais trouvé quelques adresses que j'ai indiquées et dont on a paru content. L'excellent déjeuner a été activé par une conversation panachée sur la Bavière, l'Ecole Normale, les maux de dents, et la Russie. Caillaut, qui prépare un article sur la Bavière m'a demandé des tuyaux d'une façon qui prouvait qu'il en avait quelque besoin; je lui en ai donné à profusion, mais j'ai gardé mes meilleurs. Puis la dame m'a remercié, puis j'ai remercié Caillaut et la dame, qui sont partis le soir même, l'un vers le Tyrol, l'autre vers Ragazza. Le fils m'écrira là où il habite.

Autre connaissance : l'ambassadeur m'a également recommandé le jeune Morand, le fils de l'auteur du livret d'un tas d'opéras, Griselidis, etc... C'est un gamin de 17 ans, très gentil, qui vient me chercher de temps en temps pour aller prendre une brune (une bière brune, bien entendu (1).

Mais tous ces Français ne parlent pas précisément l'allemand, et je les évite autant que je peux. Je cause plus volontiers avec Madame Eberlein, qui est dans tous ses états, sa petite fillle se mariant contre son gré avec un peintre. Il n'y a pas qu'en France où les mariages révolutionnent les familles.

Nouvelles de Vienne; mon camarade l'Autrichien, ses études de droit terminées, s'est engagé dans un théâtre et y joue les premiers rôles. Il gagne presque de quoi payer sa bière. Nouvelles de Paris; Eggli est encore refusé à l'agrégation.

J'ai lu dans *Le Figaro,* avec quelques petits serrements de cœur, que les courses de Vichy ont commencé. Non pas que je regrette particulièrement les courses — il y en a ici, et d'automobiles, pour attirer des auditeurs aux fêtes de Wagner — mais parce que je me souviens un peu trop vivement de mes dernières vacances, déjeuners chez nous, soupers chez ma tante, parties d'écarté (je veux dire de piquet, l'écarté n'est pas un jeu) avec papa, et tout le reste. Je crois que j'irai faire un tour en France à Noël si je gagne le gros lot. Il est vrai que je n'ai pas de billet.

Je suis bien content de vous savoir tous pas trop patraques, d'apprendre que la maison vous plaît de plus en plus, mais Maman a triché dans sa dernière lettre, une page ne me suffit pas. Je refuserai à l'avenir toute lettre qui n'aura pas quatre pages.

Depuis mon retour, il pleut sans interruption. Je reste caserné dans ma chambre, à regarder de ma fenêtre les passants se mouiller. Mais cela finit par manquer de charme; avez-vous un peu de soleil, au moins ?

Je vous quitte pour aujourd'hui, vous embrassant bien des fois, ainsi que tante et oncle auxquels je vais écrire, peut-être ce soir.

Votre Jean.

Maman a oublié de me dire en m'envoyant la lettre d'Alexandre jusqu'à quand il resterait à Bourg-la-Reine. J'ai hésité, pour cette raison, à lui écrire. Je suis bien content de le voir content de son travail et de lui voir enfin de la confiance en lui.

---

(1) Ainsi commencent trente ans d'amitié avec celui qui devait être l'ambassadeur et l'écrivain Paul Morand, de l'Académie française.

Madame Giraudoux   *Oberammergau 30* [*juillet*] *1905*
Perception   *(Timbre de la poste :*
Cusset (Allier)   *Oberammergau 30 Ju.. 05)*
Frankreich
(Carte postale : Oberammergau
Anton Lang als Christus)

D'Oberammergau après une représentation des jeux célèbres.
Embrasse.

                                                              Jean.

———————————————————————————————————————

                         Gorges de la Partnach, [*31 juillet 1905*]

(Carte postale :   *(Cachet : Partnachklamm*
« I hab Di gern »)   *Führer durch die Klamm*
                                          Joseph Berghofer
                                          Vulgo Pitzner)

     Tyrol bavarois. Deux danseuses.

———————————————————————————————————————

Monsieur Giraudoux   *Gorges de la Partnach, 31 juillet* [*1905*]
Percepteur   *(Timbre de la poste :*
Cusset (Allier)   *31.07 ...)*
Frankreich
(Carte postale :
In der Partnachklamm

     Visite des célèbres gorges de la Partnach, accompagné d'an-
glaises qui n'en ont pas. À ce soir.

                                                              Jean.

———————————————————————————————————————

Madame Giraudoux   *Berchtesgaden, 1ᵉʳ septembre 1905*
Perception   *(Timbre de la poste :*
Cusset (Allier)   *Berchtesgaden ... Sep 2-3 Nm 05)*
Frankreich
(Carte postale :
Berchtesgaden vom Nonnthal)
Vendredi 1ᵉʳ septembre,

     Première étape vers Vienne. Temps médiocre. Mines de sel,
qui vont fondre, si la pluie continue. Avez-vous reçu ma lettre.
Mille baisers.

                                                              Jean.

Monsieur Giraudoux   *1ᵉʳ septembre* [*1905 ?*]
Percepteur   *(Timbre de la poste :*
Cusset (Allier)   *Muenchen 1 Sep 10-11 0..)*
Frankreich
(Carte postale :
Königsee - St Bartholomä)

Du plus beau lac d'Allemagne.

                    Jean.

Madame Giraudoux   [*Salzbourg, 1ᵉʳ septembre 1905 ?*]
Perception   *(Timbre de la poste :*
Cusset (Allier)   *illisible)*
Frankreich
(Carte postale :
Kaiserin Elisabeth-Denkmal
(G. Baldi, Salzburg 22))   (Blanc).

Madame Giraudoux   *Salzbourg,* [*1ᵉʳ septembre 1905 ?*]
Perception   *(Timbre de la poste :*
Cusset (Allier)   *Salzburg (illisible))*
Frankreich
(Carte postale :
Salzburg - Kapuzinergarten)

Pars à l'instant pour Vienne. Temps dégoûtant. Voyage en compagnie de Tyroliennes en costume. Maman m'a-t-elle écrit Vienne poste restante ?

Embrasse.

                    Jean.

Madame Giraudoux   *Vienne,* [*2*] *septembre 1905*
Perception   *(Timbre de la poste : Ankunkt a.*
Cusset (Allier)   *Cassel 1 - 3.9.05 - 3-4 N)*
Frankreich
(Carte postale : Wien Panorama mit Burgtheater
Samedi soir

Je quitte Vienne Mardi matin ou Mercredi, Je n'ai pas

trouvé de lettre de Maman. A demain la mienne. Deux bons baisers de

Jean G

Le frère de mon ami absent le remplace et me pilote.

(Non postée)   *Vienne (Autriche)* [*2 septembre 1905 ?*]

(Carte postale :
Volksgarten mit Burgtheater)

(dans un jardin public, sur un banc,
deux amoureux s'embrassent)

Les Susse Mädel
La Pâtisserie
Les amoureux de Schoenbrunn
HURRAH! (1)
Soldats sur le Danube
A Zymony : le Passeport.

(1) (D'une autre main, en travers de la photographie).
Quels souvenirs pour opérette viennoise Giraudoux a-t-il ainsi consigné-

---

Monsieur Giraudoux   *Budapest, 6 septembre 1905*
Percepteur   *(Timbre de la poste :*
Cusset (Allier)   *Bud.... 905 Sep 6-N 4 (illisible))*
Frankreich
(Carte postale : Budapest
Ferenecz Jozsef-hid
Franz Josefs-Brück)

Budapest — Je n'ai pu, bien chers parents, vous envoyer de carte postale hier, le bateau ayant eu un retard de deux heures. Ma santé est toujours excellente, mais je suis sans nouvelles de vous et non sans inquiétude. Je pars ce soir pour Belgrade, d'où je repartirai demain soir. Me voilà à moitié de mes étapes.

Mille baisers de

Jean Giraudoux.

Monsieur Giraudoux   *Belgrade* [*7 ? septembre 1905*]
Percepteur   *(Timbre de la poste :*
Cusset (Allier)   *Belgrade (illisible))*
France — Frankreich
(Carte postale :
Gruss aus Belgrad)

Bon voyage mais on s'aperçoit qu'on est en Orient. Soleil
terrible. Costumes turcs ou juifs. Quand je rencontre un allemand, c'est comme si je rencontrais un compatriote. Du reste,
on ne voit en carte postale que Loubet, les officiers français, la
belle Otero, Victorien Sardou.

Madame Giraudoux   *Belgrade, 7 septembre 1905*
Perception   *(Timbre de la poste :*
Cusset (Allier)   *(illisible))*
France - Frankreich
(Carte postale :
Bariak Djamia)
(Jovanisitch, Belgrade)

Jeudi 7.9.05

Bien chers parents, je vous écris près d'un bouillon aux œufs
qui m'a rendu Serbe, entre l'archevêque de la ville et un
général. Il paraît que je suis dans l'hôtel officiel. Je vais en
tout cas faire honneur à sa cuisine.
Je pars ce soir pour Fiume.

Madame Giraudoux   *Agram (Zagreb), 8 septembre 1905*
Perception   *(Timbre de la poste :*
Cusset (Allier)   *(illisible))*
Frankreich
(Carte postale :
Sestinske praladjena vodi)

Vendredi 8.9.1905

Visite d'Agram, capitale de la Croatie. Toute neuve vu qu'elle
fut détruite par un tremblement de terre voilà quelque dix ans.
C'est aujourd'hui fête et tous les paysans de la montagne sont
descendus en costume grec.
Baisers de
Jean.

Madame Giraudoux   *Fiume, 9 septembre 1905*
Perception   *(Timbre de la poste :*
Cusset (Allier)   *Fiume 9.05 Sept - 10 N9 - U 1 U)*
Francia - Frankreich
(Carte postale : Fiume
Venditore di limonata)

Samedi 9 septembre 1905

    Chers parents,

    Des bords de l'Adriatique. Plus de soleil ici que dans
l'Allemagne toute entière. On ne parle qu'italien ou croate. Des
figues, à en manger partout. Jolie ville au milieu des montagnes,
mais un peu trop chaude pour maman puisqu'il y a 35°.
    Baisers de

                    Jean.

Monsieur Giraudoux   *Abbazia/Opatija*
Percepteur   [*9 ? septembre 1905*]
Cusset (Allier)
Frankreich - Francia
(Carte postale : Abbazia
Anglolina Seebad)

    d'Abbazia, Station hivernale en face Fiume.
    Tout va bien.
              Jean.

Madame Giraudoux   [*Adelsberger, 10 septembre 1905*]
Perception   *(Timbre de la poste :*
Cusset (Allier)   *Adels ... 10.IX ... (illisible)*
Frankreich
(Carte postale :
Ferdinandova Jama
Partie aus der Ferdinansgrotte
Postojnska jama - Adelsberger Grotte)

    Jean.

Monsieur Giraudoux   *Trieste* [*10 ou 11 septembre 1905*]
Percepteur   *(Timbre de la poste :*
Cusset (Allier)   *Trieste 1 (illisible))*
Frankreich
(Carte postale : Trieste
Piazza Barriera Vecchia.)

(Blanc).

Madame Giraudoux   *Trieste, 11 septembre 1905*
Perception   *(Timbre de la poste :*
Cusset (Allier)   *(illisible) Trieste 1)*
Frankreich
(Carte postale :
Trieste - Alla Riva)

Lundi 11 sept. 1905

De plus en plus près de l'Italie. J'ai mangé à midi des tomates, des pâtes et des figues. La mer est plus calme que l'étang de Pirot. Je pars ce soir à minuit pour Venise où j'espère trouver de bonnes nouvelles de vous.

Je vous embrasse bien.

Jean.

Madame Giraudoux   *Venise, 12 septembre 1905*
Perception   *(Timbre de la poste :*
Cusset (Allier)   *Venezia (?) 12.9.05)*
Frankreich
(Carte postale : Venezia
Ponte al Rialto)

Le pont près de la poste où j'ai trouvé les deux lettres de maman, celle de Vienne qui m'a suivie et que j'ai fini par attraper. Ecrivez-moi maintenant à Munich. J'y rentrerai vraisemblablement dimanche prochain.

Embrasse.

Jean.

Monsieur Giraudoux   *Venise 12* [septembre] *1905*
Cusset (Allier)   *(Timbre de la poste :*
Francia   *(illisible) 12 ... 05 ...)*
(Carte postale :
Venezia - Ponte dei sospiri)
12. Mardi

Le fameux pont, appelé des soupirs parce que de gros allemands
soupirent d'extase devant, sur leur Baedeker.

Non postée   *Venise,*
(Carte postale : Venezia   [12-15 septembre 1905]
Canal grande e corso di barche)

Achat de citrouille.
Les deux vieilles demoiselles d'Embrun.
Toujours les deux Autrichiennes d'Adelsberg Gen Schmitt.
Au Lido, je perds mon numéro de cabine.
Que de savetiers.
Je comprends maintenant pourquoi tous les gens sont pieds nus.
Les souliers sont en réparation.
La clef de l'hôtel Kummer.
La fabrica molto interessante.

Monsieur Giraudoux   [12-15 septembre 1905 ?]
Percepteur   *(Timbre de la poste :*
Cusset (Allier)   *(illisible))*
Frankreich/Francia
(Carte postale :
Venezia - Panorama del Molo preso
dall'Isola S. Giorgio)
                                   Jean.

Monsieur Giraudoux   *Venise, 14 septembre 1905*
Percepteur   *(Timbre de la poste :*
Cusset (Allier)   *Venezia 14 - 9 .0 4 S)*
Francia
(Carte postale : Venezia
Piazzetta e Isola di S. Giorgio)

Chers parents,

Je suis encore à Venise; un véritable enchantement malgré la
chaleur et les moustiques dont la moustiquaire ne me préserve

qu'insuffisamment. Je pars demain pour Vérone, voir le lac de Garde et de là retour à petits pas sur Munich où je serai Lundi. Ce soir pour clore mon séjour promenade en gondole à dix heures.

Je vous écrirai demain ou après-demain. Je vous embrasse bien fort.

Jean.

Monsieur Giraudoux   *Vérone, 15 septembre 1905*
Percepteur :   *(Timbre de la poste :*
Cusset (Allier)   *Verona 16.9.05 ... Porta ...)*
Francia
(Carte postale :
Verona - L'Anfiteatro)

Vendredi 15 sept.

Journée un peu fatigante, qu'une soupe au riz et au fromage a bien couronnée. Je n'entends plus parler du choléra, ne lisant que des journaux italiens. Patrie de Juliette : tous les gosses s'appellent comme son amoureux. J'ai vu fouetter deux Roméos pour s'être jeté du crottin à la figure.

Non postée   *Vérone [15 septembre 1905]*
(Carte postale :
Verona - Tomba di Giulietta)

Pistou chez Juliette
Achat de melon
Soupe au riz.
A bientôt. Et tout cela était très beau (?)
A bientôt.

Madame Giraudoux   *Padoue, 15 septembre 1905*
Percepteur   *(Timbre de la poste :*
Cusset (Allier)   *Padova (Ferrovia) 15 9 05*
(Carte postale :
Padova - Prato della Valle con la Basilica di S Giustina)

Padoue, je viens de faire quelques prières à St. Antoine; qu'est-ce que nous allons bien retrouver !

Jean.

Monsieur Giraudoux   *Brescia, 16 septembre 1905*
Percepteur   *(Timbre de la poste :*
Cusset (Allier)   *(illisible) 16 Set 05 Brescia)*
France
(Carte postale :
Solferino colla spia d'Italia)

Seulement aperçu de « très loin » le champ de bataille dont parlait le vieux cantonier de Sagnat.

Bien des baisers,

Jean.

Madame Giraudoux   *Desenzano,*
Perception   *16 septembre 1905*
Cusset (Allier)   *(Timbre de la poste :*
Francia   *(illisible) 16 Set 05)*
(Carte postale :
Barca del Lago di Garda)
Cachet :
Hôtel Restaurant Capuccini Gaudenzio,
Proprietario, Desenzano.

Dessenzano [sic], Samedi matin

Les voiles sont brunes et rouges. Le lac est absolument bleu. Le soleil fait disparaître peu à peu les morsures de moustiques. Plus beau que la Suisse.
Je m'embarque dans une demi(e) heure. Je déjeune.
Des fleurs d'acacia (1) tombent dans mes pommes de terre frites.
Embrasse.

Jean.

(1) impalpables et multicolores!

Madame Giraudoux   *Riva [16 septembre 1905]*
Perception   *(Timbre de la poste :*
Cusset (Allier)   *Riva (illisible)*
Frankreich
(Carte postale : Riva
Il Porto e Hotel Baviere)

Samedi soir
Traversée excellente; pays de citronniers, d'oliviers et de phtisiques.

Arriverai à Munich Lundi, pas trop fâché. Espère y trouver une lettre de vous.

Vous embrasse bien.

Jean.

Monsieur Giraudoux   *Trente [17 septembre 1905]*
Cusset (Allier)   *(illisible) Trento*
Frankreich
(Carte postale :
Piazza di Fiera e le murra
della Citta - Trento)

Première étape du Dimanche.
2 heures d'arrêt.
Buffet.

Non postée   *Innsbruck.*
(Carte postale :   *[18 septembre 1905]*
Blick auf Berg Isel und Stadt - Innsbruck)

Gâteau aux fruits dans la chambre. ...
avec l'étudiant de berlin.

Madame Giraudoux   *[19 septembre 1905]*
Perception   *Achensee,*
Cusset (Allier)   *(Timbre de la poste :*
Frankreich   *(illisible) 19 ? ... 05)*
(Carte postale :
Fürstenhaus Pertisau - Achensee)

19 Sept. Mardi matin.

Ma salle à manger de ce matin. Le repas consistant en lait et œufs; les convives en 3 demoiselles de Hambourg dont l'une a une robe rouge et met son pardessus chaque fois qu'une clochette de vache se fait entendre.

Jean.

Monsieur Giraudoux
Cusset (Allier)
Frankreich
(Carte postale :
Schutzhaus am
Patscherkofel
1 970 m.)

Patscherkofel [*19 septembre 1905 ?*]
(Timbre de la poste :
(illisible) Tirol)
Cachet : Oesterr Touristen Club
Sect. Innsbruck-Wilten
Kaiser Franz Josef Schutzhaus
am Patscherkofel, 1 970 m.

Avant-dernier jour de voyage. Ascension du Patscherkofel 2 300 m. Aucun danger, des dames y montent à dos de mulet.

Embrasse tous.

Jean.

Madame Giraudoux
Perception
Cusset (Allier)
Frankreich
(Carte postale :
Innsbruck - Patscherkofel)

Innsbruck, 19 septembre [*1905*]
(Timbre de la poste :
Innsbruck 19 9 (illisible))

Mardi matin 19 sept.

C'est la montagne dont j'ai fait l'ascension aujourd'hui. Si mes souliers avaient eu encore des semelles, ils les y auraient laissé(es) bien certainement.

A bientôt.

Jean.

Monsieur Giraudoux
Percepteur
Cusset (Allier)
Frankreich
(Carte postale :
München - Marienplatz)

Munich, 20 septembre 1905
(Timbre de la poste :
20.09.05)

Bien chers parents,

L'expédition s'est terminée hier au soir Mardi (1), à 6 heures. J'ai retrouvé mes quartiers avec quelque plaisir, et trouvé avec grand contentement la lettre de maman. J'y répondrai demain Jeudi; je déménage aujourd'hui ma chambre et ce n'est pas une petite affaire.

Je vous embrasse bien fort.

Jean.

(1) 19 septembre.

Madame Giraudoux   *Munich, 3 octobre* [*1905 ?*]
Perception   *(Timbre de la poste :*
Cusset (Allier)   *Muechen 3 oct 7-8 0..)*
Frankreich
(Carte postale : München
Partie am Nymphenburger
Schlosskanal)

Le Versailles de l'endroit.

    Bien chers parents,

    Pourquoi pas de nouvelles ? J'attends avec impatience une lettre, me rassurant et qu'on m'apprenne que vous allez aussi bien que je vais.

    Je vous embrasse mille fois.

                                            Jean.

(Non postée)   [*Munich, Octobre 1905*]
(Carte postale :
Gruss vom Münchener Oktoberfest
Münchener Bierwagen) [= *camion de bière de Munich*]

    L'honneur français est sauf. Les chevaux sont boulonnais.

Non postée   *Munich, Octobre 1905*
(Carte postale :
Gruss vom Oktoberfest
Spanferkelzug) [= *troupeau de cochons de lait*]

    Le seul jour où les Kellnerinen mettent des jupons.

Non postée   [*Munich, octobre 1905*]
(Carte postale :
Gruss vom Oktoberfest)

    Ménageries et ménageries ! La Bavière (1) elle-même a des lions.

(1) Là, une flèche qui montre la statue de la Bavaria.

Non postée   [*Munich, octobre 1905*]
(Carte postale : Gruss vom
Oktoberfest Der Prinzregent besichtigt
das Preisvieh) [Le Prince-Régent aux Comices agricoles] *(au*
premier plan, des vaches;
à l'arrière-plan, une tribune officielle).

Ma place? En face.

Monsieur Giraudoux   *Munich, 4 novembre 1905*
Percepteur   *(Timbre de la poste :*
Cusset (Allier)   *München 36*
Frankreich   *4 Nov. 05 - 5-6 Nm)*
(Carte postale :
Herzogin Sophie Charlotte Von Oldenburg)

Munich Samedi.

Reçu lettre et y répondrai bientôt. Vous embrasse mille fois
tous.
Ci-joint la fiancée du fils de l'empereur. A qui ressemble-t-elle ?

Jean Giraudoux.

Monsieur Alex Giraudoux   *Munich, 14 décembre 1905*
Hôtel des Ecoles   *(Timbre de la poste :*
11, rue Descartes   *Muenchen 36 . 14 . 12. 05)*
Paris - Frankreich
(Carte postale :
Orgel in der Klosterkirche
in Ettal 1744-1752)

Cher Alex,

Peu de mots mais ils suffisent : arrive Paris Dimanche 1 h 26
de l'après-midi (Gare de l'Est, je crois). Meilleurs baisers à toi
et à Bob.

Jean Giraudoux.

Mme et Monsieur Giraudoux   *Munich,*
Perception   15 décembre 1905 (²)
Cusset (Allier)   (*Timbre de la poste :*
Frankreich   *Muenchen 15 Dez 05*)
(*Carte postale*
représentant Jean Giraudoux
en uniforme d'étudiant allemand)

Chers parents,

Départ pour Paris demain soir Samedi (1) à 9 h.
Arrivée à Paris après demain Lundi à 1 h. 26.
Départ de Paris dans une semaine.
Embrasse bien des fois.

Jean G. (²).

(1) 16 décembre.
(2) Voir une carte de la même date adressée à Mme Mazetier dans les
Lettres aux cousins Toulouse, ci-dessous.

Madame Giraudoux   *Dijon, 13 janvier 1906*
Perception   (*Timbre de la poste :*
Cusset (Allier)   *Gare de Dijon - 13.1.06 Côte d'Or*)
(*Carte postale*)

Bien chers parents,

Arrêt de 6 heures à Dijon, où je suis arrivé en bon état. Rencontré dans la salle d'attente le fils Malinet. Le beau temps a l'air de vouloir continuer.

Vous embrasse fort tous trois.

Jean.

Monsieur   *Bâle, 14 janvier 1906*
le Docteur Giraudoux   (*Timbre de la poste :*
Cusset (Allier)   *Basel - 14.1.06 Fil S.B.*)
Frankreich
(*Carte postale :*
Basel - Im Centrum)

Cher Alex, arrêt de 3 heures. Cette fois volontaire. A Bâle. Beau temps après averse. Compagnons agréables. Je coucherai ce soir à Constance, près du lac, et serai demain vers deux heures à Munich. Ecrivez-moi aussitôt que possible. Tout va bien.

Jean qui vous embrasse très fort (1).

(1) C'est la première lettre adressée au « docteur » Giraudoux, qui venait de s'installer à Cusset. Le 14 décembre encore, il était « Monsieur Alexandre Giraudoux, 11, rue Descartes à Paris ».

Madame Giraudoux   *Constance, 15 janvier 1906*
Cusset (Allier)   *(Timbre de la poste :*
Frankreich   *Konstanz 15.01.06)*
(Carte postale :
Konstanz)

Jean.

Madame Giraudoux   *Munich, 2 février 1906*
Perception   *(Timbre de la poste :*
Cusset (Allier)   *Muenchen 2 Feb .... 06)*
Frankreich

Bien chers parents et frère,

Je blâme vos représailles et ne les imite pas. Ne me rendez plus aussi inquiet; que maman ignore d'ailleurs quand Alex m'écrit et réciproquement; j'ai le temps de lire deux lettres.

Je les attends avec impatience, car elles me diront peut-être le nom du premier client : quand le cabinet sera-t-il t' *(sic)* ouvert? et le premier opéré aussi? Tenez-moi au courant de l'attitude de Mr Corre, et de tous ceux qui sont pour ou contre nous. Ayez surtout bonne humeur et confiance en un succès dont je ne doute pas. Comme disait Mme Coupeau, quand sa fille tombait dans l'escalier : *Alea jacta est!*

Ici, c'est un temps variant de 18 + à 18 —. On part pour l'Université avec un ciel plus bleu que le fond de notre cœur et on y arrive avec la neige. Des dames tombent à chaque pas, et ça n'est pas les Allemands qui poussent la galanterie jusqu'à les ramasser. Le carnaval est commencé depuis 15 jours et ce n'est qu'une série ininterrompue de bals masqués, de bals parés. Je fais mes débuts mardi prochain, costumé en paysan italien. Ce costume de velours noir, pantalon collant, bas blancs, dont le prêt me coûtera jusque dans les 2 f. 50, sera le plus beau jour de ma vie. Toute la pension m'escortera, l'italien en espagnol, l'écossaise en bavaroise, et le suisse en italien. Mademoiselle d'Hoesslin y viendra peut-être. J'ai dîné chez ses parents hier au soir; ils ont fêté voilà quinze jours leurs noces d'argent, et se préparent à fêter celles de leur fille dans deux mois. Elle épouse un jeune docteur en droit qui dirige un orchestre célèbre.

Ma chambre continue à être petite et laide; je travaille d'ailleurs le plus souvent à la bibliothèque, pour économiser un bois précieux. Les quelques semaines de cuisine de maman me laissent en face de cochonailles peu appétissant (dirait Benoche). Hier en mangeant des saucisses, j'ai été dégoûté, si bien que j'en suis resté trois semaines entre la vie et la mort.

Les connaissances se multiplient, le frère du Gouverneur de l'Algérie passerait ses journées avec moi, si j'en avais le temps; mais il parle toujours français et dépense beaucoup; une petite française, qui apprend le chant, m'invite à son thé, pour avoir un article dans *Le Figaro* (1); mon petit prince (2) est venu me rendre visite et m'a affirmé que l'affaire du Maroc se terminerait bien, ou peut-être mal. Je n'en avais jamais douté.

C'est aujourd'hui jour de fête je ne sais pourquoi, et la poste n'est ouverte que de 5 à 6. J'y vais lestement, après vous avoir embrassé bien fort tous les trois et prie maman d'embrasser bien ma tante et mon oncle.

Jean.

(1) On peut attribuer à Giraudoux quelques entrefilets parus cet hiver-là dans le « Courrier des théâtres » du *Figaro*, mais surtout Giraudoux dut à sa carte de correspondant du *Figaro* d'entrer gratuitement dans les théâtres d'Allemagne et d'Amérique. Il la devait à Gaston Calmette, auquel l'avait recommandé son grand-oncle Auguste Sabourdy, de la compagnie fermière des Eaux de Vichy. Voir *Giraudoux et l'Allemagne* pp. 69-76.

(2) Le fils du Prince de Saxe-Meiningen, auquel J. G. donnait des leçons de français. Voir *Giraudoux et l'Allemagne* p. 75 et p. 240.

(Carte postale non datée, jointe peut-être à une lettre de février 1906.)

(Carte postale :
Schwarzälderin.)   *(Signature manuscrite :) Lisa* (1)

Souvenir du bal paysan de 1906.
Ma danseuse. Sa signature est au-dessus.

(1) Lisa von Hoesslin.

Frankreich   *Munich, 1ᵉʳ mars 1906*
Madame et Monsieur Giraudoux   (Timbre de la poste : Muenchen
Cours Lafayette   1 Mar 4-5 Nm 06)
Cusset (Allier)   (Lettre autographe)

Munich, Jeudi, 1ᵉʳ de Carême,

    Bien chers parents et frère,

    Je vous propose quelque chose : j'écrirai au moins une fois par semaine, et vous aussi. Deux lettres par mois ne m'ont jamais pleinement contenté, et ne me suffisent plus. En été, cela va encore, je vous sais mieux portants, je n'ai pas, le soir, la nostalgie; mais en hiver, il faut vraiment un nouveau règlement. Je l'inaugure.

    Je prévoyais depuis longtemps, chère Maman, que tu n'attendais qu'une bonne pour te sentir malade; je le prévoyais comme tout le monde et comme toi aussi. Je suis content qu'Alexandre soit là-bas et puisse ordonner; obéis en tout; le commis doit savoir mieux se tirer d'affaire, et si Papa n'a pas trop de travail, que votre dame de compagnie vous fasse la lecture, quand le docteur est en voyage. Vous êtes-vous payé des huîtres pour le Mardi gras ? Il y a aussi une petite barrique, dans la cave, qu'il faudra bien percer un jour. Soignez-vous mieux que vous ne l'avez fait; si Alexandre me dit que vous êtes rebelles à ses soins, je pars pour Berlin, où sévit la maladie du cerveau.

    Ce sera la seule raison qui me fera entreprendre ce voyage, j'ai trouvé à la bibliothèque, qui est la plus considérable d'Allemagne, des manuscrits concernant le bougre que j'étudie [1]; je les lis; quand je les aurai lus, je les relirai; quand je les aurai relus, je les copierai. Andler, mon professeur, ne peut m'en vouloir si je néglige un peu la préparation de mon examen oral, mon examen écrit n'en vaudra que mieux; j'ai d'ailleurs encore quatre grands mois devant moi.

    Ils seront encore plus occupés que les deux qui viennent de passer : maintenant, je pourrais passer mes journées à recevoir des visites et à en faire; le club des Français qui se fonde réclame à kor et à kry *(sic)* ma visite, le club international des artistes veut avoir un article dans le Figaro; il y a aussi beaucoup de musiciens et de peintres, amis de mes amis, qui sont très gentils et avec lesquels on ne s'ennuie pas; parmi les artistes français qui donnent ici des représentations, il y en a aussi beaucoup que je connais et que je vais saluer. Ce matin, toute ma pension était en révolution, parce que le Prince de Saxe est venu me dire boujour à midi, et ne m'a pas trouvé.

    Le carnaval s'est achevé avec plus de brutalité encore qu'il n'avait commencé; les quartiers les plus mal famés de Paris sont moraux auprès des grands cafés, où l'on va, au sortir des bals parés, se faire embrasser. On boit la bière à pleins tonneaux, avec les confetti, la poussière, et chacun a le droit de venir boire dans votre verre. Le mardi la société française m'avait invité à aller dans sa voiture au Corso, pour la bataille de confetti; nous étions quinze ou vingt dans un grand char à chevaux blancs (comme dirait Monsieur Schelcher). Cela n'empêchait pas les hoquets. Les Hösslin sont venus me rendre visite dans la voiture, avec les Hildebrant *(sic)*, et nous sommes allés tous cinq, bras dessus bras dessous, dans le café le plus pittoresque. Nous en sommes sortis assez vite. Aujourd'hui Munich a la gueule de bois, et l'on lave autour de toutes les fontaines les pots à bière, pour toute l'année prochaine.

Je trouve qu'Alexandre ne débute pas trop mal; 4 malades, une première semaine, sans compter les visites manquées, cela promet. Je n'ai d'ailleurs jamais eu la moindre inquiétude. Dans deux ans il aura plus de monde que les autres ensemble. Qu'il me tienne lui aussi au courant de ses péripéties et de vos espoirs. Qu'il présente mes souvenirs à Monsieur Cornil.

A la semaine prochaine; je vous embrasse deux mille fois chacun, mais que Maman se soigne et se ménage; mais que Papa se paye de temps en temps du pâté de Foagrat; et qu'Alexandre soit sûr que Bonnet (2) avait raison.

Votre Jean.

Il serait peut-être temps que j'envoie une carte à tante Etiennette; l'adresse ?

(1) Le comte August von Platen-Hallermünde.
(2) Pharmacien à Cusset, qui probablement l'avait encouragé à ouvrir un cabinet médical à Cusset.

(Lettre autographe, sans date)
Munich [*9 mars 1906*]

Bien chers parents et cher Alexandre.

Je reviens de la bibliothèque; après six jours d'été, l'hiver est revenu, et mon chapeau, que j'ai dû défendre contre le vent, est percé par la pluie. J'allume la lampe au lieu de l'électricité, pour vous écrire, de ma chambre, où la poussière des six jours où la fenêtre fut ouverte s'est entassée.

J'attends maintenant une lettre non seulement avec impatience, mais avec quelque inquiétude. Quand s'en ira la faiblesse de Maman ? Tout cela vient de ce qu'elle a négligé de faire sa saison; nous nous mettrons à trois en Juillet pour l'y forcer. Je sais qu'elle est bien surveillée et bien soignée, sans cela j'exigerais tous les jours une carte postale.

Que le papa demande une indemnité de déplacement au curé de Saint-Christophe, et qu'il prenne l'épée de ma chambre pour le prochain inventaire (1). Vous avez l'air, aussi, de dire que pas un seul client ne s'est présenté pendant les deux dernière semaines ? Dites-moi le nombre exact de ceux qui sont venus et n'ont rien trouvé; de ceux qui auraient pu venir sans la coalition. Que dit Bonnet ? (2) Ce que je pense, que les 3 premiers mois c'est bien joli d'avoir ceux que les autres ne veulent pas ? Renseignements détaillés, n'est-ce pas, Alexandre.

Ici, le calme plat. Il y a une revue dimanche à laquelle j'irai, et on a joué Carmen (3) hier, à laquelle j'ai assisté. Le nouveau premier ténor d'ici est resté hier toute la journée avec moi, étant Belge et ayant lu un petit entrefilet que je lui avais envoyé au Figaro. Mardi, j'ai dîné chez le Prince. Sa femme a été encore plus charmante que d'habitude et m'a prêté un bouquin. Tout le monde a l'air content ici que la guerre s'éloigne.

Mon travail continue aussi, j'en suis en ce moment à six heures par jour, et espère finir mon diplôme vers le 15 avril. Je partirai pour Paris le 1ᵉʳ Mai, et retournerai dès le commencement d'Août vers Berlin, que je dois voir, malgré mes finances précaires.

Le jeune Italien, mon voisin, a sorti de son piano une série de morceaux de piano qu'on va bientôt voir aux étalages. Il m'en donnera un exemplaire, que je pourrai peut-être revendre. L'anglaise, excitée par la concurrence, ne cesse plus de chanter Wagner. Heureusement les gamins de la concierge l'accompagnent de la cour en frappant sur des casseroles. C'est ma seule consolation.

Aucune lettre de France, je n'ai pas écrit à personne depuis mon départ de janvier, et on me répond de même. Mes pauvres camarades ont, il est vrai, leur agrégation à préparer.

A bientôt; j'attends Juin et commence à compter les semaines (je n'ai pas écrit à Vichy - Nice). Je vous embrasse bien des fois tous trois; et charge Alexandre d'embrasser « extra » (*) Maman,

Jean.

(*) mot usité en Allemagne *(note de J.G.).*

(1) Consécutif à la loi de séparation de l'Eglise et de l'Etat.
(2) Pharmacien à Cusset.
(3) Carmen fut jouée le 8 mars 1906 au Théâtre de la Cour. Cette lettre peut donc être datée avec certitude du 9. Sur le premier ténor, voir *Giraudoux et l'Allemagne* p. 74.

Madame Léon Giraudoux   *Munich, 20 mars 1906*
Perception   *(Timbre de la poste :*
Cusset (Allier)   *Muenchen 20 Mar von 5-6 06)*
Frankreich

Lundi.

    Bien chers parents, et bien cher docteur,

C'est aujourd'hui — St-Joseph — jour de fête. Tout est fermé,
bibliothèque, magasins, journaux. Les brasseries seules sont ouver-
tes, et j'ai tellement peu de goût à rester seul dans ma chambre,
que c'est de la brasserie que je vous écris, entre un café qui est
de l'eau chaude, et un allemand qui en est à son dixième boc et
n'a pas l'air de vouloir partir avant le vingtième. J'ai payé une
fleur d'un soir à la Kellnerin (la bonne de ma table) qui s'appelle
Josepha, et dont c'est le jour de fête, et j'ai pu grâce à ma libéralité obtenir du papier à lettres.

Tout le monde est saoul. La période de la Salvator-Bier est
commencée, et durera huit jours; c'est une bière beaucoup plus
alcoolisée que les bières habituelles, et de tous les coins de la
Bavière on s'amène vers Munich. Tout le monde chante, gueule,
dégueule, et il y a dans les gros cafés des coins spéciaux appelés
vomitoriums, qui ne sont pas destinés à manger de la friture.
Buysson, le grand ténor d'ici, est venu me prendre à deux heures,
m'a payé une tournée, et est parti pour Paris par le train de quatre heures. Il n'avait bu qu'un litre et chantait déjà. Rencontré
beaucoup de connaissances qui ne se tenaient que sur les jambes
de leurs voisins.

J'ai été bien heureux d'avoir de meilleures nouvelles de maman.
J'espère que dans la prochaine lettre elle ira tout à fait bien,
et les malades d'Alexandre tout à fait mal.

Je crois que la fête de papa arrive bientôt, soyez tous bien portants ce jour-là et mangez un cent de ces huîtres, qui en hiver ne
pourrissent pas, mais faisandent. Que maman mange de bons beef-
steacks, et non pas des œufs, comme disait Madame Blondeau;
s'il fait beau temps là-bas comme ici, je n'ose ordonner la promenade.

Je crois que les demoiselles Bussière feraient bien l'affaire.
Comme elles ne sont pas très riches, le mieux serait de les épouser
toutes trois. Il y a d'ailleurs ici une charmante enfant, qui ne
demande qu'à se joindre à elles. Elle s'appelle Sophie, et n'est pas
pauvre. Elle est blonde et joue d'un piano de deux mètres de long.
Le transport du piano serait aux frais de sa famille.

A part cela, quelques invitations chez les Caro, toujours très
gentils, chez les Hösslin, dont la fille se marie au commencement
de mai, chez une Américaine, qui ressemble à mon Américaine;
Aynard vient me voir de temps en temps, et m'a entraîné à

reprendre mon rôle de *L'Anglais tel qu'on le parle,* dans un salon ami. La première aura lieu sans tarder. J'ai déménagé la semaine dernière, ma chambre est maintenant plus jolie, et j'y achèverai avec plus de courage mon sale travail de diplôme.

Je dois m'arrêter ici. Il faudrait pour avoir une nouvelle feuille de papier payer au moins une nouvelle fleur, et j'ai à économiser.

Je vous embrasse tous trois quinze cent mille fois. Vite de vos bonnes nouvelles;

Votre Jean.

Madame et Monsieur Giraudoux   *Munich, 1ᵉʳ avril 1906*
Cours Lafayette   *(Cachet de la poste :*
Cusset (Allier)   *Muenchen (?) 1 Apr.-12-1 (?) 06)*
Frankreich

Munich, Dimanche,

Bien chers parents et bien cher Alex,

Je commence à compter les jours, et c'est facile, puisque j'en suis aujourd'hui au chiffre trente. Je quitterai Munich vers le 29 Avril ou le 1ᵉʳ Mai, sans trop de regret, avec mon travail à peu près fini, mais sans avoir pu trop préparer mon examen. Mai et Juin à Paris, Juillet auprès de vous et au début d'Août nouveau départ pour les rives étrangères.

N'ayant reçu aucune lettre et n'ayant aucune nouvelle de personne, je suis donc obligé de vous parler de moi, et je le ferai sans considération sur la force de digestion de la Bavière. Lever à 9 heures, Déjeuner à 9 heures 1/4 en lisant un journal qui insulte perpétuellement les Français; à 10 heures arrivée à la Bibliothèque où je travaille jusque vers midi sous l'œil paternel du Bibliothécaire-second-en chef qui répond au nom de Petsec (1); le gardien lui-même me salue d'un œil bienveillant, à mon arrivée et à mon départ. A 12, je vais à la parade : c'est-à-dire à la relève de la Garde. J'y trouve des connaissances, un Français, Senard, qui était autrefois dans ma pension, un Italien, Grizzi, qui ne sait ni le français ni l'allemand, une jeune Américaine, Miss Isaacs (prononcez Eisecks) qui n'a aucune parenté avec Abraham, et dont le jeune Grizzi, qui ne sait ni l'américain ni l'anglais, est amoureux. A 1 heure, repas. Repas entre dix vieilles filles, qui ne pensent qu'à se marier, et regardent du haut de leur hauteur une onzième, jolie et fiancée. L'élément masculin est représenté par 4 jeunes gens, un professeur, moi, et la fille de la pension.

L'après-midi, si je suis disposé, je travaille ; si je suis indisposé, je reste chez moi et travaille aussi, mais que Maman se rassure, pas trop, pas assez en tout cas pour attraper la redoutable méningite. S'il fait beau, visite chez les Hösslin, dont le beau chien est mort hier, ou chez Ruederer (2), l'auteur, qui a eu hier un succès colossal au théâtre, avec sa pièce, *La Bénédiction des Drapeaux,* et nous a réunis ensuite dans le salon particulier d'un hôtel chic, où nous avons bu du champagne, du vrai, en compagnie des principaux interprètes et interprètresses. Ma voisine s'appelait Elsa, et Ferna, je ne sais plus quel est des deux le nom et le prénom. Ma cravatte *(sic)* violette, celle de l'oncle Lucien, ou de l'oncle Blond, a fait une violente impression...

Je ne continue pas l'énumération de mes occupations. En somme, mes plus grandes joies sont les jours où je reçois des lettres de vous, et mes plus grands mécontentements les jours où vous m'engueulez dans ces lettres. Pardonnez-moi la dernière, si elle était par trop bête, et pardonnez-moi celle-là aussi. Ecrire entre de la bière et un dictionnaire allemand n'est pas non plus tâche aisée.

J'ai écrit à ma Tante voilà bientôt quinze jours : je crois d'après votre dernière lettre, que mon oncle va bien mieux ? S'ils sont revenus à Vichy, embrassez-les fort.

Je ne me décourage pas, en présence de la non-présence de clients : ils viendront, ils attendent d'abord d'être malades; et enfin il ne peuvent pas abandonner tout d'un coup leurs anciens médecins. Je suis d'ailleurs sûr d'Alexandre; pourvu qu'il ne se marie pas avec celles que vous lui trouvez; je lui en connais une, nom de Dieu, s'il est licencié, la Belle Enfant !

Ce qui me préoccupe plus, c'est que Maman lui obéisse : ne courre jamais dans le jardin sous la pluie ou du moins que les Dimanches; et qu'elle mange. S'assied-elle maintenant, pendant le repas ?

A bientôt, je vous embrasse tous trois bien fort, en commençant par Maman, puis mon père, puis mon frère, et en finissant par ma mère.

Black ?   Jean.

(1) Probablement Erich Petzet, qui devait procurer, à Leipzig, en 1910, la grande édition de Platen en 12 volumes, en collaboration avec Max Koch.
(2) Voir ci-dessous, Lettres à Josef Ruederer, p. 96.

Monsieur Giraudoux   *Munich,* [*8-15 avril 1906*]
Percepteur
Cusset (Allier)
Frankreich

Chers mère, père et frère,

Votre lettre fut un oiseau venant de France; elle apporte enfin de bonnes nouvelles, et me voilà tout content d'apprendre que

Maman va mieux, et que les malades d'Alexandre le deviennent.
J'attends vite un mot, me confirmant un peu la seconde nouvelle,
et tout à fait la première.

Ma santé par contre laisse beaucoup à désirer, et la maladie qui
me ronge va nécessiter une opération : j'ai un cor aux pieds.
L'habitude du pays m'obligeant à sortir avec des souliers, et mes
occupations multiples me forçant à sortir toute la journée, ma vie
n'est plus qu'un long martyre. Il finira demain, grâce à l'élixir
Bonnet retrouvé hier, intact au fond de sa boîte. Je vous commu-
niquerai incessamment le résultat qui sera, j'ose l'espérer, satis-
faisant.

Une autre opération, plus délicate encore, est la rédaction de
mon travail de diplôme. Me voici piétinant sur place, malgré mon
cor : les bibliothèques sont fermées toute la semaine sainte, ainsi
d'ailleurs que les théâtres et les chalets de nécessité; tous mes
livres étant dans la bibliothèque de la ville, j'en suis réduit à
relire des tragédies de Schiller. C'est beau, mais c'est triste, et
quand mon camarade Sénard ou mon camarade Aynard vient me
chercher pour une promenade vers la campagne, c'est-à-dire vers
une brasserie en forêt, ou vers la ville, c'est-à-dire vers un café,
j'en suis réduit à me laisser faire. Je prépare peu à peu mon
retour en France, en causant de plus en plus le français.

Les invitations se succèdent et se ressemblent : hier, thé chez
les Caro, la famille française établie à Munich dont je vous ai
déjà dit l'état civil. Quelques juifs et quelques violonistes, causant
à quelques juives et à une pianiste; le maître de maison était
au lit, et vomissait par la bouche; la maîtresse ne sachant pas
l'allemand, le rôle de jeune fille de la maison me fut dévolu et
je mis du sucre dans les tasses de toutes les vieilles à part d'une
qui a le diabète. Le soir, théâtre.

Ce soir théâtre. Buisson chante et j'irai l'entendre un acte, avec
sa femme, qui est très gentille. J'ai vu peu de cabotins qui le
soient aussi peu que ces deux là. J'envoie aussi un mot au Figaro,
faisant son éloge.

Merci de l'adresse envoyée à l'Econome. Je reçois à l'instant
un mot de mon caïman, me disant que le mandat vient d'être
signé. Il serait possible dans ce cas que je le reçoive avant mon
départ, impitoyablement fixé au trente.

Je commence à vieillir : on veut me marier. La jeune fille sera
riche, mais elle n'est pas encore trouvée. On veut aussi marier
Alexandre, dont j'ai parlé souvent comme d'un éminent praticien;
position superbe pour un médecin français à Munich.

A ma pension, vacances de Pâques; je reste presque seul avec
un des italiens et un russe, qui croit naturellement que Pâques
n'a lieu que dans 3 semaines, et ne pense pas à partir en vacances.

Donnez-moi vite réponse (comme écrit mon économe) et six
pages au lieu de 4.

Je vous embrasse bien des fois tous trois, ainsi que tante et oncle qui ont dû trouver le printemps à Vichy. Ici, on quitte les gilets de laine et les paletots.

                                                          Votre Jean.

Frankreich   Munich, 23 avril 1906
Madame et Monsieur Giraudoux   (Timbre de la poste :
Perception   Munchen Rp, 23 Apr 06)
Cusset (Allier)

   Bien chers parents, bien cher Alexandre,

   Voici l'avant-dernière lettre allemande que vous recevrez de ce printemps. Je ne reculerai pas mon départ, malgré les charmes croissants de Munich, charmes qui consistent surtout en courses de chevaux attelés à de petites voitures araignées, et en visites d'un gentil français qui habite le 3e étage de ma maison. Je ne chercherai même pas à faire et utiliser la connaissance du milliardaire Rockfeller, qui vit incognito à Munich, accompagné de deux longues filles, qui sont ses filles.
   Mon travail s'est aussi reposé cette semaine. Une petite séance d'une heure par jour à la bibliothèque en a fait tous les frais. La chaleur devient terrible et par trop piquale. On n'a envie que de boire des citronnades et partir pour Vichy. Les savants du quartier nous ont trouvé avant-hier une petit tremblement de terre. Mais comme tout le monde était ivre, à cause d'une fête, personne ne s'en est aperçu.
   Ci-joint les photographies de la colonie française. Nous nous sommes fait photographier chez un peintre, Leguilloux, marié à la prussienne que vous voyez sur la photo. L'énumération des têtes occupera les loisirs d'un de mes prochains soirs. Deux Suisses se sont mêlés à nos agapes patriotiques (1) ; j'ai encore un autre groupe, mais plus grand, qui ne pourrait pas loger dans l'enveloppe. Nous nous réunissons tous les Mercredi et tous les Samedi soir (sic) dans une brasserie qui répond au nom de Mirabelle et où nous jouissons, à cause de nos cravates, d'une haute considération.
   C'est aujourd'hui Dimanche, après bien d'autres dans la semaine. Mais mes fonds sont un peu en baisse : je n'ai encore reçu de l'Etat que 2 ou 3 lettres où l'on m'assure le prochain arrivage de ma pension. Mais je ne vois rien venir, comme frère Anne. Si maman voulait m'avancer l'argent de mon voyage, cela m'enlèverait un gros souci.
   Des amis de ma pension étant morts empoisonnés — toute la famille — à Mayence, on ne nous sert plus de conserves de poissons. On n'emploie plus, comme beurre, les vaches étant véné-

neuses, que de la margarine. Pardonnez-moi de parler encore de la nourriture des Bavarois, et d'ajouter à mes réflexions sur ce chapitre une nouvelle phrase lapidaire, mais c'est de la saloperie. Prenez garde aux langoustes, en été ça ne faisande pas, ça pourrit.

Les nouvelles de maman étant meilleures, je ne renouvelle qu'à moitié mes conseils de prudence de sa part, et de sévérité, de la part d'Alexandre. La bonne, si elle n'est pas gentille, qu'on lui retire ses émoluments. Mon pauvre père, s'il a des démangeaisons, qu'il ne se gratte pas. Un tour de jardin chaque heure, voilà son remède. Comment vont oncle et tante

Je vais commencer cette semaine à faire mes valises.

Un camarade, qui répond au nom de Coquard, me cherche pour aller aux courses ci-dessus mentionnées, le train part dans vingt minutes. Je vous quitte pour vous retrouver au retour. Retour des courses 7 h 1/2. Il se met à pleuvoir. Tous les favoris ont été battus, excepté un, qui portait les couleurs françaises. Ce soir réunion d'adieu chez Monsieur Caro, à 9 heures.

Je vous embrasse bien des fois sans compter les autres,

Jean.

(1) Je les désigne au verso par une croix de Genève.

Madame Giraudoux   *Heidelberg, 2 mai 1906*
Cours Lafayette   *(Timbre de la poste :*
Cusset (Allier)   *Heidelberg 2.5.06 - 11-12 V*
Frankreich   *Cusset - Allier (illisible))*
(Carte postale :
Heidelberg v.d. Terrasse)

Bien chers parents, parti de Munich hier au soir Mardi pour Heidelberg d'où je vous écris. Serai à Strasbourg demain et à Paris Vendredi matin. Tout va bien. J'espère trouver une lettre à l'Ecole Vendredi.

Votre Jean qui vous embrasse.

Madame Giraudoux   *Heidelberg, 3 mai 1906*
Cours Lafayette   *Heildelberg, 35.06 - 8 V*
Cusset (Allier)   *(Timbre de la poste)*
Frankreich
(Carte postale :
Karzer der Universität Heidelberg)

Bien chers parents, cher Lex,

Joyeuse journée dans la vieille Heidelberg; vous écris du milieu d'un corps charmant d'étudiants et d'étudiantes en médecine

auxquels j'étais recommandé. Retrouvé aussi deux français de
Paris. Pars demain pour Strasbourg. Mille baisers de

Jean.

(suivent diverses signatures illisibles et) Cand. Med. Berta Erlan-
ger, *et une autre signature :* Rudolf Hess.

Monsieur Giraudoux   *Strasbourg, 3 mai 1906*
Percepteur   *(Timbres de la poste :*
Cusset (Allier)   *Strasbourg, 3.5.06 - 7-8 N*
Frankreich   *Territoire de Belfort, 4.5.06)*
(Carte postale :
Strasbourg - Pflanzbad)

De Strasbourg.
Du quartier que l'on appelle la petite France; acheté l'Auto
et le Journal. Théâtre à huit heures, départ à 11 h 1/2 all right.

Mille baisers.

Jean.

Monsieur Giraudoux   *[22 (?) mai 1906]*
Percepteur - Cours Lafayette   *(Timbre de la poste :*
Cusset (Allier)   *Paris, rue C.-Bernard*
                                           2.5.06 (?)
Paris, mardi.

Bien chers parents et bien cher docteur,

Les bonnes nouvelles de maman m'on fait bien plaisir, et il
me tarde d'attendre encore un mois avant d'aller voir comment
Alexandre l'a bien soignée. Tout va enfin ne pas marcher trop
mal, je ne redoute plus qu'une chose, ne pas être collé à mon
examen, et un échec aurait d'ailleurs si peu d'importance que je
ne m'en tourmenterais pas autrement. Mes malheureux camarades
de promotion travaillent une agrégation à laquelle plusieurs vont
échouer. Ceux qui seront reçus n'auront peut-être pas de place,
tout étant comble, et seront obligés de rester chez eux l'année
prochaine. L'avenir d'un professeur de lettres n'est pas rassurant.
Je suis de plus en plus content d'avoir choisi l'Allemand.
L'Ecole n'a pas changé, mais je serai l'an prochain totalement
au milieu d'inconnus. J'ai déjà ma chambre à part; j'aurai l'an
prochain mon cabinet de travail spécial, et travaillerai comme dans
un hôtel garni. Le directeur ne s'occupe que des élèves de la
Sorbonne, promet tout et ne tient rien; on croit n'avoir plus rien

à nous donner parce qu'un billard est arrivé, accompagné de jeux d'échecs et de dames. Les crédits chez les tailleurs, chapeliers, et autres fournisseurs, sont supprimés. La seule chose louable est la construction de quatre cabinets de douches, qui pourront fonctionner dans une quinzaine.

J'espère avoir terminé tout vers le 20 juin, et j'irai passer avec vous tout le mois de juillet. Je repars dès le début d'Août pour Berlin. On voudrait même que je ne prenne pas de vacances. J'aimerais mieux entrer dans le commerce que de ne pas rester ma saison cours Lafayette. Je n'ai pas que le Black à revoir.

J'ai passé une excellente journée de dimanche. La tante de Louis Bailly, Madame Gourbeyre, m'avait invité pour déjeuner. Après un bon repas et une bonne promenade, nous sommes allés souper, les deux frères Bailly accompagnés de leurs deux sœurs, chez Madame Zédé. Excellente soirée, avec Max Vidal, dont je vous ai déjà parlé, et que son mariage n'a pas rendu triste. Le soir, grande joie générale, en apprenant le résultat des élections.

Quelques petites aubaines m'arrivent; un ancien élève a légué 40 francs à chaque cube pour acheter des livres et je me suis payé une belle publication avec gravures, ainsi qu'un Baedeker. Il est vrai qu'en revanche, comme je suis en congé, j'ai à payer à l'Ecole tous les frais de mon séjour. Heureusement l'économe, un Limousin, s'est entendu avec moi, et je ne paye que le blanchissage et le service.

Les bagages sont arrivés et m'ont coûté 30 francs. Je me suis payé un chapeau de paille, les cravates, peut-être aurai-je besoin de souliers; mes économies y suffiront à peine, et comme elles sont en argent allemand, si je pouvais recevoir un subside paternel, j'économiserais 5 francs du coup.

Robert, que j'ai vu la semaine dernière, était venu me chercher dimanche pour aller chez les Toulouse, que j'ai vus voilà huit jours. René ne vient pas à Paris.

Je signe, en vous embrassant quinze mille fois, et avec le plus gros rhume de cerveau de mon hiver, votre dévoué fils et frère.

Que maman embrasse bien mon oncle et ma tante de ma part. Est-ce que Madame Schoelcher (1) est à Paris ?

(1) Voir p. 75, n. 3.

Paris [4 août 1906]

Samedi soir

    Chers parents et cher frère,
Ma lettre partira après moi de Paris. Je le quitte en effet ce soir à 11 h 30 pour Hambourg où je serai demain soir. Je vous

prie avant tout de m'écrire cette semaine. Je serai jusque vers Jeudi à *Copenhague*, où j'attends une lettre le Jeudi (écrivez Lundi) puis ensuite à Sassnitz : Ile de Rügen (Sassnitz) Allemagne. Ecrivez Jeudi, puis Berlin, le tout poste restante.

J'ai déjeuné et dîné hier chez les Toulouse (1). Ils partent à trois aujourd'hui pour Lourdes. Madame Mazetier (1) va à Dun. Je n'ai pu malgré plusieurs visites rencontrer Robert (1).

A la Faculté, au secrétariat, on m'a dit que l'on ne savait que ce qui a paru dans les journaux. Ecrire au doyen, c'est le seul moyen.

Alexandre est bien gentil de m'avoir écrit. Qu'il vous soigne bien, sans s'oublier.

(1) Voir ci-dessous, lettres aux cousins Toulouse.

Monsieur Giraudoux   *Hambourg, 6 août* [1906]
Perception   *(Timbre de la poste :*
Cusset (Allier)   *Hamburg 6.8.06 - 3-4 N - 1 a.)*
Frankreich
(Carte postale :
Hamburg - Stöckelhornfleet)

Tout va bien

                                              Jean.

Mme et Monsieur Giraudoux   *Hamburg 6 août 1906*
Perception   *(Timbre de la poste :*
Cusset (Allier)   *6.08.06 ?)*
Frankreich
(Carte postale :
Bismarckdenkmal in Hamburg)

Lundi

Voyage fatigant de Paris à Hambourg. Mais ici tout va à merveille. Visite du port, ce soir visite d'une famille que je connais. Serai à Copenhague après-demain sans doute.

Ecrivez-moi à *Sassnitz*.

Je vous embrasse

                                              Jean.

Monsieur   *Hambourg, 7 août 1906*
le Docteur Giraudoux   *(Timbre de la poste :*
Cusset (Allier)   *7.8.06)*
Frankreich
(Carte postale :
Unser armer Michel !
Brand der Michaeliskirche in Hamburg)

Encore de Hambourg.

   Trouvé hier la famille en question, la mère en veston, la fille
en vert clair. Longues promenades. Demain départ.
   Embrasse tous trois.

                                                          Jean.

Monsieur Giraudoux   *Lubeck, 8 août 1906*
Percepteur   *(Timbre de la poste :*
Cusset (Allier)   *Lubeck - 8.8.06 - 12-1 N)*
Frankreich
(Carte postale :
Lübeck - Alte Travenspeicher)

                                                          Jean.

Monsieur   *Copenhague, 9 août 1906*
le Docteur Giraudoux   *(Timbre de la poste :*
Cusset (Allier)   *Kobenhavn 9.8.06 - 12 ...)*
Frankreich/Frankrige
(Carte postale :
Kobenhavn - Christiansborg slot)

Jeudi matin

   Trouvé lettre, après traversée de dix-sept heures. Malgré mer
très « agitée » (1) n'ai pas été malade, — au moins extérieurement —. Punta Gorda n'était nulle part ?
   Heureux de vos santés, vous embrasse.

                                                          Jean.

(1) Que la mienne ne s'agite pas pour cela.

Madame Giraudoux   *Copenhague, 10 août 1906*
Cours Lafayette   *(Timbre de la poste :*
Cusset (Allier)   *Kobenhavn - 10.8.06 - 11-12 F)*
Frankrige
(Carte postale :
Kobenhavn - Kanalparti ved Borsbroen)

Bonjour.

                      Jean.

Madame Giraudoux   *Copenhague, 10 août 1905*
Cours Lafayette   *(Timbre de la poste :*
Cusset (Allier)   *Kobenhavn - 10.8.06 - 7-8 E)*
Frankreich
(Carte postale :
Kobenhavn - Rundetaarn)

Commence à me trouver un peu seul et vais prochainement rappliquer. M'aperçois aussi que mon billet n'est valable que pour deux mois et que je serai sans doute dès les premiers jours d'octobre près de vous. Ici il pleut, mais cela ne nuit ni au paysage ni à mon magnifique imperméable du Louvre.

Je vous embrasse mille fois,

                      Jean.

Monsieur Giraudoux   *Elseneur/Helsingborg 11 [août] 1906*
Cusset (Allier)   *(Timbre de la poste :*
Frankrige   *Helsingborg 11.8?.1906)*
(Carte postale :
Helsingbord från Kärnan)

Mon dixième pays (1). Voyage qui serait charmant si tout n'était plein d'allemands, qui fument, crachent, et mangent.

Bons baisers.

(1) Dixième pays après la France, la Suisse, la Belgique, la Hollande, l'Allemagne, l'Autriche, la Hongrie, l'Italie, le Danemark, et... Faut-il ajouter la Bosnie-Herzégovine, la Croatie, ou la Bavière ?

Madame Giraudoux   *Elseneur/Helsinborg, 11 août 1906*
Cours Lafayette   *(Timbre de la poste :*
Cusset (Allier)   *11.8.06)*
Frankrige
(Carte postale :
Sundet ved Kronborg)

Du château d'Hamlet.

                                                                  Jean.

Monsieur Giraudoux   *Binz, 13 août 1906*
Cours Lafayette   *(Timbre de la poste :*
Cusset (Allier)   *Binz 13.8.06 - 5-6 N Rugen)*
Frankreich
(Carte postale :
Damenbad - Ostseebad Binz a. Rg.)

Lundi 13

Retour en Allemagne, à Sassnitz, sans y trouver aucune lettre de vous. Temps merveilleux. Il fait frais. J'ai la mer sous mes fenêtres et la forêt derrière. Resterai jusqu'à après-demain, puis départ pour Berlin. Ecrivez-y.

Baisers de

                                                                  Jean.

Madame Giraudoux   *Sassnitz, 15 août 1906*
Cours Lafayette   *(Timbre de la poste :*
Cusset (Allier)   *Sassnitz 15.8.06)*
Frankreich
(Carte postale :
Sassnitz - Wissewer Klinken)

Séjour continu à Sassnitz. Pension et hôtes charmants. Reste ici jusqu'au 19 ou au 18.

Ce matin lettre de Max Vidal et de Bailly. Ils m'attendaient à Dresde le 20.

Mer merveilleuse.

Je vous embrasse.

                                                                  Jean.

Monsieur Giraudoux   *Binz, 17 août 1906*
Cours Lafayette   *(Timbre de la poste :*
Cusset (Allier)   *Binz 17.08.06)*
Frankreich
(Carte postale :
Gruss aus Binz a. Rg.
« Bade Stilleben »)

(Carte représentant un étendage sur lequel sèchent... des pantalons de femme.)

                                               Jean.

Madame Giraudoux   *Sassnitz, 17 août [1906]*
Cours Lafayette   *(Timbre de la poste :*
Cusset (Allier)   *17.08-(illisible)*
Frankreich
(Carte postale :
Strand und Damenbad
Sassnitz.)

   Toujours de Sassnitz, d'où je pars, hélas, demain pour Berlin. La villa est juste au-dessus des bains (1).

   Votre

                                           Jean.

(1) « Nous habitions face au casino » (*Siegfried et le Limousin*, p. 225).

Madame Giraudoux   *Reinberg* (1), *[18 (?) août 1906]*
Cours Lafayette   *(Timbre de la poste allemande :*
Cusset (Allier)   *illisible.)*
(Carte postale - Wels
Blick zum Reinberg und Marienwarte

   Tout va bien.

(1) Sur le continent, face à l'île de Rügen.

Monsieur Giraudoux   *Berlin, 19 et 20 août 1906*
Cours Lafayette   *(Timbre de la poste :*
Cusset Allier   *Berlin NW 20.6.06 8-9 N*
Frankreich
(Carte postale :
Gruss auss dem « Linden Restaurant »
Inh. Arthur Briese, Unter den Linden 44.)

Arrivée à Berlin. Plutôt triste. On ne quitte pas la mer comme cela pour une ville où l'on ne connaît personne. La pension qu'on m'avait recommandée est pleine; je loge à l'hôtel provisoirement, ne sachant encore si je pars pour Munich avec Max Vidal (je vous écrirai demain où m'écrire).
Berlin 20 Août - Lundi
J'ai trouvé heureusement la lettre de maman. Mais sans cette consolation, Berlin est bien laid.

Je vous embrasse.

                                                    Jean (1).

(1) Voir ci-dessous une carte du 21 août 1906 adressée aux cousins Toulouse.

                                      Berlin 23 [août] 1906

Hôtel Kronprinz
Eugen Rulff
Berlin NW, Louisenstr 30
Telephon : III 88 71   *Berlin, den Jeudi 23, 1906*

Bien chers parents et cher Alexandre,

C'est, depuis mon départ, ma première lettre, et c'est aussi vraiment la première fois que j'ai tout le temps de m'asseoir et d'écrire tête et pieds reposés. Vous ne devez pas juger de mes dispositions d'esprit par ma carte de Lundi. Berlin vaut mieux que ce que j'en disais, et m'a redonné ma belle humeur. La pension est pleine, mais j'y déjeune (à 2 heures, d'ailleurs, ce qui nécessite le matin un substantiel déjeuner) et j'y suis maintenant le pivot d'un cercle de roumains, de japonais et de mexicain (ceux-ci sont un) qui ne parlent que le français. L'admiration qu'ils ont pour moi et surtout pour la prononciation de l'r de gorge n'empêche pas celle-ci (la gorge) de fonctionner, lorsque les plats passent, servis par une belle enfant qui n'a d'autre tort que d'être mal foutue. Mon hôtel est petit, ma chambre, y compris le café, les confitures et le miel du matin, me coûte 3 marks par jour, ce qui est le prix le plus modeste que j'aie jamais trouvé jusqu'ici; mais c'est la première fois que je jouis du luxe d'un portier, de deux garçons, d'un interprète, avec lequel je parle allemand, de serviteurs en livrée qui s'arrêtent pour me voir passer sur l'escalier, d'une petite salle-à-écrire-des-lettres avec des fleurs jusque dans l'encrier, si bien qu'il ne faut pas vous étonner si vous en trouvez sous ma plume. Le soir par exemple, je ne mange pas, si ce n'est des pruneaux, généralement violets, ou, dans un restaurant automate à deux sous, deux sous de jambon. Mes deux repas du matin m'ont d'ailleurs lesté pour tout le jour.

Ma carte du Figaro, appuyée de ma paire de gants de cuir fauve, a trouvé un accueil inattendu. Tandis qu'à Munich, on me faisait signer des registres, on exigeait presque un compte rendu, j'ai ici, depuis 3 jours des places à 8 marks, à l'Opéra et à la Comédie. On s'étonne que je n'en demande qu'une. Je crois que mon portier va bientôt bénéficier de ces faveurs.

Trois marks d'hôtel, plus les pourboires, 2 marks de repas, sans les pourboires, cela fait cinq marks par jour, à peu près ce dont je dispose maintenant pour jusqu'à la fin d'Octobre, m'étant acheté : un imperméable, une casquette, des souliers et une valise. J'ai donc mis avant-hier une annonce dans les journaux — ce qui coûte plus cher qu'à Munich — demandant pension dans famille « cultivée ». Parmi les quelque cinquante lettres de mères, ou pères, ou filles également cultivés et également allemands qui m'ont répondu, une seule lettre m'a vraiment plu (sic). On semble chercher plutôt un français qu'un pensionnaire. J'ai téléphoné, et je ferai ma visite ce soir entre quatre et cinq. A bientôt des nouvelles. Il y a, dans la maison, balcon, salle de bain, et jardin. Et de plus il n'y a pas d'enfants (1).

Ces apprêts d'installation ne s'accordent guère avec mon départ pour Dresde, qui me verra demain soir. Max et Louis doivent m'y attendre. Après une série de légères pannes (ressorts cassés) qui les a retenus quelques jours de plus aux environs de Nuremberg, ils ont repris leur « gigantesque randonnée » dirait L'Auto, et vont me reprendre du même coup. J'attends une lettre à Prague, mais écrivez-moi aussitôt la mienne arrivée. Ajouterai-je que Jeanne sera bien gentille de m'écrire, si elle est encore à Cusset, et que Prague est en Autriche, ou mieux, en Bohême; je ne sais encore si je les accompagnerai jusqu'à Munich. Les raisons, vous les devinez.

Mon voyage est, jusqu'ici, le plus rempli et le plus agréable que j'aie fait. Celui de Septembre dernier était plus beau et plus riche en nouveautés, mais peu de villes m'ont plu autant que Copenhague et que Hambourg. C'est sur la mer que j'ai passé ces quinze jours, et sur une mer magnifique. Mes cartes postales ne vous ont guère renseigné que sur mes étapes; je regrette de n'avoir pas un appareil photographique, pour que vous connaissiez les paquebots que j'ai pris, les passagers, ceux qui vomissaient, ceux qui avaient vomi (Papa me pardonnera de rappeler ici, mais pour d'autres raisons, des souvenirs de brasserie de Munich), et enfin le chalet-pension de Sassnitz, sur une falaise, au milieu d'une forêt, où, de partout — excepté il est vrai de ma chambre — on voyait la mer. Je ne m'y suis pas ennuyé une minute. Nous étions une bande de jeunes gens (par jeunes gens j'entends aussi jeunes filles), et la familiarité allemande marche au galop. On m'a reconduit en chœur, ou en cœur, comme vous voudrez, à la gare, où j'ai d'ailleurs raté le train, et si je voulais, mes correspondants de cartes postales augmenteraient de quelques unités. Canotage, voiliers, pianos, sables, dames qui chantaient, tout ce qu'il fallait pour dormir.

La lettre recommandée que vous m'avez adressée était la traduction mensuelle pour la revue en question de quelques lignes sur l'art allemand. Ça aurait dû être prêt pour le quinze, et je ne l'ai envoyé que le Mardi matin. Le contrat, par lequel je recevais la revue, et cinquante francs par an (c'était la première fois que je travaillais) est sans doute cassé maintenant.

Monsieur Blaize (2) a enfin vu notre maison; qu'en dit-il ? Qu'en dit ma tante ? Donnez-moi bien des détails, même si Berthenay est encore à Vichy.

Le vieux Robert, que j'ai été voir trois fois, sans résultat, le jour de mon départ, devrait aussi me mettre un mot. Adresse suit.

A Prague. Mille baisers de Jean « qui vous embrasse bien fort » tous trois, ou tous cinq,

Jean.

Poste Restante, Prague.

(1) Il s'agit sans doute de la maison Rosen, dont il sera question début décembre 1906, le 9 et le 27 mars, et le 2 avril 1907, à Berlin-Charlottenbourg. Comparer avec *Simon le Pathétique*, p. 44.

(2) Frère de Mme Lucien Lacoste, de Saint-Amand-Montrond comme elle.

Monsieur Giraudoux　　　　　　　　　　*Dresde, 25 août 1906*
Cours Lafayette　　　　　　　　　　　　　*(Timbre de la poste :*
Cusset (Allier)　　　　　　*Dresden Altst 25.8.06 - 6 N, 1S)*
Frankreich
(Carte postale :
Die Bismarck - Saüle bei Räcknitz - Diesden)

Trouvé ici mes amis (1). Nous partons demain pour Prague, et ferons le trajet en deux étapes.

J'attends là-bas des nouvelles de vous.

Jean.

(1) Louis Bailly et Max Vidal, au volant d'une automobile Bolée.

Madame Giraudoux   *Dresde, 27 août 1906*
Cours Lafayette   *(Timbre de la poste :*
Cusset (Allier)   *Dresden 27.8.06 - 7-8 Altst 14)*
Frankreich
(Carte postale :
Dresden - Kathol. Hofkirche)

Lundi 27

Pluie terrible qui retarde notre départ pour Prague.
Clémenceau est arrivé ici aujourd'hui. Il ne nous a pas fait
encore sa visite.
Musées merveilleux. Et aussi, hier, pendant la pluie, une manille
à cartes allemandes qui laissera des souvenirs.

Votre

Jean.

Monsieur le Docteur Giraudoux   *Aussig, 29 août 1906*
Cusset (Allier)   *(Timbres de la poste :*
Frankreich   *Aussig 29.VIII.06)*
                            Vichy Allier 16 35, 31.8.06

(Carte postale :
Schreckenstein, Dorfplatz
Aussig, Hotel Gold Schiff)

D'Aussig,

en auto. Route belle. En pleine Bohême. Arrivée à Prague ce
soir probablement. Tout va bien.

Jean.

L. Bailly - Max Vidal

Madame Giraudoux   *Prague [30 août 1906]*
Cours Lafayette   *(Timbre de la poste :*
Cusset (Allier)   *Prag 1 09 ! Praha)*
Frankreich
(Carte postale :
Gruss aus Prag !
Der Altstädter Brückenturm 26)

Jeudi
Journée Tchèque
Arrivée de nuit à Prague. Un chien écrasé, mais par sa faute.
Hôtel merveilleux. Le maire de Prague, pour qui Max a des recom-

mandations, nous y fait visite. Départ pour Pilsen demain matin, et séparation demain soir. Ça n'est pas beau de ne pas m'avoir écrit ici. Je vous embrasse quand même

Jean.

Docteur Giraudoux   *Prague, 1ᵉʳ septembre* [1906]
Cusset (Allier)   *(Timbre de la poste :*
Frankreich   *Prag 1 - 09 (illisible)*
(Carte postale :
Gruss aus Prag !)
(carte représentant des monuments funéraires)

Jean.

Docteur Giraudoux   *Domazlice - Taus, 1ᵉʳ septembre 1906*
Cusset (Allier)   *(Timbre de la poste :*
Frankreich   *Domazlice 1/9 6 06*
(Carte postale :
Damazlice - Námesti)

    de Taus

Jean.

Monsieur Giraudoux   *Pilsen, 1ᵉʳ septembre 1906*
Percepteur   *(Timbre de la poste :*
Cusset (Allier)   *Straab 1.IX.06)*
Frankreich
(Carte postale :
Pozdrav Z Pizne)

De Pilsen, seconde patrie de la bière, nous partons d'ailleurs aussitôt pour Munich. Je serai à Berlin le 5 septembre. Je vous embrasse bien fort.

Jean.

Voyage toujours merveilleux mais routes détestables.

Monsieur Giraudoux   Straubing, 2 septembre 1906
Cusset (Allier)   (Timbre de la poste :
Frankreich   Straubing 2.9.06)
(Carte postale :
Straubing - Theresienplatz mit Stadtturm)

2 sept midi.

De Straubing. Une heure d'arrêt pour le repas. Pas un seul chien écrasé ! Mais cent moucherons avalés. Serons ce soir à Munich. Embrasse

> Jean.

> L. Bailly - Max Vidal.

Madame Giraudoux   Furth, 2 septembre [1906]
Cusset (Allier)   (Timbre de la poste :
Frankreich   Furth. W (illisible)
(Carte postale :
Furth i. W.
Verlag von Haus Jiger Schreibwarenhdlg)

Arrêt forcé en pleine forêt de bohême à Furth, la douane autrichienne ne voulant pas rendre les 1 000 couronnes que l'auto a dû payer à l'entrée. Nous les avons maintenant. D'ailleurs nous ne sommes pas ennuyés.

A bientôt une lettre.

> Jean.

---

2 septembre
Monsieur Giraudoux   Munich, 4 septembre 1906
Cours Lafayette   (Timbre de la poste :
Cusset (Allier)   Muenchen (illisible) 06)
Frankreich
(Carte postale :
München - Brunnenbuberl).

Mercredi 4 sept.
Déjà trois jours à Munich. Retrouvé les Eberlein, les Caro, et les Hösslin. Rien n'a changé. Je repars vendredi pour Berlin. Pourquoi pas de lettre à Prague. Voilà quinze jours que je suis sans nouvelles de vous

Je vous embrasse.

> Jean.

> L. Bailly - Max Vidal.

Docteur Giraudoux   *Munich, 10 septembre 1906*
Cusset (Allier)   *(Timbre de la poste :*
Frankreich   *10.09.1906)*
(Carte postale :
Prinzregenten Theater - Wagner Festspiele)

Je pars aujourd'hui pour Berlin. Serai dans dix jours à la maison.

Je vous embrasse bien fort.

Jean.

Madame Giraudoux   *Berlin-Charlottenbourg,*
Perception   *(Timbre de la poste :*
Cusset (Allier)   *Charlottenburg 14.9.06 (?)*
Frankreich   *Cassel 1 Ankunft 15.9.06, 3-4 N.)*
(Carte postale :
Berlin - Unter den Linden)

Vendredi

J'attends pour partir la lettre de maman. Elle est en route n'est-ce pas ?

Jean.

Madame Giraudoux   *Berlin-Charlottenburg,*
                           15 septembre 1906
Cusset (Allier)   *(Timbre de la poste :*
Frankreich   *Charlottenburg 16.9.06)*
(Carte postale :
Berlin - unter den Linden
S.M. Kaiser Wilhelm II
Kronprinz Friedrich Wilhem,
Prinz Adalbert)

Samedi soir

A cette semaine. J'attends impatiemment le facteur pour activer mon départ.

Jean.

Monsieur Giraudoux   *Berlin, 17 septembre 1906*
Percepteur   *(Timbre de la poste :*
Cusset (Allier)   *Berlin C - 17.9.06, 7-8 L)*
Frankreich
(Carte postale :
(Photographie du fils, de la belle-fille et du petit-fils de l'empereur)

Bien chers parents,

Arriverai Cusset à moins de retard imprévu Jeudi matin par le train habituel dont nous ne savons jamais l'heure exacte et que nous prenons toujours. Jamais mon voyage n'a été plus agréable et jamais cependant je n'ai eu autant de plaisir à vous revoir.

Jean (1).

(1) Voir, de la même date, une carte adressée aux cousins Toulouse, ci-dessous.

Monsieur   *Hildesheim [17, 18, 19 septembre 1906 ?]*
le Docteur Giraudoux   *(Timbre de la poste :*
Place Louis Blanc   *Hildesheim (illisible)*
Cusset (Allier)
Frankreich
(Carte postale :
Hildesheim - Knochenhauer Amtshaus

A bientôt

Jean.

Monsieur Giraudoux   *Paris, 19 septembre 1906*
Percepteur   *(Timbre de la poste : Paris*
Cusset (Allier)   *Gare de Lyon 22 h. 19.9.1906)*
(Carte postale :
Paris - La Gare de Lyon)

Je pars (1)

Jean.

(1) Voir la lettre du 17 : il part ... pour Cusset, comme sa carte, qu'il devancera certainement ! Giraudoux s'amuse.

Madame Giraudoux   *Paris, 5 novembre 1906*
Cusset (Allier)   *(Timbre de la poste :*
                                     Paris, rue C. Bernard
                                     18.5.11.06 (?))

Bien chers parents et frère,

Me voilà complètement installé; mon camarade de turne, l'angliciste Chelli (1), est revenu aujourd'hui, et nous avons achevé ensemble d'orner notre commun cabinet de travail. Il n'y a plus qu'à y travailler. Les cours de la Sorbonne commencent demain. Les nouveaux élèves, rentrés Vendredi, sont presque tous externes; seul, le réfectoire est plein, car la pension ne coûte que 70 francs par mois.

J'avais deviné qu'il y avait un gâteau dans le paquet, avant de l'ouvrir, et je l'ai mangé avec le respect que l'on a pour ce qui vient de la maison. Mon ami Denis y a goûté; pour se revancher de ma gentillesse, il m'a confié qu'il était fiancé et se marierait dès son retour d'autour du monde.

Dîner Jeudi soir chez les Toulouse. Comme Alexandre a dû le voir sur la supplique, la famille était au grand complet. Robert Lacoste de Dieppe qui est employé dans une société d'assurances était aussi là. Son frère est revenu de son premier voyage, après avoir manqué y rester et avoir passé plusieurs jours attaché sur le pont du bateau, sans manger. Il repart, enchanté, dans quelques jours. Marie-Amélie fait dire à Alexandre qu'elle lui récrira.

Je suis allé hier après-midi voir la famille Morand. Nous avons beaucoup bavardé de Munich où nous nous étions rencontrés. Un cousin, commandant, qui revient du Tonkin, a entendu parler là-bas de la concession du propriétaire de M. Belot. Il ne croit pas que ça puisse brillamment réussir. Au retour, la compagnie du Nord me faisait prévenir que, moyennant un dépôt de 20 frs, elle ferait faire des recherches pour ma malle : mais comme celle-ci est en chemin et, je l'espère, bien près de Paris, j'ai laissé 20 francs déposer dans mon porte-monnaie. Ils n'y déposent d'ailleurs pas de petits : je n'ai pas encore trouvé d'élèves, et mes camarades ne sont guère plus chanceux. Je ne désespère cependant pas.

Roby est surveillant au lycée Chaptal et continue à préparer l'agrégation. Tous mes anciens de Lakanal sont également répétiteurs, un seul a déjà un poste.

Ecrivez-moi une longue lettre, car il y a au fond bien plus de nouveau à Cusset qu'à Paris. Je regrette maintenant d'en être parti si tôt. J'espère avoir gagné déjà plusieurs fois mes dix sous, mais je ne les réclame plus; Jouez-les, ce soir, au besigue.

Maman a-t-elle étrenné sa matinée verte et bleue ?

Bien des baisers de Jean.

(1) Mort en 1918 des suites de ses campagnes, professeur à Bourges, auteur de « Psychasclepios » (cf. E. Leroux, *in Bulletin des Amis de l'E.N.S.*, juin 1939).

Madame Giraudoux
Cours Lafayette
Cusset (Allier)

Paris, 11 novembre 1906
(Timbre de la poste :
Paris 38 - 16 45 - 11.06
Rue Claude Bernard.)

Paris. Dimanche

Bien chers parents et cher Alexandre,

Je n'ose pas me fâcher d'avoir attendu si longtemps votre lettre, et d'avoir eu plusieurs matins gâtés par son entêtement à ne pas venir. Me voici aujourd'hui content.

Plusieurs nouvelles. Ma malle est enfin arrivée. Je l'ai déballée avant-hier, tout est en bon état à part le tube qui est complètement défoncé, et le chapeau melon qui est bosselé. J'ai retrouvé dedans les deux paires de bottines. On a, par un heureux hasard, oublié de me faire payer l'emmagasinage de Berlin, et je n'ai pas donné plus que je ne vous le prédisais.

Autre nouvelle : j'ai retrouvé, avec l'aide d'un camarade qui part pour Athènes et s'exerce aux fouilles archéologiques, le rideau qui me servait de portière. Je le rapporterai à Maman au 1ᵉʳ de l'an. Mais la couverture de voyage a disparu.

Puis : Robert (1) est venu me voir hier à 1 h 1/2. Il m'a serré la main, et s'en est allé si immédiatement que je n'ai pu, à la lettre, lui dire un seul mot. Il n'avait pas le temps de rester davantage, et pourtant il ne partait que Lundi. Le passe-droit est une bonne histoire. Mon oncle avait annoncé à Robert qu'il était premier, et Robert n'est que second. Ils sont tous les deux aussi embêtés l'un que l'autre. Les Toulouse m'ont raconté l'histoire.

4ᵉ nouvelle : Je suis allé aujourd'hui voir Andler, le professeur de la Sorbonne qui habite à Sceaux, et je n'ai pu revenir que deux heures après le repas de l'Ecole, qui est avancé le Dimanche. Je suis allé déjeuner au Boulant, et là, j'ai rencontré Mr Vernet, de passage à Paris. Nous sommes restés un bon moment ensemble. Il fait dire bien des choses à Alexandre, et se recommande à mes parents. Il repart ce soir pour Moulins. Un médecin doit partir avec le soleil.

Enfin, Andler m'a demandé mon diplôme de l'an dernier pour le faire imprimer dans la Revue Germanique et je l'ai bêtement laissé dans ma chambre, dans le casier à livres. Alexandre sait où il est, c'est ce serre-feuilles en carton noir, avec titre : *Les Festgesänge de Platen.* Je vous prie bien de me l'envoyer dès demain, pour que j'en finisse dans la semaine. Il faudra sans doute que je le recopie. N'envoyez pas la couverture pour que ça coûte moins, ou bien divisez-le en plusieurs petits paquets, s'il y a bénéfice. Je rembourserai avec le reste.

Pas de tapir.

Mes dents ne vont pas. Je les fais soigner.

J'ai oublié le jour de mon départ de dire adieu au Black.
Dites-lui de me chercher. Il me retrouvera en tout cas le 24
Novembre (2), plutôt plus tôt que plus tard.

Tenez-moi bien au courant de vos santés, et que maman
ajoute la prochaine fois un mot de sa main, bien qu'elle ne
puisse plus prendre la plume sans se tromper.

Je vous embrasse bien fort et bien des fois tous trois.

Jean.

(1) Robert Mancier, à ne pas confondre avec un autre cousin, Robert
Lacoste, cf. lettre du 5, et, ci-dessous : « Lettres aux cousins Toulouse ».
(2) Lapsus probable, pour *décembre*.

Madame et Monsieur Giraudoux   *Paris,*
Perception   [*début décembre 1906*]
Cusset (Allier)   (*Timbre de la poste : 16 45 ...*
                                        Rue Claude Bernard.)

Ecole; Mardi

       Bien chers parents et cher Alex,

    J'attendais en effet le passage de Monsieur Blaize pour vous
écrire. J'ai déjeuné avec lui hier chez Mme Grandin.. Je m'étais
invité moi-même, sur une lettre de St-Amand (1), et suis arrivé à
midi, quelques minutes avant les autres, car les Charlins étaient
aussi de la partie. Bon dîner, très gai. Madame Grandin fait dire
bien des choses à maman, et m'a parlé longuement de la noce de
Renée, où elle avait complété sa connaissance. Monsieur Blaize
m'a donné des nouvelles fraîches de chez lui où tout va bien
(ma tante Charlotte s'achète une fourrure en poulain russe et
Scot une boîte de couleurs) et de Cusset, dont il avait reçu une
lettre l'avant-veille. Ce qui fait que j'ai eu pour ma part trois
lettres de vous dans la semaine. Ça ne fait même pas une tous
les deux jours.

    Ce matin Monsieur Blaize et Gouru sont venus visiter l'Ecole.
J'en ai fait les honneurs, mais ma chambre ne brillait pas par
son ordre et mon cothurne par son amabilité ! Après le déjeuner
d'hier, visite à Monsieur Belot qui m'a invité pour le jour où je
voudrais. Madame Moreau, de St-Amand, demeure chez lui depuis
trois semaines; elle est à la recherche d'une place de gouvernante
ou de lingère, et ne trouve rien.

    J'ai aussi gaspillé un peu mon Dimanche, en passant l'après-
midi chez les Morand, et la soirée chez les Toulouse. Mais je
ne pouvais guère faire autrement. Répétition des *Précieuses ridi-*
cules que jouent les enfants au Premier de l'An. Nous n'étions que
26 ou 27 à table. Les Girardot sont même revenus à la fin de la
représentation chercher leur fille qui figure dans des tableaux

vivants (2). Madame Mazetier, grand-mère, a pris un peu froid en allant à la messe le matin. Anne-Marie est revenue; ses élèves, qui sont très gentilles, s'amusent parfois à la faire enrager en l'assurant que l'homme descend du singe. Elle est maintenant externe.

Mon camarade Denis se marie avant Noël; la jeune fille n'est pas riche, et donne des leçons de piano. Ils font leur voyage de noce sur la bourse autour du monde.

Pas de nouvelles des Sabourdy (3), naturellement. Vous verrez qu'ils ne reviendront pas par Paris. En tout cas, le voyage de St-Germain était bon à faire. Je ne sais pas l'adresse de Madame Schelcher; j'irai le plus tôt possible.

Rien du Directeur de la Revue Germanique. J'ai appris depuis qu'il ne paye pas. Par contre je vais peut-être placer un article à vingt-cinq francs dans un autre Journal. Mais c'est encore un espoir vague, car l'article est à faire.

Je sors maintenant tous les jours pour aller à la Sorbonne, où nous sommes asphyxiés au milieu des étudiants russes qui ont pris l'habitude de ne pas se débarbouiller, l'eau en hiver étant gelée. Je rencontre d'anciens Lakanaliens. Aucuy m'a rendu une petite visite; il est toujours à Ste-Barbe, et va passer sa thèse incessamment.

Max Vidal est venu un quart d'heure Jeudi. Il travaille et fait de la musique. Je l'ai raccompagné jusqu'à son fiacre, et me suis payé deux sous de châtaignes en revenant. C'est mon gros luxe. J'ai acheté un nouveau chapeau de forme, l'ancien était dans un état encore pire que celui du melon. J'ai reçu voilà quelques jours un autre avis de la gare du Nord me disant qu'il me faut déposer 20 francs pour qu'on donne l'ordre de faire revenir ma malle. J'ai eu de la chance que Rosen s'en soit occupé; elle ne serait pas encore là.

C'est demain que le dentiste en finit avec moi.

Au plus tôt possible et à dans trois semaines pour huit jours au moins. Je vous embrasse bien fort tous trois.

                                                             Jean.

Bonjour à Lucie et du sucre au chien Black.

Je me réserve de féliciter Alexandre à la fin de son mois; en quoi sera sa fourrure ? Et la tienne, maman ?

(1) Saint-Amand-Montrond, où vivait Lucien Lacoste, oncle maternel de l'écrivain. Voir *Siegfried et le Limousin*, pp. 47-49.
(2) Cf. *Visitations* p. 94.
(3) Le vétérinaire de Bellac, Hippolyte Lacoste, grand-père maternel de l'écrivain, avait épousé une Sabourdy. Mme Coupeau et Mme Schoelcher étaient ses sœurs, et les Blondeau ses cousins. Chez les Giraudoux, on préférait apparemment le côté Lacoste, plus provincial, au côté Sabourdy, plus parisien, à l'exception de M. Auguste Sabourdy, grand-oncle maternel de notre Giraudoux, qui avait un emploi éminent à la Compagnie fermière des eaux de Vichy, et par lequel le jeune germaniste fut recommandé à Joseph Caillaux (voir ci-dessus, lettre de la mi-juillet 1905) et à Gaston Calmette, directeur du *Figaro* (ci-dessous, lettre d'Amérique du 21 septembre 1907).

Madame et Monsieur Giraudoux   Paris, [12] *janvier 1907*
Perception   *(Timbre de la poste :*
Cusset (Allier)   *Paris 38, 20 45*
                                         12 ou 18 (?).1.07
                                         Rue Claude Bernard.)
Samedi

     Bien chers parents et cher Alex,

     Voici le second trimestre commencé. Ça ne sera pas le plus
amusant, et des livres qui risquent fort de n'être pas lus s'empi-
lent de jour en jour sur ma table. A l'Ecole, j'ai retrouvé ma
chambre en bon état, et l'on m'a même donné une clef pour la
fermer aux regards curieux des externes. Mon lecteur n'est pas
revenu et nous lui réservons une jolie réception, car il ne veut
plus travailler avec nous. Mon stage à Janson est commencé
sous d'heureux auspices. J'ai la cinquième et la sixième, classes
composées d'une série de petits youpins qui n'ont pas la langue
dans leur poche. La tête des pauvres diables qui n'ont jamais entendu un mot d'allemand, et qui, pendant la classe, ne doivent
pas entendre un mot de français, est assez drôle. Je ne fonctionne
pas encore, et me contente de me balancer sur ma chaise, ce qui
leur donne des distractions.
     Janson étant à côté de l'avenue Henri-Martin, je suis monté
l'autre jour chez Madame Blondeau. Elle y était sûrement, mais
m'a fait dire qu'elle était sortie. Pour qu'il n'y ait pas de confusion ou de malentendu, je lui ai écrit le soir une lettre qui ne
comportait pas de réponse. Je n'en ai pas moins été chagriné du
procédé, et qui s'est traduit par quelques réflexions désagréables
(en moi seul) sur nos honorables cousins. Le jour où je leur
écrirai sera celui où, comme dirait Papa, je ne ferai plus de faute
de français.
     Je suis passé une minute chez les Toulouse, pour avoir des
nouvelles de Madame Mazetier dont André m'avait annoncé le
rhume. Elle allait mieux, et toute la maison, c'est-à-dire elle et
Madame Saint-Denis, préparaient les costumes pour la fête de
demain. Je n'ai naturellement pas regardé mon rôle et serai à
la merci du souffleur. J'ai des soucis plus cruels. En tout cas,
on vous portera certainement un toast, demain soir.
     Je continue, au réfectoire, à savourer soir et matin deux œufs
frais. Avant-hier seulement, l'un avait cette couleur rougeâtre
bien connue à Cusset. Je mange comme un loup et engraisse.
     Quelques cartes, réponses à celles que j'envoyai. Aucune lettre,
si ce n'est une convocation à faire à la gendarmerie la déclaration
de mon changement de résidence dans les plus brefs délais, et
celle que j'aurai bientôt de vous, Lundi, ou Mardi, n'est-ce pas ?
     Comment va maman, et les pastilles-rebut lui profitent-elles
aussi bien que les autres ? Je prie Alex de ne pas tuer le merle,

et de me dire si les gens de St-Germain l'ont payé. Je n'ai pu faire encore la commission de papa.

Mille baisers de Jean.

J'ai bien reçu l'envoi de la poste.

Rencontré Philippe (1), qui vous salue tous. Téléphoné à Vidal, que je verrai Vendredi.

(1) Charles-Louis Philippe.

Monsieur Giraudoux   Paris, 5 février 1907
Perception   (Timbre de la poste :
Cusset (Allier)   Paris - 20 45. 5.2.07
                                      Rue Claude Bernard.)

Mardi

Bien chers parents et cher Alexandre,

Journée bien remplie et pas toujours très agréable. Reçu hier dépêche Sabourdy, vers 6 heures; répondu par petit bleu; arrivée à Montmartre ce matin 10 heures 1/2. Tout était déjà prêt pour l'enterrement. Madame Coupeau assez fatiguée est restée naturellement à la maison. Léa est venue entre ses tantes. Je ne sais comment il se fait qu'il n'y avait aucun homme de la famille, mon oncle fatigué était resté à l'hôtel, et c'est un ami et moi qui avons conduit le deuil. Tout s'est terminé assez vite et assez tristement. Madame Schelcher est venue, son mari ne va pas beaucoup mieux. J'avais reçu d'elle voilà quelques jours un mot me donnant cependant de meilleures nouvelles. Elle avait un chapeau rouge qui a scandalisé ma tante.

J'ai été représenté à Madame Blondeau qui ne me reconnaissait pas. Maintien « digne » de ma part, nous nous sommes embrassés, tout le monde s'embrassant comme condoléances. Pendant l'enterrement, pas l'occasion de nous retrouver. Après, nous sommes allés, elle, ma tante et moi rejoindre mon oncle à l'hôtel, près de la gare Saint-Lazare. Avons déjeuné ensemble. Elle m'a toujours tutoyé et appelé Jean. Enfin ! Ma tante a fait ce qu'elle a pu pour nous faciliter le revoir, mon oncle n'a rien dit. Ma tante lui disant à la fin du repas de me donner cent sous, il a attendu que nous fussions seuls et a dit : ta tante voulait te donner cent sous pour acheter des caoutchoucs, garde les miens que tu as aux pieds, ils sont tout neufs. J'ai dit que j'en avais déjà plusieurs paires. Il est très affecté de voir M. Schelcher également malade. J'ai quitté tout le monde aussitôt la fin du déjeuner. Madame Blondeau m'a bourré mon assiette.

Je vais tout à fait bien après une période de deux ou trois jours de grippe. J'y ai gagné un lit dans une chambre chauffée à l'infirmerie et une nourriture choisie. Mais, pour réparer le retard, je reste à Paris pour le Carnaval. On n'a pas dit trop de mal de vos santés. Je me renseigne en ce moment sur les poëles à pétrole. Vous en achèterez un si les « renseignements » sont bons.

Pas de mariage ?

Je vous embrasse bien fort tous trois et j'attends vite un mot. Que maman soit aimable avec ma tante, qui l'a été beaucoup, et mangez des huîtres Mardi prochain.

Jean.

Paris, [9 mars 1907]

Paris. Rue d'Ulm.

Bien chers parents et bien cher Alex,

Je ne sais ce qui m'a empêché de vous écrire Jeudi; et hier mon voyage hebdomadaire à Janson s'est terminé trop tard pour que je puisse vous assurer de ma parfaite santé avant la grève des électriciens (1) qui nous a privés nous aussi de toute lumière, et nous obligea à aller sur le Boulevard St-Michel jouir du spectacle. Nous avons dîné avec des chandelles dans les bouteilles, et j'ai clôturé la soirée par une visite à Roby, l'ancien de Lakanal, qui marche sur les traces de Loreau, de Lafarcinade et a une famille à lui. J'ai été présenté. Il n'y a pas encore de petit chien et c'est moi que Roby a accompagné dans la rue.

Mon départ pour l'Allemagne est à peu près fixé maintenant. J'ai obtenu les 200 francs en question et dois partir pour un mois. Malgré toute l'envie que j'aurais à vous voir avant mon départ, et m'assurer que maman va mieux, je ne pourrai guère passer à Cusset. Je vais à Berlin et y resterai jusqu'à ce que mon argent soit épuisé, ce qui ne sera pas bien long, le billet aller et retour coûtant à peu près cent francs. Je ne descendrai pas chez les Rosen. Un de mes camarades qui est là-bas lecteur à l'Université s'arrangera pour me dénicher une chambre à 30 marks.

Je suis content de savoir ma tante rétablie. Ici tout le monde est malade, et l'infirmerie doit être pleine de corizas, qui ne veulent pas se lever de bonne heure. Mais il fait bon. Ma chambre non chauffée devient habitable, et à mon retour je serai, avec mes deux appartements, comme un prince. Le travail est de plus en plus ingrat et je ne trouve guère le temps de remettre des dissertations à mes professeurs.

Est-ce que la période des huîtres est terminée ? et le départ pour le midi a-t-il eu lieu ? Je n'ai eu naturellement aucun nouveau rapport avec Madame Blondeau sous les appartements de laquelle le tramway me ramène tous les Vendredi, en allant à Janson.

La lettre d'Alexandre, bien courte, est trop longue. Je voudrais bien avoir sur la santé de maman des renseignements moins vagues. Ceux-ci sont presque inexistants et je suis inquiet. J'attends une bonne lettre de lui et un mot de maman pour bientôt.

C'est Garoby qui aura la bourse autour du monde cette année; je ne me présente même pas.

Philippe que j'ai rencontré vous fait dire bien des choses.

Je vous embrasse bien fort.

Jean.

(1) Vendredi 8 mars 1907 (*Figaro* du 9).

Paris, [*16 mars 1907*]

Salon de lecture
des grands magasins
du Louvre   Paris.
Samedi
           Bien chers parents et cher Alexandre,

Mon départ est fixé à jeudi ou à vendredi. Je vais directement à Brunswick où je reste un jour, puis à Berlin d'où je compte revenir vers le 20 Avril. Je ferai sans doute route jusqu'à Cologne avec un jeune allemand qui rejoint son pays. A Berlin, un camarade va me chercher une modeste chambre, près de la bibliothèque. Je n'ai d'ailleurs pas encore reçu le mandat du gouvernement, et suis condamné à l'attendre. Je fais quelques emplettes avant mon départ ce qui m'amena ce matin au Bon Marché où j'ai trouvé Madame Cohadon et le Docteur. Aimables autant qu'on peut l'être. Ils m'ont donné des nouvelles de ma tante, de tout le monde, excepté de leur fille, dont le nom marital n'a jamais pu revenir. Je ne pouvais décemment demander comment allait Madame Clémence. Je me suis tu, préférant être impoli par omission.

Je suis très inquiet. La lettre de maman m'a bien fait plaisir, mais ne m'a guère rassuré. Avant de partir, j'espère avoir une bonne lettre, où Alexandre m'annoncera la guérison, et où maman le prouvera.

A propos de la nomination d'Alexandre, j'ai parmi mes amis une famille qui connaît très bien les Guérin. Nous avons fait cette découverte la semaine dernière. C'est le seul point marquant de la semaine. Hier, déjeuné chez les Toulouse, avec Madame et Mr. Mazetier; ils ont l'air d'avoir du travail et déménagent leur atelier de la rue Albert pour le transporter rue du Théâtre où ils habitent. L'annonce d'un mot de maman leur a fait bien plaisir. Les fils vont ce soir figurer à l'Opéra dans *Samson et Dalila*, et la grand-mère se fâche, à cause du carême. La petite

Marie-Amélie a une déviation de la colonne vertébrale, et va rester à Grenelle jusqu'aux vacances pour se faire soigner. Si Alexandre était à Paris, il ne manquerait pas non plus de clients. Est-ce que le dîner de Madame Roux a été réussi ? J'attends une description complète, avec épisodes.

Mon agrégation ne marche pas. Ma mémoire se rebiffe de plus en plus et tous mes mots allemands fichent le camp. C'est désolant.

Lettre de Caro de Munich. Il a fondé une nouvelle société de philantropie, et m'invite à m'en mettre. J'ai cent sous, à mettre ailleurs — et encore c'est une question. Ma seule dépense de la semaine est pour ce soir la Comédie Française à 2 francs. C'est bien la première fois (depuis 3 ans) que j'y vais.

Portez-vous bien, et toi, maman, bien mieux. Je vous embrasse tous trois bien fort.

votre Jean.

Garoby a trois amis tués dans l'Iéna (1).

(1) Cuirassé de l'Escadre de Méditerranée qui explosa accidentellement à Toulon le 12 mars 1907 (*Figaro* du 13).

Madame Giraudoux   *Hildesheim, 24 mars 1907*
Perception   *(Timbre de la poste :*
Cusset (Allier)   *Hildesheim 24.03.07)*
Frankreich
(Carte postale :
Hildesheim - Kleine Steuer)

Dimanche

Voyage ennuyeux. Arrivée par beau temps. Vous envoie des vues d'une ville que je ne connais pas encore car je déjeune près de la gare. Serai demain soir à Berlin.

Mille baisers de

Jean.

Monsieur Giraudoux   *Brunschwick, 25 mars 1907*
Perception   *(Timbre de la poste :*
Cusset (Allier)   *Braunschweig 25.3.07 1-2 N, 1 k.)*
Franckreich
(Carte postale :
Braunschweig - Andreas Kirche)

Lundi 1 h 10.

Un peu seul, mais beau temps et belles villes. Ici toutes les maisons comme celles du coin de la place et en plus des saucisses merveilleuses. Pars à 2 h 16 pour Berlin. Hier au soir, théâtre, toujours *Figaro* (1) : en chemise de flanelle aux premières loges.

Vous embrasse mille fois.

Jean.

(1) Comprendre : toujours grâce à la carte de correspondant du *Figaro*.

Mme *et Monsieur Giraudoux*   *Berlin-Charlottenburg,*
Perception   *27 mars 1907*
Cusset (Allier)   *(Timbre de la poste :*
Frankreich   *Charlottenburg 27.3.07 - 7-8 N.3)*
(Carte postale :
Gruss aus - Victoria Luisen Platz)

Bien chers parents, cher Alex,

J'ai reçu ce matin, à mon arrivée, la lettre d'Alexandre. Il m'a fait le même plaisir que me fera la prochaine. Je suis bien heureux de vous savoir en santé, et voilà le printemps. Je suis vacciné : un célèbre docteur a eu cet honneur l'avant-veille de mon départ. Je quitte demain la maison Rosen et m'installe seul en plein Berlin. J'ai retrouvé ici beaucoup d'anciens élèves de l'Ecole, vieux camarades aussi. Dans quinze jours je repars. J'espère avoir fini mon travail. A bientôt une lettre.

Baisers de   Jean.

Monsieur Giraudoux   *Wannsee 31 mars 1097*
Perception   *(Timbre de la poste :*
Cusset (Allier)   *Wannsee 31.3.07 ...)*
Franckreich
(Carte postale :
Gruss aux Wannsee
Partie am kleinen Wannsee)

Jour de Pâques. Pâques françaises, avec d'anciens de l'Ecole. Environs de Paris.

Jean.

Mon adresse est maintenant

Zietenstr. 21
bei Frau Monnard.

Madame et Monsieur Giraudoux
Perception
Cusset (Allier)
Frankreich.

Berlin 1ᵉʳ avril 1907
(Timbres de la poste :
Belfort, Territoire de B.
14 h. 50 - 2.4.07
Berlin : illisible.)

Lundi de Pâques

Bien chère maman, cher père, cher Alex,

J'ai quitté aujourd'hui la maison Rosen, et n'en suis pas fâché, car le menu du soir n'y est pas copieux et celui du matin lui rend des points. J'ai pris plus près de Berlin une chambre au second, deux fenêtres, 1 M. 50 par jour avec le déjeuner; les étudiants allemands étant en vacances jusqu'au 1ᵉʳ mai, les prix sont maintenant abordables; je pourrai peut-être de cette façon rester encore une quinzaine ici. Je mange au restaurant le matin, 1 M. 50, sans le pourboire, et le soir aux établissements Aschinger, où l'on a automatiquement pour 4 sous de viande, de jambon, ou d'œufs durs. Les Dimanches je me payerai un dîner à 2 M. 50 chez l'un des « Marguery » berlinois, dirait Robert.

Cette semaine où je n'ai pu travailler, la bibliothèque étant fermée, s'est passée assez lentement. Jeudi, Wedekind m'avait invité à aller écouter une pièce de lui, 15 M. la place, et m'a offert un dîner dans un grand restaurant, avec du vin de la Moselle. Hier, j'ai fait avec deux anciens camarades de l'Ecole, Réau, actuellement à l'Inst. Thiers, et Comert, retour du tour du monde, un petit tour à Berlin. Vous avez reçu ma carte postale ? Nous avons ramé et causé français. Aujourd'hui, surprise agréable. Réponse de l'Intendant des Théâtres Royaux, qui m'accorde entrée libre partout, tous les soirs. La lettre arrivée avec le cachet : « Affaires privées royales » a excité un vif intérêt et du respect chez mes nouveaux hôtes.

Je me plais un peu plus à Berlin qu'en Août dernier, mais la différence n'est pas énorme. Les grandes avenues sont plus jolies, et le mouvement occupe, mais il n'y a pas de bouquinistes, de chanteurs des rues, de pompiers, de marchands de marrons; j'ai vu l'impératrice couperosée, dans une auto pleine d'enfants à elle, mais l'empereur s'est jusqu'ici dérobé à mes recherches. Je ne perds rien pour attendre. C'est Dimanche la fête de Bismarck, et j'y assisterai.

Je repartirai naturellement direct pour Paris, d'aujourd'hui en quinze très probablement. Je n'ai eu d'autres nouvelles de France que la lettre d'Alexandre, celle de Lundi je crois. Ecrivez-moi ici Zietenstr. 21, bei Frau Monnard. Je répète l'adresse au cas où la carte postale arriverait en mauvais état.

Je suis bien content de voir le beau temps en pensant à vos
santés et aux tournées d'Alex. Il fait ici je ne sais combien de
degrés au-dessus du printemps.

Votre Jean qui vous embrasse mille fois.

Monsieur Giraudoux   Potsdam, 4 avril 1907
Perception   (Timbre de la poste :
Cusset (Allier)   4.04.07
Franckreich
(Carte postale :
Sanssouci-Potsdam
Schloss Sanssouci mit Denkmal Freidrich d. Gr.)

De Potsdam, bien des choses.

> Jean Giraudoux.
>
> Ludwig Rosenberg - Félix Rosenberg.

Frankreich   Berlin, 6 avril 1907
Madame Giraudoux   (Cachet de la poste:
Perception   Berlin W 6.4.07. 8-9 N 64 g.)
Cusset (Allier)   (Lettre autographe)

Berlin. Samedi

Bien chers parents, cher Alexandre,

Dix jours ou à peu près sans nouvelles de vous c'est assez
long, et je suis allé souvent poste restante, où je n'ai pas trouvé non
plus de lettres de Nice ou de Mont-aux-oiseaux : aussi la lettre
d'Alexandre a-t-elle été accueillie avec joie. Les bonnes nouvelles de
votre santé et son travail ont achevé de me mettre en bonne
humeur, et je vous écris avant la tombée de la nuit, pour n'avoir
pas à allumer le gaz, et avant d'aller au théâtre, comme d'habitude.

J'ai fait avant-hier et hier connaissance avec l'empereur. Je l'ai
aperçu jeudi sur son cheval blanc, se rendant à je ne sais quelle
promenade, et hier soir pendant trois heures de suite, à l'Opéra, il
a siégé sur mon dos, avec ses femmes, fils et bru. Il a rigolé
tout le temps avec le petit prince de Monaco, cet autre cousin
à ma tante Etiennette.

J'ai revu hier mes camarades d'Ecole et nous avons déjeuné
ensemble ce matin dans une brasserie à bière bon marché en
compagnie d'un journaliste anglais, qui ne sait que l'anglais. J'ai
fait semblant de comprendre l'active conversation, utile entraînement pour l'an prochain.

Mon existence est plus réglée qu'au Lycée Lakanal; je me lève, il est vrai, un peu plus tard, mais je rattrape la nuit le temps perdu le matin. Le café de mon hôtesse est exécrable et j'ai demandé le régime du thé. Mes hautes protections me font espérer son consentement. Elle a d'ailleurs peur de moi depuis qu'un soir comme je rentrais, elle m'a pris pour un voleur et mis à la porte la chaîne de sûreté. Il n'y a d'ailleurs pas beaucoup d'apaches à Berlin, et les sergents de ville sont, je crois, les seuls personnages dangereux.

Beaucoup de mes compatriotes arrivent, Cambon à l'ambassade, et Cléo de Mérode à je ne sais quel music-hall. Ayant oublié d'emporter mon livret militaire, je me suis bien gardé de me présenter au consulat.

Il refait froid depuis deux jours et bien m'a pris de prendre mon parapluie. Mon rhume de cerveau, oublié à Paris, m'a cependant rejoint. Ce n'est pas que ce soit dangereux, mais mes mouchoirs de voyage sont peu.

Est-ce vrai que mon frère, à ce que dit la renommée, veut se faire nommer au conseil municipal. Ce serait un nouveau fleuron à notre couronne familiale, et une réclame pour Alexandre.

Marie-toi aussi, Alexandre, que j'aille aux noces.

Je vous embrasse bien fort tous trois et répondez-moi vite.

Jean.

Sur un papier joint à la lettre :

> Schicken Sie meine
> Pension : *(Poste Restante
> Berlin).* Besten Dank.

M. le Docteur Alex. Giraudoux   *Berlin, 14 avril 1907*
Place Louis Blanc   *(Timbre de la poste :*
Cusset (Allier)   *14.04.07)*
Franckreich
(Carte postale :
Berlin - Panorama vom Rathausturm)

J'ai reçu la carte poste restante mais pourquoi pas de lettre ? Je pars Mardi et serai Mercredi matin à Paris. Je ne suis pas fâché de mon séjour quoique le temps se soit mis au Groenland, ni de mon retour quoique je ne puisse aller à Cusset qu'à la Pentecôte. Ecrivez-moi à Paris, que je trouve un mot à mon arrivée.

Mille baisers.

Jean.

Paris, [fin avril ? 1907]

Vendredi

Bien chers parents, cher Alex,

Il est cinq heures et demie et je reviens de Janson (1) par une pluie battante, d'autant plus battante que mon parapluie était resté à l'Ecole. Entre ma classe du matin et du soir, j'ai déjeuné à Grenelle (2). On m'a beaucoup parlé de vos dernières lettres, et André est confus de n'avoir pas répondu à Alexandre. Mais il se lève à cinq heures, se couche à onze, et tient à un style parfait, ce qui lui fit déchirer déjà deux ébauches de réponse. On commence à déménager les ateliers, et les affaires vont mieux que jamais. Je place ici tous les bonjours dont on m'a chargé.

Outre les nouvelles que vous me donnez de Vichy, j'en ai eu par Monsieur Meslays, qui habite près de Janson également, et auquel j'ai fait, à onze heures, ma visite. Il parle toujours autant; Madame Meslays a demandé de vos nouvelles, et m'a révélé les transes où ils vivent. Le Casino va faire jouer jusqu'au 31 Mai, par autorisation spéciale; si la loi est contre le baccarat, on sera l'an prochain forcé de réduire les dépenses du théâtre. Bonarel ne vient pas cette année si je crois la mère Billon.

Le temps passe à l'Ecole malgré le travail de plus en plus lentement, et je bénirai le mois de juillet qui m'en sortira enfin; à part Jacoby, je n'ai plus de camarades, et l'administration renouvelée n'a pas non plus mes sympathies. Le passage de Berlin à la rue d'Ulm m'a semblé plus pénible qu'autrefois, et l'audition des classes d'allemand rendrait fou quelqu'un de plus solide que moi. J'aime mieux travailler encore deux ans, et éviter à tout prix d'entrer dans un lycée. Mon idée des consulats est très bonne, et j'y pense de plus en plus sérieusement. Nous parlerons de cela aux vacances de la Pentecôte.

Amery, lui, que j'ai rencontré hier et qui me vénère plus que jamais, a fait une thèse de droit considérable (375 pages in-8°) et a trouvé un éditeur. Il est à peu près tiré d'affaire. Rouchy a raté son examen. Massicot que j'ai aperçu du haut d'une impériale n'avait pas l'air bien ingambe. Hier, Laprade (3), de Buzançais, l'architecte, est venu me raconter toutes les histoires de Châteauroux; et il y en avait, car je ne l'ai pas vu depuis 5 ans. Mon camarade Joannet, entré chez son père banquier, la + grosse banque de Ch., a fait une banqueroute frauduleuse et est sous les verrous. Le père en Espagne. Les Ratier sont ruinés. Tatouol et sa sœur restent seuls, le père s'étant enfui avec une femme, après avoir vendu secrètement sa banque, sans laisser un sou. De Mazare est arrêté pour avoir fait un faux testament à la mort de David, et malgré Fouchon, il passe en cours d'assises. Peut-être connaissez-vous quelqu'un dans le nombre.

Je vous expédie par le même courrier des photographies. Elles sont réussies, et j'en ai commandé 5 autres; j'en ai 4. Ai-je bien fait ? L'une est pour les auteurs de mes jours, l'autre pour leur fils aîné. Je crois que le sort de la troisième est bien compromis.

Adieu pour aujourd'hui. Donnez-moi bien vite des nouvelles de vos santés; et ne soyez pas inquiets de la mienne. Le rhume de cerveau que j'avais depuis dix ans est guéri.

Votre Jean qui vous embrasse.

Brunot me raterait encore mon complet, comme il l'a toujours fait, malgré nos expériences répétées. Et ça coûterait absolument le même prix. — J'ai besoin de souliers : je m'achèterai des souliers bas.

(1) Le lycée Janson-de-Sailly, où J. G. est professeur stagiaire pour quelques heures pendant quelques semaines, comme tous les candidats à l'aggrégation.

(2) C'est-à-dire chez les Toulouse. Il est aussi question du déménagement des ateliers dans la lettre du 16 mars. Cette lettre-ci doit être placée après, entre le retour de Berlin et la Pentecôte.

(3) Albert Laprade, architecte, membre de l'Institut, qui fut condisciple de J. G. au lycée de Châteauroux.

Madame Giraudoux   Paris, 5 mai 1907
Perception   (Timbre de la poste :
Cusset (Allier)   Paris 38 - 20 45, 5.5.07
                                    Rue Claude Bernard.)
Dimanche

        Bien chers parents et cher frère,

Je vous écris, comme vous me lirez, par un mauvais temps sans nom. A part une petite promenade en compagnie de Ruederer, dont la pièce est reçue au théâtre Antoine, et qui voulait épancher sa joie, je suis resté de mauvaise humeur et sans trop de courage au travail au troisième étage de mon école. Je regrette de ne plus trouver de plaisir à aller à Vêpres.

Un changement de programme à l'agrégation a influé aussi sur ce changement d'humeur. Il n'y a plus à l'oral qu'une explication en français, les cinq autres doivent être faites en allemand, et sans préparation. Tous les vieux alsaciens et tous les chargés de cours de lycée jubilent, les pauvres malheureux comme moi et beaucoup d'autres sont perdus. Il est heureux que ma carrière dans l'Université soit dès maintenant aléatoire. Mes camarades deviennent d'ailleurs, à l'approche de l'examen, d'une peur que je ne conçois qu'avec peine, et il en résulte des disputes et quelques brouilles entre caractères aigris. Garoby est généralement l'interprète et l'arbitre. Nous mangeons en revanche comme quatre, chacun bien entendu, et mon visage ne dit rien des peines de mon cœur. Un bon petit dîner dans la famille Morand, de plus en plus gentille, me sert toutes les semaines d'extra. Quelquefois des invités intéressants. Jeudi : un député influent, qui s'appelle Chastanet ou nez, et que l'on soigne, car le fils en aura plus tard besoin. Nous avons beaucoup causé de notre connaissance commune, Dumaine, qui, le pauvre malheureux, avait refusé une ambassade pour rester à Munich. Je ne lui envoie pas, pour ne pas compromettre non plus ma carrière diplomatique, une carte de condoléances, comme il en avait donné l'exemple à propos de Montagnini.

J'ai l'intention d'écrire aux Sabourdy un jour qu'il pleuvra pour les remercier de leur carte de Berlin et de tout ce qu'ils vous ont dit de moi. Je n'ai pas encore déposé ma carte chez Madame Fère. Je le ferai Mardi, jour où je vais à Janson. J'aurai, au cas d'une invitation, mon nouveau complet. Il n'a pas dépassé les prix indiqués et va très bien. J'aimerais autant — ce serait peut-être une petite économie — acheter ici aussi mes souliers et mon chapeau de paille. Dites-moi si vous avez des commissions — la Pentecôte tombe à point, pour que je vous rapporte les commandes.

J'attribue le complet rétablissement de maman à ce qu'Alex a eu plus de temps de la soigner, et n'en veux pas ainsi aux malades en grève. Le mois de Mai va-t-il mieux ? Mon père l'a-t-il accueilli par le petit refrain bien connu, adressé aux arbres du jardin ? Du poêle, on dirait absolument une forêt.

Je vous embrasse bien fort tous trois. Vite une réponse; excusez-moi d'avoir remis ma lettre à aujourd'hui. Je croyais avoir plus de choses à dire, et j'ai au contraire oublié celles que je savais déjà.

Votre Jean.

Madame et Monsieur Giraudoux   *Paris, [29 mai] 1907*
Perception   *(Timbre de la poste :*
Cusset (Allier)   *Paris   , 20 45*
                                  ...07 R. Claude Bernard.)
Mercredi.

          Bien chers parents, cher Alex,

La chaleur est revenue, mais comme je travaille le matin
dans ma chambre de l'ouest, je n'en sens pas les inconvénients
autant que les camarades qui n'ont qu'un asile. Nous prenons
d'ailleurs de larges récréations auprès du bassin du milieu de la
cour, où deux nouveaux sont tombés hier, sans se noyer, avec le
concours de quelques anciens. Les nouvelles sont qu'un de nos
camarades, professeur à Nantes a été obligé, pour raisons politiques sans doute, de prendre un congé; que Lavieille, un Lakana-
lien de troisième année, s'est marié — ce qui porte à 3 ou 4 le
nombre des Lakanaliens normaliens pères ou futurs pères de
famille — enfin en troisième lieu que mon départ pour Harvard
est assuré. Combarieu m'en a donné l'assurance, en ajoutant qu'il
aimait beaucoup les pastilles de Vichy. Peut-être écrirai-je à mon
oncle de lui en envoyer ? En tout cas, je ne lui en achèterai pas.
Je n'ai pu encore aller voir les Toulouse et je n'y pourrai aller
avant Mardi, ayant Lundi à faire une conférence en allemand
que j'ai juste le temps de préparer en quatre jours. Je n'irai pas
voir le Grand prix (1) non plus, préférant passer quelques heures
chez les Morand à jouer au bouchon dans le jardin ou faire une
partie de billard, que les scientifiques ne haïssent jamais, libre
pendant la semaine. Les examens de l'Ecole commencent sans
tarder, et nous aurons à surveiller les malheureux candidats, bien
moins à plaindre que nous ne l'étions puisqu'ils n'ont plus que 3
jours au lieu de six. Mon camarade de turne, l'angliciste, devient
de plus en plus maussade et j'aurai à le ramasser d'ici quelques
jours. Un vent de discorde souffle du reste sur les archicubes
déjà collés à l'agrég. et doublement nerveux. Je n'ai ni leur réussite, ni leur espoir. Si ce n'est pas pour cette année, ce sera pour
1908. Les remèdes d'Alex sont d'ailleurs pour quelque chose
dans ma tranquillité : je bois bien régulièrement les gouttes qui
sont très bonnes. J'avais eu une désillusion le premier jour avec
la chartreuse mais dès le lendemain j'étais habitué et en demandais
pour deux sous de plus.
Donnez-moi vite les renseignements sur la semaine écoulée.
Comment va maman et si Alex va autant que les derniers
jours : le record du mois est-il battu ? La maison du père Cha-
bans (?) est-elle achetée ? les deux poussins ont eu deux frères en
la personne de deux jeunes moineaux élevés par mon voisin, et qui
sont morts ce matin, juste au moment où ils étaient apprivoisés.
Je suis sorti hier à 4 heures et suis allé avec Garoby jusqu'au

Panthéon voir passer le roi et la reine. C'est Lépine qui a été le le plus acclamé. La reine est plus jolie que vous ne pouvez le croire d'après la photographie du journal. Le roi ressemble à de la Seyne du Boucheron.

Pas aperçu le moindre visage de connaissance, excepté Louis Bailly qui courait au grand trot Dimanche soir pour arriver à temps à l'appel. Je crois bien cependant qu'il a eu du retard.

Pas eu non plus la moindre lettre. Je suppose que votre silence vient uniquement de ce que vous attendez un mot de moi.

Je vous embrasse tous trois bien fort

Jean.

Bonjour à Lucie. Comment se comporte le commis ?

(1) Lettre du printemps 1907 : les projets de départ pour Harvard en témoignent; le « Grand Prix » aura lieu le 16 juin 1907, en présence des souverains danois, qui resteront à Paris du 14 au 17, d'un vendredi à un lundi. Ce ne sont donc pas ceux que J. G. a vus « hier » (mardi, puisqu'il écrit « mercredi »), mais le roi et la reine de Norvège : le *Mardi* 28 mai, leur cortège, revenant de l'Hôtel de Ville, est passé par le Panthéon, la rue Soufflot, le boulevard Saint-Michel, « où l'attend la jeunesse des écoles » (*Le Figaro* du 29).

Paris, [*23 juillet 1907*]

Mardi

Bien chers parents, cher Docteur,

Je suis bien content de recevoir les lettres dépêches d'Alexandre, mais j'en voudrais bien tous les quinze jours, une de quatre pages. Depuis un mois, je vis de télégraphe et comme en ce moment je n'ai pas autre chose à faire qu'à lire, un cahier de papier à lettres serait le bienvenu. Merci bien des fois pour la peine que le docteur s'est donnée. J'ai donné ma demande à la Gendarmerie, et reçu hier, ce qui est mauvais signe, l'ordre de me présenter à la visite médicale demain Mercredi. Ma santé étant par malheur plus florissante que jamais, je risque fort d'être éconduit. Mais il faudra bien cependant se résigner au 98e (1) à ne pas m'avoir, puisque le même courrier m'a apporté ma nomination officielle pour Harvard et la prière d'être à mon poste vers le 24 septembre (2). Tout s'arrangera — mais je ne sacrifierai pas mon mois de vacances auprès de vous.

Pas de résultats encore et une semaine pourrait bien s'écouler encore dans l'incertitude (3). Les historiens, eux, sont renseignés après-demain. Garoby et les normaliens sont blackboulés pour la bourse autour du monde (4). Eggli lui-même n'a rien eu. On n'a pris que des professeurs ayant fait un stage d'un an au moins dans les lycées. Je suis en somme le plus favorisé. Si je ne suis pas admissible, je vous aurai rejoint dans huit jours, sinon j'en ai pour jusqu'au 20 août, et sans aucune chance de voir ma peine récompensée par une réussite. Je ne sais aussi ce que je dois souhaiter.

Qu'y-a-t-il de nouveau à Cusset et à Vichy ?

Je n'ai aucun détail sur l'entrevue Blondeau-Giraudoux ? Je me propose d'écrire un mot à l'oncle et à la tante quand j'aurai mes résultats. Comment va leur maison ?

Le but de ma lettre est de souhaiter la fête de maman (5) avant personne. Je pars deux jours avant le bouquet de ma tante Etiennette; et vous souhaite le bonheur à tous trois jusqu'à la fin de vos jours, en vous embrassant très fort.

A bientôt. J'écrirai avant la fin de la semaine.

Jean.

Merci à Cournol.

(1) 98ᵉ Régiment d'Infanterie. J. G. y a effectué son service militaire, et y accomplira deux « périodes » en 1909 et 1912.
(2) Voir ci-dessous, « lettres d'Amérique ».
(3) Giraudoux ne sera même pas déclaré admissible à l'agrégation.
(4) Fondée en 1905 par Albert Kahn.
(5) La Sainte-Anne est le 26 juillet.

TROIS LETTRES A MARCEL RAY

Agrégé d'allemand, Marcel Ray sortait de l'Ecole normale supérieure comme Jean Giraudoux y entrait. L'un était le fils du directeur d'école de Cusset, l'autre le fils du percepteur. Marcel Ray était en outre l'ami de Charles-Louis Philippe et de Valery Larbaud (voir ci-dessous, p. 187 et p. 204), auquel il servit de précepteur puis de compagnon de voyage. Sa vie se partagea ensuite entre la carrière consulaire et le journalisme, comme le confirment les deux dernières lettres.

Paris, [fin avril - début mai 1905]
Jean Giraudoux   *Bibliothèque Municipale de Vichy*
à   *Fonds Larbaud*
M. Marcel Ray, agrégé d'allemand
6, rue Edouard-Grimaud, Poitiers (Rayé. Réexpédition :)
Ecole Française d'Archéologie Athènes.

Ecole

>   Mon cher Ray,

Je me proposais depuis bien longtemps de t'apprendre que, grâce un peu à ta lettre d'octobre dernier, ma vocation de germaniste m'était nettement révélée; mais j'avais quelque honte à t'en informer si tardivement, et il faut que j'aie encore un service à te demander, pour aggraver ainsi ma faute, en te la signalant.

Voici le fait : J'ai obtenu de pouvoir terminer ma seconde année en Allemand et je pars dans une huitaine pour Münich.

Andler, et Meyer, et mes goûts personnels m'ont fait choisir ainsi ma résidence d'été, et la nouvelle que tu y avais séjourné longtemps, et avec plaisir, m'a confirmé dans mon choix. Je serais donc très heureux — car je ne connais là-bas absolument personne — si tu voulais m'indiquer quelques personnes avec lesquelles je puisse un peu causer, et me fournir quelques renseignements sur la façon de me loger, sur les cours à suivre, sur la cherté de la vie. Je ne me rappelle, des indications de voyage que tu nous donnas un soir, à Eggli et à moi, dans je ne sais quel couloir — que les noms des hôtels de Florence. Cela ne pourrait guère me servir cette année. J'implore ton extrême obligeance et ta non moins grande compétence pour compléter, ne fût-ce que de quelques notions, mon maigre bagage.

Je reviens de chez mon tapir [1] hebdomadaire, qui m'a abruti, et je sens venir une fluxion que Belevecki ne peut enrayer. Cela t'explique mon écriture et mon style. J'ai d'ailleurs pris l'habitude de penser en allemand, même quand j'écris en français.

J'ai des nouvelles par Philippe [2] que je vois assez régulièrement, et à qui je dois ton adresse — par Dupuy aussi, et par Meyer, qui nous cite périodiquement les bons tours que tu lui fis, — avec admiration, — et qui apprend par cœur Laforgue. sur tes conseils paraît-il. Ton travail de classe a-t-il un peu diminué, et t'occupes-tu sérieusement de ta thèse ?

Réponds-moi si tu as un moment — pendant une composition de tes élèves, et crois aux sentiments bien reconnaissants de ton respectueux carré. [3]

Jean Giraudoux.

(1) Elève auquel on donne des leçons particulières, en argot normalien.
(2) Charles-Louis Philippe.
(3) Elève de seconde année, en argot normalien.

Jean Giraudoux   *Bibliothèque Municipale de Vichy*
à   *Fonds Larbaud*
M. Marcel Ray
17, rue du Vieux Colombier, Paris VIe.

8, rue Pré aux Clercs   Paris, le 4 février 1930

    Cher Marcel Ray,

    J'ai pour toi un superbe *Amphitryon* sur papier de haut luxe depuis quelques mois, et le hasard a voulu que je ne puisse obtenir ni ta nouvelle adresse (j'avais égaré ta carte) ni celle de l'Europe toute nouvelle (1), qu'aujourd'hui. Je t'envoie ce petit mot pour m'excuser. J'avais téléphoné plusieurs fois au Petit Journal, pour te dire combien ton amitié m'aurait fait plaisir, mais tu es toujours absent... Et où es-tu, aujourd'hui ?
    Mes hommages très dévoués à ta femme; à toi mille amitiés.

Jean Giraudoux.

(1) Allusion à la revue *L'Europe nouvelle.*

Jean Giraudoux   *Bibliothèque Municipale de Vichy*
à   *Fonds Larbaud*
M. Marcel Ray
Ministre de France au Siam

Affaires Etrangères
Direction des Affaires
politiques et commerciales

16 mars 1936

    Bien cher ami,

    J'ai une heureuse occasion de t'envoyer mes amitiés et je me garde de la manquer. Je les confie à Madame Albert Henraux (1), qui a entrepris de voir l'Asie et qui se propose de passer par le Siam. Je te serai très obligé et très reconnaissant de faire pour elle tout ce que tu ferais pour moi, au cas où elle aurait besoin de tons avis et de ton recours, et je sais que tu te réjouira beaucoup de son passage, car tu as avec elle bien des amis communs, et des affections communes, — Ch.-L. Philippe par exemple.
    Je t'envoie mille affectueux souvenirs et te demande de présenter tous mes dévoués hommages à ta femme.

Jean Giraudoux.

(1) née Lilita Abreu, sœur de Pierre Abreu.

LETTRE
AU DIRECTEUR DE L'ECOLE NORMALE SUPERIEURE
(décembre 1905)

Ernest Lavisse, l'historien académicien, fut pour Giraudoux
un paternel directeur, mieux que paternel, même, car Giraudoux
ne se confiait pas à son père comme il le fait ici. Compte rendu
cavalier de « non-travail », cette lettre nous apprend pourquoi
il est devenu germaniste et comment, germaniste ou non, il
ressentait alors la « difficulté d'être ».

Jean Giraudoux   *Munich, [début décembre 1905]*
au
Directeur de l'Ecole Normale Supérieure.
[Ernest Lavisse]

Munich, Amalienstrasse, Mardi

Monsieur le Directeur.

Mérité-je encore que vous vous informiez de moi, et mes
excuses ne paraîtront-elles pas plus impardonnables que mon
silence ? Vous êtes assez indulgent pour croire que je n'ai pas
voulut être ingrat, mais je voudrais vous assurer que je n'ai
même pas voulu être négligent : j'hésitais seulement à vous
tenir au courant d'un travail qui était tout au plus un travail
de vacances, et à vous raconter les épisodes d'un semestre de
« villégiature ». Je crois maintenant que j'avais grand tort,
d'abord parce que ce semestre a duré huit mois, et j'aurais dû
ensuite vous remercier des conseils sur lesquels j'ai réglé mon
non-travail, et qui me l'ont rendu si fructueux.
Ma conquête de l'Allemagne a commencé par la Hollande et
lorsque j'arrivais à Munich, après trois semaines de musées, de
Rhin et de bière, j'étais déjà acclimaté — je le suis maintenant
un peu moins. Tout ce que j'abordais au début avec sympathie,
avec intérêt, aussi avec admiration, commence depuis quelques
mois à me blesser et à m'agacer. Je ne cherche pas à expliquer ce
changement, n'étant que germaniste et pas philosophe; ça n'est
pas du nationalisme : on oublie si vite, pendant un premier séjour
à l'étranger, ce qu'on ne connaissait pas de son pays, qu'on est
incapable de faire des comparaisons. Ça n'est pas de la nostalgie :
je n'ai connu ce mal qu'en septembre, et encore c'était la nostalgie de l'Italie. Peut-être cela vient-il d'un tréfonds latin, que

Wagner a remué; peut-être aussi de la perspective d'un diplôme, pour lequel je me sens peu préparé, et qui me fait chercher des sujets de mémoire jusque dans Goethe.

Ce n'est pas une petite entreprise d'apprendre l'allemand en Allemagne, surtout si l'on a des lettres de recommandation. Tout le monde se frotte à vous pour en emporter un peu. Peu d'Allemands connaissent le français, mais tous le parlent ou désirent l'apprendre, et mon lecteur de l'Ecole était vraiment une exception dont je n'ai pas su profiter. Il y a bien les cours de l'Université; il y a bien quelques étudiants russes; on trouve aussi quelquefois un employé de tramway de bonne volonté, qui évite de parler français, et même allemand, et m'initie aux charmes du dialecte; mais l'Université de Munich n'est guère ouverte, à cause des nombreuses fêtes, que quelques jours par semaine et les tramways coûtent plus cher que la brasserie où ils mènent.

J'avais par bonheur une carte de correspondant du Figaro, qui m'ouvrit les théâtres, — une raquette de tennis, qui m'ouvrit la bourgeoisie — et un instituteur, qui fut mon guide dans les réunions politiques. J'ai participé d'une façon active à la lutte du libéralisme contre le centre, bataille de chopes qui n'a pas été sans préjudice pour mon estomac, aux manœuvres du 1er Corps, et à toutes les répétitions générales. Causeries avec auteurs, causeries avec musiciens, je prépare mon diplôme comme je préparerais le concert. J'espère cependant mieux le réussir.

Pardonnez-moi, Monsieur le Directeur, ce bavardage : j'avais commencé avec les meilleures intentions, sinon de faire un rapport, du moins d'être sérieux et de vous montrer que l'Allemagne m'avait passé un peu de gravité, — je crois d'ailleurs que ç'aurait été mentir : elle ne m'a rien passé du tout, et j'en suis plutôt effrayé. Je ne veux pas vous demander aujourd'hui des conseils contre une apathie, que j'ai cru secouer en sautant du latin dans le germain, mais qui croît avec mon activité. Voudrez-vous me permettre de vous en parler plus longuement; mais pas par lettre, où ces « hésitations » prennent des allures ridicules de cas de conscience. Je serais bien heureux d'apprendre de vous si cette nonchalance n'est pas une qualité ou, du moins, un bon défaut.

Je serai à Paris dans une quinzaine, ma santé n'est pas parfaite et je sens la nécessité de quinze jours de feu dans des cheminées, de vins, et de famille. J'ai aussi tout mon travail à organiser, et ne peux guère le faire sans les conseils de M. Andler.

Je vous prie de croire, Monsieur le Directeur, à ma bien respectueuse gratitude. Le plaisir que j'ai eu à écrire cette lettre me fait regretter encore plus de l'avoir commencée si tard.

Jean Giraudoux.

SIX LETTRES A JOSEPH RUEDERER
DEUX LETTRES A FRANK WEDEKIND

Deux hommes fort dissemblables ! « Wedekind buvait du vin rouge et moi du thé » raconte Ruederer. L'un comédien de famille et de nature, impétueux et scandaleux; l'autre bon bourgeois de la bonne bourgeoisie de Munich, lent et touchant. Mais l'un et l'autre anti-prussiens, anti-philistins, l'un et l'autre en butte à la censure. A l'époque où le jeune Giraudoux séjournait à Munich, ils étaient les deux auteurs les plus en vue du « théâtre de prose ». Wedekind se partageait entre les théâtres de Berlin et les cabarets de Munich, et sa gloire, aujourd'hui encore, n'a pas fini de monter. Ruederer était au sommet de sa carrière : deux comédies bavaroises créées à quelques mois d'intervalle, deux charges féroces contre la société de brasseurs et de marchands dont il était issu.

Giraudoux séduisit l'un et l'autre. Wedekind l'emmena en excursion au lac de Starnberg, et, l'année suivante, à Berlin, l'invita non seulement au théâtre mais au restaurant (voir lettre de J. G. à ses parents du 1er avril 1907, ci-dessus p. 82). Ruederer le reçut chez lui, admira sa connaissance de la langue et de la littérature allemandes, l'invita à la première de ses pièces, et à la réception qui suivit.

Quoique de vingt ans leur cadet, Jean Giraudoux donna la réplique : il joua à l'homme de lettres, parla de la création de la *Revue du temps présent*, étala ses relations littéraires et théâtrales, offrit un exemplaire de ses premières publications, s'entremit, même, pour faire traduire, publier et jouer en France aussi bien Ruederer que Wedekind.

Toutefois, lorsque Ruederer débarqua à Paris avec sa femme, l'agrégatif surmené et sans doute désargenté fit reporter à deux reprises le rendez-vous et ne témoigna que peu d'empressement : voir ce qu'il écrit à ses parents le 5 mai (ci-dessus, p. 86). Visiblement il préférait les revoir l'un à Berlin, l'autre à Munich, ou entretenir des relations strictement épistolaires qui convenaient mieux au personnage dans lequel il s'était enfermé.

Les noms de Ruederer et Wedekind sont consignés dans la liste des « amis bavarois » qu'il ne revit pas après la guerre, parce qu'ils étaient morts (*Siegfried et le Limousin*, p. 200) (1).

(1) On consultera, pour plus de détails, l'index de notre *Giraudoux et l'Allemagne* et, sur les relations de Jean Giraudoux avec Wedekind, l'article de Mary Mc Lean, *Australian Journal of French Studies,* May 1967.

Jean Giraudoux à Josef Ruederer   *Mss. Monacensia*
                                              Cusset, [fin septembre-
                                              début octobre 1906]

                                              Cusset, Allier
                                              jusqu'au 20 oct. (1906)
Casino de l'établissement   Ensuite 45, rue d'Ulm,
thermal de Vichy   Paris V.

Cher Monsieur,

Merci beaucoup de votre aimable lettre. Elle a d'ailleurs aug-
menté ma nostalgie de Paris que je n'ai salué qu'en passant
depuis un an et demi. J'aurais bien préféré, à Vichy, qui est
morne, et à Cusset, qui l'est plus encore, ma bonne ville et mon
bon quartier, et, en votre compagnie, quelques voyages d'exploration dans des arrondissements ignorés. J'aurais été heureux aussi
de vous accompagner au théâtre. Peut-être verrez-vous l'ouverture
de l'Odéon. Ce sera, m'a-t-on dit, un événement. Peut-être assis-
terez-vous aussi à l'Opéra à une bonne représentation. Il y en a
comme cela une sur dix. Choisissez une pièce où Delmas (pas
le ténor, mais la basse) aura un rôle important.

Monsieur Morand est bien charmant, et j'ai appris avec beaucoup
de plaisir qu'il était à Paris en ce moment. Pour que vous connaissiez un des « jeunes » je vous envoie une carte pour Philippe,
l'auteur de *Bubu de Montparnasse,* dont je vous avais parlé. Il
est très pauvre, et habite au cinquième, Si cela ne vous ennuie
pas de grimper cent marches, allez-y vers 4 ou 5 heures de l'après-
midi. C'est un très, très grand talent. Je voulais vous écrire des
cartes pour Bilhaud, l'auteur des comédies et pour Romain Rolland,
le romancier : mais ils ne seront à Paris qu'en Novembre. J'ai
quelques amis et amies à la Comédie-Française, mais ça ne vous
intéresserait guère, n'est-ce pas ?

Je n'ose vous indiquer une famille pour Mademoiselle Grete,
j'aime mieux chercher moi-même à mon arrivée, car je n'ai guère
en ce moment qu'une occasion en vue, et je devrai, pour le reste,
aller aux renseignements. Je crois, d'ailleurs, que je trouverai, si
toutefois vous n'avez pas déjà ce qu'il vous faut.

Croyez bien, cher Monsieur, à tous mes regrets de vous savoir
si près sans aller vous saluer; j'aurais été bien heureux de me
revanchiren un petit peu pour votre accueil à Munich, dont je
vous suis, à vous et à Madame Ruederer, bien reconnaissant.

Rappelez-moi, je vous prie, au bon souvenir de votre famille,
et acceptez mes bien dévoués souvenirs.

                                              J. Giraudoux.

Jean Giraudoux à Josef Ruederer   [*Fin avril 1907*]
Stadtbibliothek München. Monacensia
Mss. Br.e. 155.2

Sehr verehrter Herr Ruederer,

Ein böser Schnupfen (1) hielt mich in meiner Klause gefangen,
so dass ich erst gestern in die Stadt dürfte. Philippe (2) war zu
Hause, und wir haben uns für Sonnabend 9 Uhr abends, Café de
la Résidence, verabredet. Sie werden an ihm einen sehr eigen-
tümlichen Schriftstellerstypus kennen lernen. Wenn Ihr Abend
schon besetzt ist, seien Sie so freudlich un telephoniren Sie (Ecole
Normale) an welchem Tag Sie Zeit haben werden.

Hoffentlich ist Frau Ruederer schon in Paris. Bei dem Wetter,
wird Sie sich Oberammergau sehnen.. Ueberreichen Sie Ihr, mit
meiner Empfehlungen, mein tiefes Bedauern für diese Taktlo-
sigkeit des Pariser Regens. Was mich betrifft, habe ich ein Rezept
gegen Kälte und Wind gefunden. Ich sitze schön warm in meiner
Bude, und lese « Muenchen » (3).

Besten Gruss ihres (sic, pour Ihres) sehr ergebenen

Giraudoux.

Ein « Druckfehler » : Café de la Résidence ist natürlich eine
unzeitige Erinnerung an die Residenzstadt München : die richtige
Leseart haben Sie schon erraten : Café de la Régence.

TRADUCTION :

Monsieur,

Un mauvais rhume (1) m'a retenu dans ma cellule et ce n'est
qu'hier que j'ai pu sortir. Philippe (2) était chez lui et nous avons
pris rendez-vous pour samedi 9 heures du soir, Café de la Résidence. En lui vous connaîtrez un type d'écrivain très particulier.
Si votre soirée est déjà prise, ayez l'amabilité de téléphoner
(Ecole normale) quel jour vous êtes libre.

J'espère que Madame Ruederer est déjà à Paris. Par ce temps,
elle va regretter Oberammergau. Présentez-lui, avec mes hommages,
tous mes regrets pour ce manque de tact de la pluie parisienne.
En ce qui me concerne, j'ai trouvé une recette contre le froid
et le vent. Je m'installe bien au chaud dans ma turne et lis
Munich. (3)

Meilleures salutations de votre dévoué.

Giraudoux.

Une « faute d'impression » : *Café de la Résidence* est naturellement un souvenir intempestif de Munich, ville-résidence. Vous avez déjà deviné qu'il faut lire : *Café de la Régence.*

(1) La lettre suivante fait allusion à ce rhume, ce qui établit l'ordre de succession.
(2) Charles-Louis Philippe.
(3) *Munich*, par Joseph Ruederer (1907).

Jean Giraudoux   [*entre le 1 et le 4*
à   *mai 1907*]
Joseph Ruederer
Mss. Br. e. 155.3.

        Bien cher Monsieur,

Mon dimanche matin n'est pas libre, je suis invité chez un professeur, et malgré tout l'ennui qui m'y attend, je ne peux faire passer avant le plaisir de déjeuner avec vous. Mais je m'esquiverai le plus tôt possible, et je serai libre vers deux heures, j'espère, le rendez-vous étant pour onze heures. Où pourrai-je vous rencontrer ? Ayez la bonté de me fixer un café, ou votre hôtel, ou le restaurant où vous aurez déjeuné, — vers 2 h ou 2 h 30, si votre après-midi est libre. Je voudrais, le plus tôt possible, saluer Madame Ruederer, et repasser avec vous quelques bonnes heures. J'ai maudit mon rhume[1], arrivé si mal à propos, et qui m'a retenu à mon Ecole. Je n'osais vous écrire de faire de nouveau l'excursion de la rue d'Ulm.

J'ai fini « Munich », et je vous dirai moi-même combien dans votre livre tout me plaît.

Je vous prie, cher Monsieur, de présenter mes hommages à Madame Ruederer, et d'accepter mon plus dévoué shake-hand.

                                   Giraudoux.

(1) cf. lettre précédente.

Jean Giraudoux
à   *Paris, 1ᵉʳ juillet 1907*
Josef Ruederer

        Lieber Herr Ruederer,

Sie werden mir nicht böse sein, wenn ich Ihnen erst heute für die schöne Karte aus Tarascon und den so liebenswürdigen Brief aus München danke. Ich hätte viel früher meine Freude, Sie und

Frau Ruederer in Paris gesehen und mir einen kleinen Platz in
Ihren französichen Erinnerungen gewonnen zu haben, ausgespro-
chen, wenn nicht meine Ferien sich wider alle Vermutung bis
Juni verlängert (1) hätten. Die Arbeit in der Ecole nahm mich den
ganzen Monat in Anspruch, und dazu kam, dass ich mich von
einigen Freunden für eine noch nicht auf die Welt gebrachte
Zeitschrift anwerben liess (2). Ich weiss wohl, dass unser Kind
einem sicheren Tod entgegengeht, aber das Zweck einer Revue ist
gegründet zu werden, nicht zu leben. Bis jetzt gab sie übrigens zu
netten Versammlungen und neuen Bekannschaften Anlass, und
führte mich in den Kreis der litterarischen Jugend ein, die mir
sympathischer ist von der Nähe als von der Ferne. Denn es gibt
dort keine Boheme und keine Juden. Kein Kommanditär : jedes
Mitglied gibt seinen Beitrag und wir haben schon Geld genug
zusammengeschossen, um ein volles Jahr zu leben. Unser Titel
allein macht der *Revue des Deux Mondes* die schrecklichste Kon-
kurrenz (3); da er : *Le Globe*, lautet und also nicht, wie die
Zeitschrift Brunetières, Australien ausschliesst. Spass beiseite rech-
nen wir auf die ausländischen Leser, und werden von Zeit zu
Zeit den englischen und deutschen Litteraturen ein ganzes Heft
widmen. Hoffentlich werde ich oft Gelegenheit haben, für Deutschland einzutreten. Ich habe vor, meinen ersten Artikel über « die
Frage München » zu schreiben (la question Munich) und bin
jetzt auf der Jagd auf die Bücher, die (über die Frage) in dem
letzten Jahrzehnt erschienen sind. Ich wäre Ihnen sehr dankbar,
mir einige Ratschläge zu geben, und die Artikel über ihr (sic)
« München » können mir auch dabei sehr hülfsreich sein. Sie
dürfen aber keine Viertelstunde für mich verlieren denn *der
Schmied von Kochel* (4) würde mir das ewig verdenken. Ich
wünsche ihm herzlich, da Sie warscheinlich schon in Oberammergau angekommen sind, das schönste Wetter und einen raschen
Tod, das heisst, das Sie den Letzten Akt so schnell als möglich
niederschreiben. Ich war schon zweimal bei Romain Rolland, dem
Freund Gemiers. Er sagte aber, es gäbe nichts dagegen zu machen,
Gemier ist der eigensinnigste Theaterdirektor der Welt, und liest
seine Stücke erst während seiner Ferien. Ein mir unbekannter
Uebersetzer hat bei ihm zwei deutsche Stücke angebracht : das eine
von Remert, das zweite von Ernst : *die grosse Sünde*. Mit Ohorns
Klostersergiessungen macht das ein nettes Trio. Es fehlt noch
der Strom, von Max Halbe. Ich warte aber sehr ruhig auf die
Entscheidung; und behalte mir das Recht vor, falls Gemier den
Untersschied (sic) zwischen ihrer (sic) Komödie und der grössten
Sünde nicht fühlt. ihm in unserer Revue das Zaberfeld zu treiben.
    Ich bleibe in Paris bis Ende Juli. Hier ist immer alles schön,
mit Ausnahme des Wetters und der femmes cochères. Die Ecole
ist immer still und grün, wie vor fünf Wochen; in dem Bassin
des inneren Hofes aber haben wir jetzt einen neuen Pensionär,

einen Schwann, und da ein Naturwissenschaftler auf den Einfall g kommen ist, das Wasser grün zu färben (5), bringt mir diese Dekoration Schliersee oder Tegernsee in Gedächtniss (sic). Wäre ich dort statt eine dumme Prüfung vorzubereiten und mir die Augen zu verderben.

Obwohl dieser Brief sich über die Massen (sic) ausgedehnt hat, ist es nicht der letzte, den Sie mir vor meiner Abfahrt nach Amerika bekommen. Ich werde auch von dort einige Ansichtskarten an meinen Freund Hans (6) schicken, damit er sich allmählich an den Gedanken gewöhnt, mich als Führer in Paris zu haben. Empfehlen Sie mich bei Frau Ruederer, die hoffentlich den Lärm meiner Stadt vergessen hat, diesen Lärm, der die Eindrücke, nicht aber die Erinnerungen verdirbt. Wann fährt Fraülein Gretel nach Frankreich ?

Tausend Grüsse von Ihrem sehr dankbaren

J. Giraudoux.

TRADUCTION :

Cher Monsieur,

Vous ne m'en voudrez pas de vous remercier aujourd'hui seulement pour la belle carte de Tarascon et la si aimable lettre de Munich. Je vous aurais beaucoup plus tôt exprimé ma joie de vous avoir revus, Madame Ruederer et vous, à Paris, et d'avoir gagné une petite place dans vos souvenirs français — si mes vacances ne s'étaient prolongées contre toute attente jusqu'en juin (1). Le travail à l'Ecole m'a accaparé tout le mois, et là-dessus je me suis laissé enrôler par quelques amis pour une revue qui n'est pas encore née (2). Je sais bien que notre enfant va à une mort certaine, mais le but d'une revue, c'est d'être fondée, non de vivre. Jusqu'à maintenant, du reste, elle a donné lieu à d'agréables réunions et à de nouvelles connaissances et elle m'a introduit dans le cercle de la jeunesse littéraire, qui m'est plus sympathique de près que de loin. Car il n'y a là ni bohêmes ni juifs. Ni commanditaire : chaque membre apporte sa contribution et nous avons déjà réuni assez d'argent pour vivre un an entier. Notre titre à lui seul fait la plus effroyable concurrence à la *Revue des deux mondes* (3), car c'est *Le Globe* et donc, à la différence de la revue de Brunetière, il n'exclut pas l'Australie. Trêve de plaisanterie, nous comptons sur les lecteurs étrangers, et de temps en temps nous consacrerons un fascicule entier aux littératures anglaises et allemandes. J'espère avoir bientôt l'occasion d'entrer en scène pour l'Allemagne. J'ai l'intention d'écrire mon premier article sur « la question Munich » et je suis actuellement à la recherche des livres qui sont parus sur la question dans la dernière décennie. Je vous serais très reconnaissant de me donner quelques conseils, et les articles sur votre *Munich* peuvent aussi m'être très utiles en la circonstance. Mais il ne faut pas perdre un quart d'heure pour moi car *Le Forgeron de Kochel* (4) m'en voudrait éternellement. Je lui souhaite sincèrement — car vous êtes vraisemblablement déjà arrivés à Oberammergau — un beau temps et une mort rapide, autrement dit que vous abattiez le dernier acte aussi vite que possible. Je suis allé déjà deux fois chez Romain Rolland, l'ami de Gémier. Mais il m'a dit qu'il n'y avait rien à y faire, Gémier est le directeur de théâtre le plus têtu du monde, et il ne lit ses pièces que pendant ses vacances. Un traducteur que je ne connais pas lui a apporté deux pièces allemandes : l'une de Remert, l'autre de Ernst : *Le Grand Péché*. Avec *Les Effusions d'un couvent* de Ohorn, cela fait un joli trio. Il y manque encore *Le Fleuve* de Max Halbe. Mais j'attends la décision en toute tranquillité, et me réserve, au cas où Gémier ne ferait pas la différence entre votre comédie et les plus Grands Péchés, le droit de l'étriller dans notre revue.

Je reste à Paris jusqu'à la fin de juillet. Tout y est toujours beau, sauf le temps et les femmes-cochères. L'Ecole est toujours calme et verte, comme il y cinq semaines; mais dans le bassin de la cour intérieure nous avons maintenant un nouveau pensionnaire, un cygne, et comme un naturaliste a eu l'idée de teindre l'eau en vert (5), le décor me rappelle le lac Schlier ou le lac Tegern. Que ne suis-je là-bas, au lieu de préparer un examen stupide et de m'abîmer les yeux.

Bien que cette lettre se soit étirée au-delà de la mesure, ce n'est pas la dernière que vous recevrez de moi avant mon départ pour l'Amérique. J'enverrai aussi, de là-bas, quelques cartes postales à mon ami Jean (6), pour qu'il s'habitue peu à peu à l'idée de m'avoir comme guide à Paris. Présentez mes hommages à Madame Ruederer — qui, j'espère, a oublié le bruit de ma ville, bruit qui gâte l'impression, mais non les souvenirs. Quand Mademoiselle Gretel vient-elle en France ?

Mille salutations de votre très reconnaissant

J. Giraudoux.

(1) Il passa les vacances de Pentecôte à Cusset.

(2) Cette Revue qui devait s'appeler *le Globe* s'appela en fait la *Revue du temps présent*. Sur sa fondation, voir Robert de Beauplan, *Aspects*, 3 mars 1944, p. 21-23, et E. Ripert, « les débuts de J. G., » *Notre Combat*, 24 novembre 1939.

(3) « Henri Focillon (...) disait superbement : Quand on fonde une revue, il faut se dire : Nous allons couler *la Revue des Deux Mondes ! »* (E. Ripert, art. cité dans la note précédente).

(4) Pièce de Ruederer, alors en chantier, publiée en 1911. Voir *Siegfried et le Limousin*, p. 230.

(5) cf. *L'Ecole des Indifférents* p. 164 : « Des étudiants facétieux avaient teint le bassin en rouge ».

(6) Hans Ruederer, fils de Josef Ruederer.

Jean Giraudoux   *Cambridge (U.S.A.),*
à   [*vers le 20 octobre 1907*]
Josef Ruederer

54 Gardenstreet,, Cambridge
(Massachussets)

Sehr lieber Herre Ruederer,

Dass Sie keine Nachricht von mir vor meiner Abfahrt nach Amerika bekommen haben, werden Sie mir nicht verargen. Einerseits nahm mich eine wichtige Arbeit sehr in Anspruch, dann kam die Sorge um meine Reisezurüstung, und, vor allem, ich dachte mir, dass Ihr einziger Wunsch, nach solchen wiederholten Schicksalsschlägen (1), Stille und Einsamkeit war. Jetzt noch muss ich mich vielmehr entschuldigen, weil ich schreibe, — und Sie zerstreue und störe —, als weil ich nicht früher geschreiben habe ? Schreiben ist aber das einzige Mittel, eine Antwort zu veranlassen, und ich würde mit grosser Freude etwas von Ihnen und von Frau Ruederer hören. Uebrigens will ich Sie gleich beruhigen. Sie werden in meinem Brief keine Eindrücke aus Amerika finden. Zuerst, weil die Eindrücke nur in der Form einer Erinnerung für mich einen Werth besitzen, und dann, weil ich hier überhaupt keine Eindrücke habe. Nichts ist der alten Welt ähnlicher, als die neue. Es gibt hier viele Motorwagen, wie in Paris, und viele Deutschen, wie in Deutschland. Ein Teil des wohldenkenden Preussens scheint sogar hierher übersiedelt zu sein : ich bin hier erst drei Wochen, und kam schon zehn deutschen Reden — das heisst Beteuerungen der Liebe an den erhabenen Monarch — zu hören. Nur das Bier fehlt. Glücklicherweise steht an der Spitze der deutschen Abteilung der Universität ein sehr geistreicher und gemütlicher Mensch, Professor Francke, und er allein vermag die übrigen aufzuwiegen. In der französischen Abteilung steht es viel schlimmer; der Ausfuhrfranzose ist faule Ware, die in Frankreich keinen Absatz fand. Glücklicherweise besitzt die Universität wunderbare Eichhörnchen und Tauben, die man füttern kann, und welche bis in die Klassen hereinbrechen. Man rühmt auch das Wissen der amerikanischen Professoren; ich schiebe aber meinen Besuch auf, bis ich einige englische Wörter verstehen kann. Ich bin übrigens am Quai von mehreren Vereinen beschlagnahmt worden, die mich ueberallhin führen und meine Conferencestournée schon vorbereitet haben. Ich gastiere hier, zuerst an der Universität, wo ich einen beurlaubten Professor ersetze, dann in dem jungfräulichen College, und dann fängt die Reise an : Canada und wahrscheinlich New-Orleans. Da mir die erste Versuche nicht allzu schlimm ausliefen, bin ich auf einen

Gedanken gekommen, der mir jeden Tag mehr ans Herz wächst :
wäre es möglich, das ich, während meines nächsten Aufenthalt
in München — Ende April, Mai und Juni —, einen Vortrag
in französischer Sprache hielte ? Der Stoff würde : der franzö-
sische Philister und seine Frau heissen — oder wie Sie es mir
rathen würden ? Hoffentlich werden wir uns vor dieser Zeit in
Paris treffen, denn ich weiss schon, wie die Antwort Gémiers
lauten wird. Haben Sie endlich einen Brief dieses so beschäftigten
Direktors erhalten ? Ich bin sehr neugierig zu erfahren was
Ohorn gegen Sie vermag.

Ich bekam vor meiner Abfahrt einen Brief meines Freundes
Buysson (2); es würde für ihn ein grosses Vergnügen sein,
Ihre Bekannschaft zu machen, und ich glaube Sie würden an
ihm einen sehr witzigen und talentsvollen Tenor kennen lernen.
Seine Adresse ist : Hoftheater oder Pension Sickel, Kanalstrasse,
49.

Obwohl ich meinen Brief mit der Absicht anfing, nicht zu
viel geschwätzig zu sein, komme ich mit vier Seiten zu kurz.
Es bleiben mir nur zwei Zeilen uebrig, um Ihnen und Frau
Ruederer meine besten Grüsse zu schicken.,.

Jean Giraudoux.

TRADUCTION :

Très cher Monsieur,

Vous n'avez pas eu de nouvelles de moi avant mon départ
pour l'Amérique, mais ne m'en veuillez pas. D'un côté, un travail
important m'a accaparé, puis vint le souci de préparer mon
voyage, et par dessus tout je me suis dit que votre unique souhait,
après de tels coups répétés du destin (1), c'était le calme et la
solitude. Aujourd'hui encore ne dois-je pas m'excuser plus de ce
que je vous écris — et vous dérange et vous trouble — que de ne
pas vous avoir écrit plus tôt ? Mais écrire est le seul moyen
d'avoir une réponse, et j'aurais grande joie à avoir des nouvelles
de votre femme et de vous. Au reste, je vais tout de suite vous
rassurer. Vous ne trouverez pas, dans ma lettre, la moindre
impression d'Amérique. D'abord parce que les impressions n'ont
pour moi de valeur que sous forme de souvenir, et ensuite parce
que je n'ai ici absolument aucune impression. Rien ne ressemble
plus au vieux monde que le nouveau. Il y a ici beaucoup
d'automobiles, comme à Paris, et d'Allemands, comme en Allemagne. Une partie de la Prusse bien-pensante semble même avoir
émigré ici : je suis ici depuis seulement trois semaines et il m'est
déjà arrivé d'entendre dix conversations allemandes — c'est-à-
dire dix protestations d'affection à l'égard de l'illustre Monarque.

Il ne manque que la bière. Par chance le département d'allemand de l'université a à sa tête un homme spirituel et agréable, le Professeur Francke, et à lui seul il compense tous les autres. Dans le département de français, la situation est bien pire; le Français d'exportation est une mauvaise marchandise qui n'a pas trouvé à se placer en France. Heureusement, l'Université possède de merveilleux écureuils et des pigeons auxquels on donne à manger et qui font irruption jusque dans les classes. On vante aussi la science des professeurs américains, mais je retarde ma visite jusqu'au jour où je comprendrai quelques mots d'anglais.

Du reste, à peine débarqué, j'ai été enrôlé par plusieurs associations qui me promènent partout et qui ont déjà organisé ma tournée de conférences. Je commence par me produire ici, d'abord à l'Université où je remplace un professeur en congé, puis au collège de jeunes filles; ensuite commence le voyage : Canada et vraisemblablement la Nouvelle-Orléans. Comme mes premiers essais ne se sont pas trop mal terminés, j'ai eu une idée qui chaque jour me tient plus à cœur : serait-il possible que durant mon séjour à Munich (fin avril, mai et juin), je donne une conférence en français ? Le sujet serait : le Philistin français et sa femme — ou que me conseilleriez-vous ? J'espère que nous nous reverrons d'ici là à Paris, car je sais d'avance la réponse de Gémier. Avez-vous eu enfin une lettre de ce directeur si occupé ? Je suis curieux d'apprendre ce que Ohorn peut contre vous.

J'ai reçu avant mon départ une lettre de mon ami Buysson (2); il lui serait très agréable de faire votre connaissance et je crois que vous connaîtriez là un ténor plein d'esprit et de talent. Son adresse est : Théâtre de la Cour, ou Pension Sickel, 49 rue du Canal.

Bien que j'aie commencé ma lettre avec l'intention de ne pas être trop bavard, quatre pages ne me suffisent pas. Il ne me reste que deux lignes pour envoyer mes meilleures salutations à votre femme et à vous.

J. G.

---

(1) En tête de ces « coups du destin » qui ont frappé J. Ruederer dans l'été 1907, la mort de son père en juillet.

(2) Ténor du Théâtre de la cour (voir notre *Giraudoux et l'Allemagne*, p. 74).

Jean Giraudoux

Joseph Ruederer

[*1911 ou 1912*]

Affaires étrangères
___

Cabinet
___

du
Ministre

Bien cher Monsieur,

J'apprends aujourd'hui, par les Münchner N. N. (1) — c'est le premier service qu'elles m'aient rendu — que votre anniversaire approche. Permettez-moi de saisir cette occasion de me rappeler à votre souvenir et de vous envoyer mes meilleurs vœux. Je vous relis souvent, mais je regrette fort de ne pouvoir lire de temps en temps quelque bonne lettre de vous. Ne passerez-vous donc plus jamais par Paris ! J'y suis, retour de Constantinople, pour quelques mois encore et je serais charmé d'être à nouveau votre guide dans une ville que je connais maintenant tout-à-fait.

Acceptez, cher Monsieur, pour vous et votre famille, tous mes meilleurs souvenirs.

Jean Giraudoux.

16, rue de Condé.

(1) *Dernières Nouvelles de Munich.*

___

Jean Giraudoux
à
Frank Wedekind

[*Paris, novembre ? 1906*]

Monsieur,

Je n'ai pu m'entendre avec mon camarade Mayer (1) qu'à mon retour à Paris, qu'un séjour à la campagne a reculé de deux mois (2), et c'est la raison pour laquelle je n'ai pas pu vous écrire plus tôt et vous donner des nouvelles de la traduction. Elle est commencée depuis quelques jours, et nous procure l'occasion d'admirer de plus près l'*Erdgeist* (3) et d'y découvrir chaque jour de nouvelles beautés. J'espère que tout sera près de la fin vers Pâques, époque à laquelle je serai à Berlin, et pourrai vous communiquer moi-même le point où nous en sommes.

Peut-être la représentation de l'*Erdgeist* pourrait-elle avoir lieu au début de l'hiver prochain.

Les journaux de Berlin que je lis assiduement me permettent de suivre votre succès là-bas, et nous nous en réjouissons.

Croyez-moi, Monsieur, votre très reconnaissant et respectueux

Giraudoux.

45, rue d'Ulm.

(1) Normalien, certes, mais de vingt ans son aîné !
(2) Rentré de Berlin le 20 septembre, J. G. est sans doute resté à Cusset jusqu'au début des cours d'agrégation (6 novembre).
(3) *L'Esprit de la terre*, pièce de Wedekind (1893).

Jean Giraudoux
à
Frank Wedekind

24 février [1907]
Stadtbibliothek München
Monacensia

24 Februar (ohne Anspielung auf Werner's Stück) (1)

Sehr verehrter Herr Wedekind

Ich habe mit dem grössten Vergnügen den so glänzenden Erfolg Ihres « Frühlings Erwachen » erfahren, und ich wollte längst diese Gelegenheit benützen, um Ihnen nicht nur meine grosse Freude, aber auch die Bewunderung mehrerer Freunde auszudrücken, denen ich *die Büchse* (1) vorgelesen habe. Es gibt für mich keinen Zweifel mehr; meine Hoffnung, Sie in Paris applaudiren zu können, wird bald in Erfüllung gehen. Ich weiss nicht, wie weit Herr Meyer in der Uebersetzung gekommen ist, er hat aber schon mit dem Verleger der Zeitschrift « le Mercure de France » die Sache besprochen, und alles geht glänzend. Die Pariser, die sich die Studentenmützen, die Uhlanenhelme, und die verliebten Kellnerinnen als Requisiten und Hauptsache jedes deutschen Stückes vorstellen, werden eine schöne Ueberraschung haben.

Die Liebenswürdigkeit, mit der Sie mich empfangen haben ermutigt mich, Ihnen eine Novelle (3) zu schicken, die in der Dezembernummer des « Ermitage » erschienen ist. Ich habe sie vor drei Jahren geschrieben, « als ich noch jünger war als jetzt », und Sie werden in ihr viel vermissen, nur die Langweiligkeit nicht.

Halten Sie mein Senden nur als ein Mittel, meinen aufrichtigen Dank auszudrücken.

Ueber meine Reise nach Berlin, bin ich noch nicht ganz mit meinen Eltern einig, die mich während meiner Osternferien in Beschlagnehmen wollen. Ich will aber keineswegs meine Abfahrt auf September aufschieben, und werde wahrscheinlich den Monat April in Deutschland zubringen. Es wird mich unendlich freuen, Sie wiederzusehen.

Verargen Sie mir nicht den bösen Einfall, auf deutsch zu schreiben. Ich bin von den vielen Fehlern schon genug gestraft.

Mit Versicherung meiner Dankbarkeit und mit meinen besten
Grüssen

Ihr ergebenster Giraudoux.
45, rue d'Ulm

TRADUCTION :   *24 février (sans allusion à la*
                                       Pièce de Werner) (1)
        Monsieur,

J'ai appris avec le plus grand plaisir le si brillant succès de
votre *Eveil du printemps* et je voulais depuis longtemps saisir
cette occasion pour vous exprimer non seulement ma grande joie
mais aussi l'admiration de plusieurs amis auxquels j'ai lu *La
Boîte* (2). Cela ne fait plus aucun doute pour moi : l'espoir de pouvoir vous applaudir à Paris sera bientôt réalité. Je ne sais pas où
en est arrivé M. Meyer dans sa traduction, mais il a déjà conclu
l'affaire avec l'éditeur de la revue *Le Mercure de France*, et tout
va à merveille. Les Parisiens, qui s'imaginent que les casquettes
d'étudiants, les casques de Uhlans et les serveuses de brasserie
amoureuses sont les accessoires et même l'essentiel de toute pièce
allemande, auront une belle surprise.

L'amabilité avec laquelle vous m'avez accueilli m'encourage
à vous envoyer une nouvelle (3), qui est parue dans le numéro de
décembre de *l'Ermitage*. Je l'ai écrite il y a trois ans, « quand
j'étais encore plus jeune qu'aujourd'hui », et vous trouverez qu'il
lui manque beaucoup de choses, sauf l'ennui. Ne prenez cet envoi
que comme un moyen de vous exprimer ma sincère reconnaissance.

Au sujet de mon voyage à Berlin, je ne suis pas encore tout
à fait d'accord avec mes parents qui voudraient m'accaparer pendant mes vacances de Pâques. Mais je ne veux en aucun cas
reporter mon départ à septembre, et je passerai vraisemblablement
le mois d'avril en Allemagne. Je serai infiniment heureux de
vous revoir.

Ne prenez pas mal la méchante idée que j'ai eue de vous écrire
en allemand. Je suis déjà suffisamment puni par mes nombreuses
fautes.

Avec l'assurance de ma reconnaissance et avec mes meilleures
salutations

Votre très dévoué

Giraudoux.

(1) Allusion à la pièce de Zacharias Werner, *Le 24 Février*, modèle allemand du drame noir (1815).

(2) *La Boîte de Pandore*, pièce de Wedekind (1901-1903), qui appartient
au cycle de Lulu.

(3) « De ma fenêtre », parue dans *L'Ermitage* du 15 décembre 1906 et
reprise dans *Provinciales*.

LETTRES AUX COUSINS TOULOUSE

> « Je déteste ce qui est laid, j'adore ce
> qui est beau. Je suis de Fursac, dans la
> Creuse. Je déteste les méchants, j'adore
> la bonté. »
> (*La Folle de Chaillot*, fin de l'acte I)

A Saint-Etienne de Furzac, il y avait cinq ou six maisons côte à côte habitées par des Lacoste. L'un d'eux épousa une femme de caractère; elle sut établir chacun de ses enfants, dont Hippolyte, à Bellac. Hippolyte Lacoste fut un vétérinaire qu'on réclamait jusque dans le Poitou, au galop de son cheval. Il eut trois enfants, Marie, Anne (qu'on appela Antoinette) et Lucien. Marie et Antoinette jouaient les demoiselles de Bellac et donnaient des petits thés à la petite bourgeoisie bellachonne. Lucien s'établit à Saint-Amand-Montrond (commerce de toiles et draps, atelier de confection, spécialité de fin trousseau). Anne épousa un homme terne mais très bon, le plus honnête, le plus scrupuleux, le plus consciencieux des hommes, Léon Giraudoux. Ils eurent deux enfants, Alexandre et... Hippolyte, du prénom de son oncle et de son grand-père, plus connu sous le nom de Jean Giraudoux. On le taquinait en l'appelant, contre son gré, Hippolyte. Marie épousa M. Hippolyte Mancier, de la compagnie fermière des eaux de Vichy. Lorsque Léon Giraudoux fut nommé à Cusset, les deux sœurs n'étaient plus séparées que par trois kilomètres et vécurent longtemps ainsi : le sens de la famille est de tradition chez les Lacoste. Aussi lorsque Jean écrivait chez lui, ajoutait-il un mot à l'intention de ses oncle et tante.

Annette Lacoste, cousine germaine de la mère de notre Giraudoux, avait épousé un Toulouse. Ils eurent neuf enfants, Jean, Jacques, André, Pierre, Paul, et, côté filles, Anne-Marie, Marie-Amélie (qui mourut de la granulite en 1908), Marie-Marguerite, Marie-Cécile. Il y avait aussi une tante, Marie Toulouse : veuve deux ans après son mariage (1880), elle était venue vivre chez son frère; plus Mme Mazetier, qui était la seconde femme du grand-père Mazetier, qui n'avait de lien de sang avec personne mais qui était pourtant « grand-mère » pour tout le monde y compris les cousins Giraudoux. C'était une vieille femme pleine de caractère et d'entrain; à soixante-dix ans passés (elle était née en 1830), elle s'accordait parfaitement avec les garçons et les filles de vingt ans. « Eh bien, qu'avez-vous fait de votre jeunesse cette semaine ? Racontez-moi cela. » Les Toulouse habitaient à Paris, dans le quartier de Grenelle, 74-76, rue du Théâtre — ils y habitent toujours — un grand pavillon en arrière de la rue. Ils avaient un grand jardin dont une partie a été par la suite expropriée pour le percement de l'avenue Emile-Zola. On était normalement treize à table, mais le sens de la famille et de la charité faisait qu'on était bien souvent vingt et plus.

Dans les années 1905-1907, les cousins Giraudoux, Jean ou Alexandre, ou Jean et Alexandre venaient deux fois par semaine rue du Théâtre. C'était la fête !

Les petites se disputaient l'honneur d'être assises près du cousin. Mme Toulouse était morte quand sa fille aînée, Anne-Marie (1), avait vingt ans, Anne-Marie s'affairait, aidée de Mme Mazetier, de Marie Toulouse et de Mme Saint-Denis. On ajoutait autant de couverts qu'il fallait et c'était une fois de plus une joyeuse soirée, un joyeux dimanche. Anne-Marie était belle, était intelligente, était très bonne et très pieuse; Anne-Marie avait une très belle voix. Ses deux cousins en étaient plus ou moins amoureux. Jean se montrait très pince-sans-rire comme on l'est chez les Lacoste, et aussi plein d'idées; quand il en disait une, une autre lui venait en tête. C'était bien un Lacoste en cela aussi.

Souvent, on jouait la comédie. On partageait la salle à manger en deux, on louait un costume pour le premier rôle, Mme Mazetier et Mme Saint-Denis cousaient les autres, M. Toulouse faisait ce qu'il fallait pour installer un rideau qui ne laissât rien transparaître des préparatifs auxquels à vrai dire tout le monde avait participé; les plus petits calligraphiaient les programmes. On jouait *l'Anglais tel qu'on le parle* ou *les Précieuses ridicules*. Jean faisait Mascarille entre Marie-Marguerite et Marie-Cécile. Il jouait très bien. Il y avait aussi un cousin capucin, Louis Lacoste (en religion le père Chrysostome), grand admirateur de Victor Hugo et inventeur de l'Archange si l'on en croit *Visitations*:

« Dans mon enfance, je passais mes sorties de pension dans une famille de cousins nombreux et nous nous amusions chaque mois à jouer sur des tréteaux, le dimanche, une pièce dont un cousin âgé, qui était capucin, dirigeait les répétitions. C'étaient des pièces, classiques ou non, qu'il choisissait dans le répertoire facile des saints, des personnages bibliques, ou des héroïnes ou des héros nationaux. C'était dans notre évolution théâtrale l'heureuse époque des pièces dites Miracles. Mais le temps nous manquait pour apprendre à jouer une pièce entière, et mon cousin le capucin se lamentait d'avoir à tronçonner Esther, Jeanne d'Arc, ou Godefroy de Bouillon. Pour donner à la représentation son unité et son sens, quand l'acte ou l'action ne s'expliquait pas de soi-même, il avait pris le parti de monter sur la petite estrade et de faire avec un grand talent d'abbé une annonce, indiquant au public de nos camarades et de leurs sœurs la configuration présente des peuples d'Occident ou le degré exact à Jérusalem de la colère céleste. On l'écoutait mal, jusqu'au jour où, dans son exposé de l'ascendance et de la descendance de Salomon, il fut obligé de se fâcher, de crier à tue-tête les noms de ces rois d'Israël morts dans les supplices et qui terminent actuellement leur mission dans les grilles

(1) Voir lettre de l'étudiant d'allemand du début décembre 1906, p. 74.

des mots croisés. Nous pensions qu'il allait revenir dans les coulisses vexé et furieux : pas du tout, il rayonnait, il avait trouvé. Il avait trouvé que ce n'était pas un capucin, créature pacifique et dans l'espèce pleine de toutes les intelligences et de toutes les complaisances, auquel il convenait de confier cette tâche de régisseur divin, mais au régisseur du spectacle divin même, à cet être céleste auquel sur les places du moyen âge on confiait le rôle de héraut et de récitant, à l'archange. Il choisit celui d'entre nous qui avait le plus grand talent et désormais nous eûmes un archange pour donner les dates, indiquer le paysage, apostropher celui des auditeurs qui suçait des pastilles et ne respectait pas le spectacle, et résumer en deux phrases la situation, de la naissance du monde au lever du rideau. Si j'en excepte *l'Anglais tel qu'on le parle*, et *la Cagnotte*, chacun de nos spectacles fut précédé désormais par son apparition. »

Jean était à l'Ecole Normale; Alexandre faisait sa médecine; Jean Toulouse préparait l'Ecole d'architecture (et Jean l'avait présenté à M. Morand); Jacques Toulouse préparait l'Ecole navale. Il faut ajouter Robert Lacoste (fils de Louis Lacoste de Dieppe), aujourd'hui assureur, et Robert Mancier le futur pharmacien-général, et Robert Toulouse, et le fils Sabourdy (1), le fils Baltaud... Ils avaient fondé le club des Bons-Enfants, qui venait rue du Théâtre s'approvisionner, pour ses festivités, en gâteaux confectionnés par Anne-Marie.

Anne-Marie entra en 1909 au Carmel. Ce fut un bien grand déchirement. Jean l'accompagna à la gare, avec une grande gerbe de fleurs. Elle n'y resta pas longtemps : elle revint mourir en 1913 dans sa famille. Marie-Marguerite et Marie-Cécile ont vu Jean pleurer alors.

Après son mariage avec une femme divorcée, Jean ne revint jamais rue du Théâtre. Il savait que l'on n'y aurait pas accepté sa femme.

Question : pourquoi l'héroïne des *Anges du péché* s'appelle-t-elle Anne-Marie ? ou encore : pourquoi le « sourcier de l'Eden » a-t-il collaboré avec le R. P. Bruckberger pour mettre en images saintes cette histoire de religieuses ?

---

(1) Voir lettre de l'étudiant d'allemand du début décembre 1906, p. 75, n. 3.

Jean Giraudoux   *Munich, juin 1905.*
à la famille Toulouse
(sur une vue de la cathédrale
de Munich)

Chers Cousins, Voilà déjà quelque temps que je n'ai pas eu de
nouvelles d'Alexandre, et par conséquent je ne connais que vos
santés de voilà trois semaines. J'espère que Mme Mastier [pour
Mazetier] peut maintenant profiter de la fin du printemps et
qu'elle a poussé sa promenade jusqu'au couvent de Marguerite et
de Marie-Cécile. André serait bien aimable de me détailler, un
jour qu'il aurait un peu de temps, toutes les histoires que je
demande en gros.

Voici Notre-Dame de Munich; on se rappelle avec plaisir en
la voyant la nôtre.

Je vous embrasse bien fort, et vous envoie mille souhaits qui
ne sont pas encore allemands.

                                                              Jean.

Jean Giraudoux   *Munich, 15 décembre 1905*
à   *(timbre de la poste : München*
Madame Mazetier   *Dez 15 - 1905)*
chez M. Toulouse
76, rue du Théâtre
Paris
(carte postale représentant
J. G. en costume d'étudiant
allemand)

Chers cousins,

Ce n'est ni un officier, ni l'ordonnance d'un officier, ni un
commandeur de la Légion d'honneur. C'est un étudiant allemand
qui part pour la France, qui y arrivera dimanche prochain 17,
et qui sera bienheureux de vous revoir.

Un gros baiser pour chacun

                                                  Jean Giraudoux.

Jean Giraudoux   *Berlin, 21 août 1906*
à
M^(lle) Marguerite Toulouse
76, rue du Théâtre
Paris (Grenelle)

Merci, chère Marguerite, pour ta bonne carte que j'ai trouvée hier à mon arrivée. Je suis très heureux que votre voyage ait été parfait. (Tu ne me parles pas de grand-mère.) Le mien s'est écoulé si vite que j'en suis étonné : je pars demain pour Dresde, où mes amis m'attendent en automobile.

Embrasse tous pour moi, et double, sans t'oublier.

Jean.

Jean Giraudoux   *Berlin, 17 septembre 1906*
à   *(timbre de la poste : Berlin*
Madame Mazetier   *17.9.06 - 7-8 N)*
76, rue du Théâtre
Paris-Grenelle
(carte postale)

Chère Grand-mère,

Peut-être serai-je arrivé avant ma carte. Je me fais une fête de déjeuner le mercredi avec vous tous.

Jean qui vous embrasse et embrasse tout le monde bien fort. Arrive mercredi 7 h 30 mn, Gare du Nord.

Jean Giraudoux   *(Boston, s.d.)*
à   *[Autour du 1^(er) janvier 1908]*
M^(lle) Marie-Amélie Toulouse
76, rue du Théâtre
Paris-Grenelle
(vue de Law School)

Ma chère Cousine, j'ai été bien heureux de recevoir la lettre de Marguerite à laquelle je vais répondre dès que j'aurai le temps, car j'ai conférence sur conférence et je n'ai pas toujours sinon le temps du moins le calme nécessaire aux bonnes lettres de famille. Je vous suis bien reconnaissant à tous de penser à moi et je vous le rends bien.

Assures-en bien grand-mère qui me reconnaîtra à mon arrivée car je n'engraisse guère et je ne fais pas couper mes moustaches à l'américaine. J'ai juste assez de place maintenant pour réunir tous mes vœux de bonheur, de santé et vous les envoyer, en chargeant tes sœurs et toi d'être les distributrices. J'espère que cousine Marie s'est remise bien vite, pour n'être pas dépassée par toi, et j'attends avec bien de l'impatience le moment où je vous reverrai.

Encore mille baisers.

Jean.

Jean Giraudoux   *Richmond, 18 février 1908*
à   *(timbre de la poste : Richmond*
Mlle Marie-Amélie Toulouse   *Feb 18 - 4 PM - 1908)*
76, rue du Théâtre
Paris-Grenelle
(carte postale : State Department
et portique Sud de la Maison-Blanche)

Bien chère cousine,

Du Sud, et de la main qui serra hier celle de Roosevelt, je t'envoie, ainsi qu'à tous, mille baisers et souvenirs que tu distribueras équitablement. J'ai trouvé la lettre de Marguerite à mon retour du Canada et j'ai été bien heureux de la lire et d'apprendre que tu allais de mieux en mieux. A dans un mois.

Jean.

Grand-mère a-t-elle reçu ma lettre ?

Jean Giraudoux   *Moscou, 16.2.1912*
à
Mlle Anne-Marie Toulouse
76, rue du Théâtre
Paris-Grenelle - Frankreich
(carte postale, Moscou - Le Kremlin)

Bien merveilleux voyage, où je pense souvent à vous, et à vous tous.

Jean.

QUARANTE LETTRES D'AMERIQUE (1907-1908)

> « Il avait pour son père et sa mère une
> grande affection, mais il ne pouvait
> prendre sur lui de les initier ou de les
> mêler à son autre vie. »

> (*L'Ecole des Indifférents* p. 188)

Lettres pâles, monotones, insignifiantes; écrites d'une plume
négligée, sans traits d'union, et avec quelques fautes d'orthographe, notamment de fréquentes majuscules aux noms des mois
et des jours.

Est-ce par hasard ? La vie consiste à compter les mois, la
semaine consiste à attendre le jour du courrier apporté par un
des paquebots français de la Transat, provinces itinérantes :
La Savoie, La Touraine, La Bretagne, La Provence. A peine
débarqué, le 30 septembre, Jean Giraudoux projette d'avancer
son retour de mai à mars. Le 16 octobre, il rêve de pommes
frites. Le 23, les jours commencent à se ressembler. A partir
du 5 février, il compte les semaines. Il rembarque le 28 mars.
Séjour réduit au minimum, comme son compte rendu épistolaire.
Il faut désespérer de trouver intérêt à ces lettres pour commencer
d'y prendre intérêt; et faire effort pour savoir qu'ici quelque
chose commence peut-être.

On voit d'abord quelque chose finir, l'adolescence étriquée du
fils sage de petits bourgeois provinciaux. Sagement, il mesure le
nouveau monde à l'étalon ancien. Ses parents habitant sur le
cours Lafayette à Cusset — son père, le percepteur, à gauche,
son frère Alexandre, médecin débutant, à droite, dans la maison
qu'il vient de faire construire — il écrit donc que « Cambridge
est à Boston ce que Cusset est à Vichy » (8 octobre), et que
Beacon Street, c'est « le cours Lafayette de Boston » (2 octobre),
et que toutes les maisons sont en bois de sorte qu'on mettrait ici
la maison d'Alex dans un musée, et que le drugstore n'est pas
Bonnet, le pharmacien de Cusset. Il continue de vivre à l'heure
de Cusset, où les événements sont : la santé de maman (passim);
l'inscription de papa au « tableau » d'avancement (23 octobre);
pour Alex, la santé des malades (5 mars). Plus le grand événement, le mariage d'Alex au printemps, qui se décompose en :
présentation de la belle famille, présentation aux oncles et tantes,
fiançailles, cadeaux de mariage, liste des invités, demoiselles
d'honneur, cavalière du frère du marié (lequel frère parle fine-
ment du prochain mariage de sa belle-sœur, 24 janvier). Le
problème est de tenir son rang dans une société où tout est
compté juste.

Car Giraudoux compte encore au tarif du vieux monde. L'hôtel
(27 septembre), l'entrée au club, le taux du change (30 septem-

bre), la pension (8 octobre et sqq), l'accès au stade de football
(20 novembre), le recours au dentiste (11 décembre), tout lui
paraît cher. Il a pourtant un contrat de 600 dollars (8 octobre),
auxquels s'ajoute la rémunération d'une suppléance de professeur
(23 octobre) et quelques conférences organisées par l'Alliance
française. Mais de son petit séjour en Amérique, il compte
rapporter une petite fortune, 500, peut-être 1 000, finalement
900 francs d'économie. Cela suppose de profiter de la douceur du
climat pour prolonger le temps de service d'un manteau fatigué,
cela suppose de « s'amuser et perdre son temps à équilibrer tous
les soirs son budget » (11 mars 1908). Telle est la chrysalide
avare d'où sortira le papillon Giraudoux.

La métamorphose est visible à l'œil nu. Jusqu'au 29 octobre,
la question s'est posée gravement de savoir si l'acquisition d'un
smoking avait été raisonnable. Le 5 février, c'est décidé, plus
jamais de vêtements étriqués. « J'aurai désormais des pantalons
de charpentiers, et des épaules américaines ». Certes, il ne s'est
pas converti à *l'American way of life* et continue de regarder
avec ébahissement les jeunes filles qui viennent à leur cours en
automobile, laissent leur « machine » à la porte de l'Université,
« et repartent ainsi » (13 novembre 1907). Mais de pension de
famille en restaurant et de club en club, il améliore son ordinaire
et se guérit des crampes d'estomac dont il souffrait depuis des
années (16 novembre). Il abandonne la chambre meublée que lui
louaient trois vieilles misses, 54 Garden Street, à l'emplacement
de l'actuel Commander Hotel, et s'installe au Colonial Club,
enseignant quelques mots de français au serveur nègre. Invitations, garden-parties, conversation avec le président de l'université
Eliot, interviews, photo dans les journaux, escapades avec le
vice-consul, dîners avec des millionnaires : son ascension culmine
à Washington, où il serre la main du président Th. Roosevelt
(15 février). Comme en Allemagne, et plus encore qu'en Allemagne, le séjour à l'étranger vaut promotion sociale. En conclu-
sion, le jeune provincial rentre dans son pays car il aime
mieux gagner 4 000 F que 10 000 aux Etats-Unis, mais il rentre
mal préparé à l'agrégation d'allemand et bien décidé à préparer
le concours des consulats (1).

La clé, les clés de cette réussite ? D'une part, une chaîne de
relations. Le cousin germain de sa mère, M. Sabourdy, directeur
de la compagnie fermière de Vichy, l'a recommandé à Gaston
Calmette, directeur du *Figaro*, qui le recommande à Caillaux.
Est-ce le même M. Sabourdy qui connaissait Mme Granger,
femme du professeur de médecine, elle-même richissime héritière
de plantations cubaines, et tante de Pierre Abreu, qui devient,

---

(1) Voir dans notre thèse principale le chapitre : « l'entrée dans la carrière
consulaire ».

dès Harvard, l'ami somptueux de Jean Giraudoux ? D'autre part,
la rue d'Ulm, les camarades d'école, Louis Séchan, le futur
auteur de la grande thèse sur *La Céramique grecque dans ses
rapports avec la tragédie*, membre du comité de « La Revue »
(La Revue du temps présent) dont le numéro 1, à l'automne 1907,
contient « La Pharmacienne », signée du pseudonyme de J.-E.
Manière; et Edmond Eggli, le futur auteur de la grosse thèse
sur Schiller et la France, qui était l'an dernier le « boursier
Hyde » (1), et qui a transmis le relais à son camarade Giraudoux.
D'où le bénéfice de cette bourse, le statut de fellow à Harvard,
l'accueil officiel jusqu'à Washington, d'où aussi les relations
avec le « conférencier Hyde », Tardieu, autre normalien, chef de
la rubrique diplomatique du *Temps*, futur ministre.

Et l'intelligence de Jean Giraudoux, son talent, son charme ?
Il fait partie de la sagesse de ce fils sage d'en montrer le moins
possible à ses parents. Mis à part une phrase écrite sur le pont
de *La Savoie :* « on attend qu'un bateau ou qu'un oiseau passe »,
un trait d'ironie sur ses frais de nourriture : « que la vie est un
grand souci. J'espère cependant que ce souci durera jusqu'au
mois d'avril », rien ne laisse deviner que l'auteur de ces rédac-
tions de lycéen est *en même temps* l'auteur de cet « article sur
le flirt aux Etats-Unis »pour parler selon la présentation que
La Grande Revue donna à « Don Manuel le Paresseux ». En
sens inverse, Don Manuel pourrait nous expliquer pourquoi cet
homme de vingt-six ans écrit à ses parents comme un lycéen :
« Je vais vers elle... je ne me hâte point. Le bonheur ne nous
pèse guère, à condition, comme un haleur, de le tirer au pas.
Et je tiens, pendant l'heure qu'il me reste à être enfant, à
m'amuser une dernière fois des enfantillages du monde ... » (2)

Note bibliographique. On pourra compléter les indications contenues dans les
lettres qui suivent par le commentaire de Mme Annick Barillon-Le Méhauté,
dans son mémoire de D.E.S., *Giraudoux et l'Amérique*, Sorbonne, 1964; par
le numéro spécial que la *Revue d'histoire moderne* consacra en 1936 au 3^e
centenaire de l'Université de Harvard (articles de Bernard Fay, René Doumic,
André Tardieu), et par l'article de Lucien Bonzon, « J. G. diplomate », *Cahiers
Comoedia-Charpentier*, 1944.

Mme A. Barillon-Le Méhauté a retrouvé sur le catalogue de l'Université
(1907-1908) l'inscription de J.M. (sic) Giraudoux, et par ailleurs un témoignage élogieux décerné par le président Charles H.-Eliot à « Monsieur Jean-
Marie Giraudoux » : Erreur, fantaisie, ou facétie ?

(1) Du nom du jeune et généreux fondateur d'une association culturelle
franco-américaine.
(2) *L'Ecole des Indifférents*, p. 139.

Madame Giraudoux   *Paris, 19 septembre 1907*
Cours Lafayette   *(Carte-lettre. Timbres :*
Cusset (Allier)   *20 45 - 19.9.07)*
Perception.   *Rue Claude Bernard,*
                              6 - 20.9.07, Moulins.

Que maman se soigne encore plus.

       Bien chers parents, cher Alex,

    Excellent voyage. Dormi jusqu'à Paris. Trouvé à l'arrivée ma chambre prête. Eggli est ici : j'aurai par lui les renseignements pratiques. Vu le milliardaire (1) ce soir à 6 heures. Plusieurs nouvelles lettres de recommandation.

    J'ai déjeuné chez les Toulouse, au milieu d'une consultation de médecins qui déclarent la petite Amélie perdue. Mais on ne le dit pas à tout le monde. Jean, André, la Grand-mère, les sœurs et les gamins ne le savent pas. Les pauvres gens. On essaye un nouveau sérum (contre la granulite ?). Alexandre écrira une lettre à la malade.

    Bien que plusieurs de mes camarades soient à l'Ecole, je m'y habituerai difficilement maintenant. Paris aussi est triste. Les départs sont pénibles, quand on prend de l'âge. Mais Pâques sera bientôt là.

    Ecrivez-moi : Boston, Massachussets, Etats-Unis, Amérique.

    Je vous embrasse mille fois.

    (1) Hyde.

Monsieur Giraudoux   *Le Havre, 21 septembre 1907*
Percepteur - Cours Lafayette   *(Timbre de la poste :*
Cusset (Allier)   *Le Havre 12 ... 21.9.07*
                              Seine inférieure)

Compagnie Générale Transatlantique
A bord de La Savoie
le 21 septembre 1907

       Bien chers parents et cher Alex,

    J'ai été très heureux de recevoir hier la lettre de maman. Comme j'avais laissé mon paquet de vieilles lettres à la maison, elle va commencer le nouveau, et j'aurai du moins de quoi lire pendant le voyage. L'autre lettre était un mot de Léon Chevallier me transmettant avec détails l'invitation de son frère. Je ne pouvais l'accepter : j'ai eu tout juste le temps d'achever mes visites et mes courses. Mes malles n'ont été ficelées qu'à

10 heures 30. Séchan et Eggli m'ont accompagné à la gare, le train partait à minuit juste, et était bondé d'Américains; il y en avait quatre dans mon compartiment, et en plus une modiste de Paris qui s'expatrie avec ses modèles. Si elle continue à pleurer, sur la mer, il y aura une catastrophe. Un ténor, qui partait également, a empli la gare de ses grands airs.

Il est 6 heures moins le quart, et nous sommes arrivés déjà depuis une heure; ma cabine est déjà prête, avec mes deux valises. J'aurai comme camarade de lit un M. Gall, qui n'a pas encore laissé voir sa tête. Tout ira bien à bord, signé Canrolet. J'ai déjà goûté à un chocolat qui est supérieur à ceux connus jusqu'ici. Beau temps sur toute la ligne; la traversée sera bonne.

Je suis allé hier matin à Bonneuil voir Madame Mazetier. J'y ai déjeuné avec son fils, qui nous a ramené en automobile avec André et Jacques. Plus rien à espérer pour la petite.

Le Figaro, où je suis passé, m'a remis une nouvelle carte de correspondant. Le secrétaire général m'a même dit que Monsieur Calmette en avait déjà expédié une à mon oncle Auguste (1), au reçu de sa lettre. Je le remercierai moi-même.

Eggli m'a donné quelques détails pour les hôtels, mais il avait laissé son Baedeker à Lyon, et j'ai dû payer les 14 francs. Il paraît que les visites de la douane ne sont pas aussi terribles qu'on le dit. On a droit à douze paires de gants : c'est à peu près ce que je n'aurai pas. Pour lui, il est nommé à Alençon, parce qu'il avait demandé le midi, et un autre de mes camarades qui avait demandé la Normandie, est nommé à Roanne. J'ai vu les directeurs de la Revue (2); elle paraît toujours le 25 octobre. Mais je crois qu'elle ne paraîtra pas longtemps.

Je n'ai pas encore vu Auguste Chevalier, peut être viendra-t-il vers sept heures. Je finis ma lettre en vous embrassant bien fort tous les trois, et en vous rembrassant,

Jean G.

Que maman apprenne que j'ai trouvé à la lingerie 6 mouchoirs, 2 chemises de jour, 2 de nuit, 5 serviettes, etc...

Meilleurs baisers à mon oncle et à ma tante. Quand saurai-je « la vérité sur l'affaire N. B. ... »

---

(1) Auguste Sabourdy (voir lettre du début décembre 1906, note 3).
(2) La Revue du temps présent.

Monsieur Giraudoux   *21 septembre 1907*
Cours Lafayette   *(Timbre de la poste :*
Cusset (Allier)   *Le Havre, puis illisible)*
(Carte postale :
Le Havre - Le transatlantique « la Savoie » dans le Port.)

   Adieu, à bientôt

                                                        Jean.

France   *A bord, puis New York, 27-28 septembre 1907*
Madame et Monsieur Giraudoux   *(Timbre de la poste :*
Perception   *New-York NY Sta 0 1907*
Cusset (Allier)   *Sep 28 - 3-PM)*

PAQUEBOT « LA SAVOIE » A bord le Vendredi 27 septembre

   Bien chers parents, cher Alex,

   J'ai dû chercher pour me rappeler que c'était aujourd'hui
vendredi. Les jours se confondent tellement qu'on ne sait plus si
le temps vous paraît long ou court. Nous arriverons ce soir à
New-York, vers 10 heures, et nous serons obligés d'attendre
jusqu'au lendemain matin, en rade, le port étant fermé à 6
heures. Ce sera juste 7 jours de voyage, et de voyage très agréable.
La vie à bord ressemble assez à celle d'un Casino doublé d'un
excellent restaurant. Après le lever, qui pour moi est assez tôt
(par exemple il est en ce moment 6 h 30 et je viens de voir
lever le soleil et passer un bateau), on déjeune, mais ce qui
s'appelle déjeuner, consommé, poisson, bœuf, et une liste de
cinquante mets où vous n'avez qu'à pêcher. Puis l'on s'étend
sur le pont, sur des fauteuils retenus dès les premières heures, et
enveloppés de couvertures on attend qu'un navire ou qu'un oiseau
passe (le cas ne s'est guère présenté que 3 fois jusqu'ici). On lit
un des romans de la bibliothèque, ou surtout on fait la causette
avec ses voisins et voisines. Mes voisines de gauche sont peu
intéressantes, deux Suissesses qui habitent l'Amérique depuis une
trentaine d'années, mais les familles de droite, américaine et
anglaise, sont très bien, et pour mon bonheur ne parlent que
l'anglais. Du reste, les connaissances se font vite, surtout les
derniers jours; j'échangerai des cartes dans l'après-midi avec
des industriels de Rouen, avec un chirurgien de New-York, avec
un professeur de l'Institut Catholique de Washington, avec des
gens de la Nouvelle-Orléans, et avec beaucoup d'autres, si j'avais
plus de quatre cartes : mais on n'a pu m'en faire à temps à

Paris. A dix heures, musique dans le salon; à midi repas lunch pantagruélique, ressemblant en cela fort au souper. Je vous conserve d'ailleurs un ou deux menus comme exemple. Remusique à 4 h ½ et à 8 heures. Il y avait hier représentation de gala ce qui a consisté en une quête faite au profit de l'orchestre, et en le champagne offert par le capitaine. Trouvé aussi dans sa serviette un thermomètre souvenir et un chapeau d'arlequin. On ne fait pas grande cérémonie. Comme les premiers jours, presque personne n'avait de smoking, on s'en est tenu au veston jusqu'à aujourd'hui.

Il y a d'ailleurs eu deux jours où pas grand monde n'est sorti des cabines, nous avions très gros temps et vent très fort, et ceux qui n'étaient pas malades étaient rares. Je n'ai pas voulu passer pour phénomène et fus malade aussi : quelques heures mais suffisamment pour en goûter tous les charmes. Mon garçon m'a habillé l'après-midi et m'a monté de force sur le pont : là le grand air m'a remis. Puis, sur les bancs de Terre-Neuve nous avons eu du brouillard qui nous a obligés à ralentir tout le temps et arrêter plusieurs fois; depuis hier il fait assez beau à nouveau. Le navire résiste d'ailleurs bien, et aux repas, tout se passe sans encombre, à part ce jour où un coup de mer a tout renversé.

[28 septembre]

Hôtel. Je ne sais ce qui a interrompu hier ma lettre. Ce qui la fait reprendre aujourd'hui c'est mon arrivée à New-York. On commence à sentir la solitude et l'éloignement. Je suis dans un hôtel Français, avec une chambre bon marché (7 frs 50 sans le service) pour jusqu'à demain soir sans doute. J'ai hâte d'être tranquille à l'Université et presque à la campagne. Je ne vous parle pas ici de la ville; je n'ai vu que du bateau le port et quelques maisons à trente étages. Il est samedi 11 h. 30, c'est-à-dire qu'il y a une semaine juste que je vous écrivais; les formalités de la douane ont duré longtemps, mais n'ont pas été redoutables. On n'a même pas regardé si mes souliers étaient neufs, et ils l'étaient. Le pauvre smoking a été en vain passé au café.

Mes progrès en anglais sont sensibles mais ne dépassent guère encore le niveau. Je ne comprends pas et l'on ne me comprend guère. J'espère trouver à parler dans ma pension de Boston, ou plutôt de Cambridge, car l'Université est éloignée de plusieurs kilomètres de la première ville. Tous les compagnons de bateau se sont éparpillés sans qu'on pense à se dire au revoir. Seul mon allemand s'est conduit en gentleman; il m'a présenté à toute sa famille avant de me dire adieu, et m'a fait inviter par son beau-frère. Comme je ne pense guère revenir à New-York avant mon retour pour la France, je ne profiterai sans doute guère de l'invitation.

Je vous écrirai ce soir ou demain. Mais je mets ma lettre à la poste au cas où un bateau partirait aujourd'hui. Je vous

embrasse mille fois tous trois, et attends avec bien de l'impatience
la lettre partie sans doute jeudi dernier de Cusset. Ecrivez-moi
sans faute toutes les semaines; et soyez surtout sans inquiétude
sur mon sort. Les rues de New-York ne sont guère plus encom-
brées que celles de Paris, et on y va moins vite. Mille baisers.
Portez-vous bien.

Jean.

France   New-York, 28 septembre 1907
Madame Giraudoux   (Timbre de la poste :
Perception   New-York N Y Sta P
Cusset (Allier)   SEP 28 - 7 30 1907)
(Carte postale :
Trinity Church and American Surety Building, New-York)

Première promenade dans la ville. Je partirai sans doute demain
soir pour Boston. Ecrirai dès mon arrivée là-bas.

Votre Jean.

Samedi 28 septembre

France   New-York, 30 septembre 1907
Mme et Monsieur Giraudoux   (Timbre de la poste :
Perception   NEW-YORK N Y Sta O
Cusset (Allier)   1907 - SEP 30, 11 AM)
(Carte postale :
Bowling Green, Start of Broadway, New-York.)

Lundi 30 sept.

Bien cher parents,

Je pars ce matin pour Boston, après un très agréable dimanche
passé ici en compagnie d'un jeune chirurgien français qui m'a
piloté dans la ville. Mes bagages m'ont précédé là-bas. Mauvais
temps, chaud et froid tout ensemble. Et vous ?

Mille baisers de

Jean.

Madame et Monsieur Giraudoux   *Boston, 30 septembre 1907*
Cours Lafayette   *(Timbre de la poste :*
Cusset (Allier)   *Boston ... 1907)*
France

Young's Hotel
Boston

Lundi soir, 30 Septembre

  Bien chers parents, cher Alex,

 Voici la première étape de mon voyage terminée, et je crois qu'il se passera quelque temps avant un nouveau départ. On ne voyage pas en Amérique avec les mêmes facilités qu'en France, et je crois bien que mon retour en France sera mon premier déplacement. Je suis arrivé ce soir vers 3 heures à Boston par un train plus confortable, mais plus cher et guère plus rapide que les nôtres. Pas le moindre voyageur tué, bien que tout le service soit fait par des nègres et malgré la quantité de trains croisés sur la route. Boston m'a plu plus que New-York; c'est une grande ville avec de petites rues et de grandes maisons, mais pas tirée au cordeau, et assez pittoresque. Je n'ai fait qu'une promenade sur le port et dans le parc, après avoir lutté vaillamment pour trouver un hôtel. Les trois premiers étaient pleins et je me suis précipité sur la première chambre libre, étant éreinté de mes deux jours de promenade dans New-York. Mon seul plaisir est de manger des bananes; c'est la seule chose qui soit abordable, et elles sont quinze fois meilleures qu'en France. Il y a aussi aux devantures des caisses d'énormes figues auxquelles je dirai bientôt un mot.

 Je ne sais pas encore ce que sont devenus mes bagages. J'attends pour les rassembler d'avoir choisi une pension : et c'est demain que je me mets en quête. J'irai d'abord voir le consul, qui habite près de mon hôtel, puis le secrétaire de l'Université, et avec les renseignements des deux, j'espère bien me tirer d'affaire. J'ai aperçu ce soir Cambridge à travers le bras de mer qui le sépare de Boston; c'est à cinq ou six kilomètres d'ici, et j'y demeurerai naturellement. Je fais des tours de force pour arriver à me faire comprendre, mais en vain; je ne comprends pas d'avantage *(sic)* ce qui me fait jouer au réel le rôle du *Français tel qu'on le parle.*

 Je mentirais en disant que Pâques me semble tout près. Je crois que le temps va me sembler bien long d'ici là, et je compte sur les lettres de maman et d'Alexandre pour me faire prendre un peu patience (je crois aussi qu'on peut très bien travailler ici). Ma visite à la poste n'a pas donné de résultats; une jeune miss, après avoir épelé mon nom de façon atroce, m'a fermé le guichet de la poste restante au nez.

 Il est 8 h. 30. Je monte lire et me coucher. Bonne nuit.

Mardi après midi

Je continue ma lettre de Cambridge où je suis venu ce matin faire connaissance avec ma nouvelle université. Bonne impression. Plus d'usines comme partout ailleurs : de grands bâtiments anglais de bois ou de briques au milieu de parcs; joli, mais ce doit être froid en hiver. Vu avant mon départ le consul, ou plutôt l'agent consulaire, — qui a été très aimable et que la signature de Pichon (1) m'a fait accompagner jusqu'au tramway. Puis visite au secrétaire de l'Université, qui m'a piloté un peu partout, donné une carte pour un cercle — le prix d'entrée des membres payants est 250 francs — et m'a présenté à divers personnages, dont un professeur de français, Monsieur Brun, quelque vieux maître d'études échoué ici. Il y est depuis 17 ans et apprend aux étudiants la prononciation française. J'attends en ce moment, dans une salle du club, l'arrivée du chef du département français. Les cours de l'Université sont à peine commencés; je pourrai y travailler mon allemand, car les allemands y font une réclame insensée. Il y a deux professeurs spéciaux venus d'Outre-Rhin; il est vrai qu'ils n'ont que cinq élèves. Cela leur en fera six.

La question délicate

Mercredi matin

J'ai oublié ce qu'était la question délicate. Sans doute celle du logement. Elle n'est pas encore résolue. Je quitte aujourd'hui mon hôtel pour le Colonial Club, d'où j'émigrerai le plus tôt possible. Il est assez difficile de trouver des pensions, et je crois que je m'arrangerai comme les autres étudiants, logeant dans un immense bâtiment peuplé uniquement d'étudiants et dînant dans les halls de l'Université.

Je mets un terme à ma lettre, pour qu'elle puisse partir demain par La Savoie, qui vous ramènera du moins de mes nouvelles. Ma soirée d'hier s'est terminée dans un club allemand qui fêtait l'arrivée d'un professeur, et où j'ai fait la connaissance d'un ou deux étudiants. Ce soir, visite à mes chefs immédiats.

Le change de l'argent ne rapporte guère. On donne 19 dollars pour 100 francs.

Je vous embrasse bien fort, et attend vite vos lettres à l'adresse suivante :

Jean Giraudoux
Colonial Club, Cambridge
(Massachussets) Etats-Unis

N'oubliez rien, ça n'arriverait pas. Je vous enverrai mon adresse définitive dès que je la saurai.

---

(1) Ministre des Affaires étrangères.

Je projette de partir dès la fin de mars. Mais il me faudra user de ruse, car on compte sur moi jusque fin mai. Qu'Alexandre se marie sans faute vers cette date, hein ? « Je suis tellement désireux » comme disent les Américains, de savoir ce qu'il y a de nouveau à ce sujet.

Surtout, pas être malade.

France
Monsieur le Docteur Giraudoux
Cours Lafayette
Cusset (Allier)
(Carte postale :
Somerset Club, Beacon st. Boston.)

Cambridge, 2 octobre 1907
(Timbre de la poste :
Boston, Mass OCT 2
3-PM - 1907)

Le cours Lafayette de Boston.

France
Monsieur le Docteur Giraudoux
Cours Lafayette
Cusset (Allier)
(Carte postale :
Harvard College, Seaver Hall, Cambridge, Mass)

Cambridge, [4 ?] octobre [1907]
(Timbre de la poste :
illisible)
OCT ... 3 ...

Vendredi

Bien chers parents, cher Alex,

Pour vous donner une idée de mon Université. Elle se compose d'une trentaine de grands bâtiments de ce genre ou d'autre genre, tous séparés, et au milieu de parcs. Rien de bien nouveau depuis la lettre d'avant-hier. Fais ce soir une excursion avec le fils d'un professeur. Baisers.

Jean.

Lettre autographe
Cambridge, 8 cotobre
Cambridge, 8 octobre

Cambridge, 8 octobre 1907

Bien cher parents, cher Alex,

Je ne blâme pas Maman de s'être levée tôt l'autre vendredi, pour m'écrire, car j'aurais été bien désappointé dimanche à l'arrivée du courrier. Sa lettre était la seule, avec celle de Monsieur Alban, qui y était incluse, et la qualité a fait passer sur la quantité. J'étais allé à Boston un peu exprès, et l'air des dimanches qui n'est guère gai en Amérique, en a été tout ravigotté. C'était d'ailleurs la première la plus difficile à avoir. Je les attends maintenant régulièrement, toutes les semaines.

Il y a d'ailleurs aujourd'hui juste une semaine que je ne vous ai écrit. Vous m'aviez laissé dans les embarras de mon arrivée. à l'Université. Aujourd'hui tout est fixé. D'abord mon logis. J'habite chez trois vieilles miss, dont la plus jeune a certainement 60 ans, filles d'un ancien professeur à l'Université, pauvres et fières, avec des chiens, des chats, et six à huit chambres meublées (1). Je prends le déjeuner du matin chez elles et déjeune dans une pension à côté. Jamais je n'ai encore trouvé cuisine aussi mauvaise; la cuisine allemande est le paradis à côté des salades au vinaigre d'oranges, bananes et céleris, des confitures aux poissons; je me propose de fuir bien vite, dès que j'aurai trouvé autre chose, car je paye par semaine 11 dollars, ce que tout le monde ici considère comme donné, et ce qui fait chez nous environ 58 francs. Je crois que je garderai ma chambre pour 4 dollars 1/2 et que je dînerai avec des étudiants, dans de grands halls où la cuisine est faite par l'Université. Cela sera peut-être un peu meilleur, mais je n'aurai pas d'économie.

La vie, à part ce gros détail, est très agréable et beaucoup plus européenne que celle d'Italie ou de Bavière. A part les nègres, négresses et créoles, à part les fruits exotiques qui viennent du sud, on se croirait chez nous. Cambridge est à Boston ce que Cusset est à Vichy : c'est la ville sélect; on prend le tramway le soir pour aller aux théâtres — ou on ne le prend pas comme c'est jusqu'ici mon cas —, mais presque tous les professeurs, et ils sont nombreux, habitent ici; les rues de la ville sont des avenues, bordées de jardins, avec des chalets en bois, car la construction en pierre est inconnue ici, et la maison d'Alexandre serait mise dans un musée ! A cause de la boue, presque tout le monde a une petite voiture à une place montée sur des roues très hautes et très légères, comme des bicycles; le temps a été jusqu'ici très clément, mais il commence à pleuvoir et à faire froid. J'y vois un signe d'hiver, en bon Européen, mais des Bostoniens prétendent que l'automne durera jusqu'en Décembre. Je le souhaite. D'ailleurs il y a calorifère dans toutes les maisons. Electricité aussi, si ce n'est dans la mienne, où j'ai une bonne grosse lampe à huile. J'aime autant.

(1) On lira avec des yeux nouveaux les pages 71-72 dans *Amica America* : «Je suis donc venu rassurer mes hôtesses de voilà dix ans, les trois misses Potter, les deux maintenant car la seconde, à soixante-huit ans, est morte, et l'aînée et la cadette, attirées l'une vers l'autre par je ne sais quel vide, se bousculent depuis et se heurtent sans cesse. J'ai retrouvé, comme Ulysse, le petit chien, mais bien portant; ce n'est pas moi qu'il attendait » etc...

Mercredi matin, [9]

Le cercle des connaissances fait tache d'huile et je connaîtrai bientôt toute la ville. J'ai vu d'abord les différents professeurs de français, les vieux qui sont américains ou hongrois, et le jeune, qui est un ancien Elève de l'Ecole que les lycées effrayent. Ils n'ont pas l'air d'être les meilleurs amis, et je ne chercherai pas à les unir. L'archicube s'est confondu en protestations d'amabilité, mais je sais qu'Eggli avait des raisons de le tenir à l'écart. Puis j'ai vu d'autres professeurs pour lesquels j'avais des lettres, deux sont mariés et m'ont invité à prendre le thé chez eux. J'irai dans la semaine. Un autre, tout jeune, ami d'Eggli, m'a accompagné au match de foot-ball jeudi dernier. Grâce à ses explications, j'ai pu comprendre et suivre les péripéties du jeu barbare; il n'y a eu dans la mêlée que deux joueurs gravement blessés; on les a emportés, et deux ont pris leur place sans autre histoire. J'y retourne ce soir, car ma carte du *Figaro* m'a déjà valu mes entrées à ce spectacle, qui coûte aux profanes un dollar au moins chaque fois.

Mes fonctions se réduisent ici à néant. Je n'ai qu'à corriger tous les quinze jours une dizaine de copies. Le cercle français est dans le marasme et n'a d'autre occupation que d'organiser des représentations dramatiques. Un vieux cabotin français échoué à Boston s'occupe des lectures et des répétitions, et je n'ai même pas à faire acte de présence. Rassurez-vous cependant, je toucherai mes 600 dollars; on m'a prévenu hier qu'on me les verserait mensuellement à partir de fin octobre.

Mes visites les plus fréquentes ont été pour la bibliothèque, qui est très fournie et très complète en allemand. J'ai déjà jeté un coup d'œil sur mon programme d'agrégation, et présenté mes devoirs au directeur des études germaniques qui m'a reçu très aimablement et me donnera tous les renseignements désirables. J'ai d'ailleurs pris la résolution de ne pas préparer les consulats cette année; j'irai, dès mon retour, après une quinzaine de Cusset, en Allemagne, jusqu'au moment de l'examen. J'espère qu'ainsi tout tournera bien.

Je viens de prendre mon déjeuner avec mes trois amphitryonnes; il consiste en bouillie d'avoine au sucre, café un peu fort, boulettes de poissons, et un œuf. Je suis calé pour jusqu'à une heure 1/4, heure du lunch, qui malheureusement dans l'autre pension ne comprend qu'un seul plat. Je crois que je n'ai pas encore eu de viande depuis mon arrivée ici. Toujours des bananes frites. La boisson est naturellement de l'eau. Mais j'espère demain la résolution dont je vous parlais en tête de ma lettre. On n'a d'ailleurs guère le temps de manger. Toujours des réunions, des meetings; hier par exemple, grande visite des délégués allemands-américains, le matin — et le soir, discours par l'évêque de Londres. Je ne m'attendais guère à une prose semblable, il n'a fait que des plaisanteries et des jeux de mots deux heures durant. Tout le monde se roulait, y compris moi, auquel un voisin charitable expliquait les facéties.

. . .

(inachevée)

France   *Cambridge, 15-16 octobre 1907*
Madame et Monsieur Giraudoux   *(Timbre de la poste :*
Perception - Cours Lafayette   *Boston, OCT 16, 12-M*
Cusset (Allier)   *19 07 MASS)*
                                          Cambridge Station.

54, Garden street, Cambridge (Massachussets)

Bien chers parents, bien cher Alex,

Je me suis aperçu, après avoir jeté ma dernière lettre à la poste, que j'avais oublié de vous donner ma nouvelle et définitive adresse. Le mal n'est pas grand car vous m'aurez adressez le courrier à Boston ou au Colonial Club. Je crois bien que je ne bougerai plus d'ici mon départ; les autres chambres que j'ai visitées sont plus chères, et les logis d'étudiants doivent se louer à l'année, ce qui supprimerait pour moi l'économie. Mais je vais fuir ma pension dès que je saurai par quoi la remplacer. Je l'ai déjà abandonnée hier au soir, pour me rendre à l'invitation à dîner d'un professeur, le doyen, qui a une femme charmante, et deux fils. Tous parlent l'allemand et le français, ce qui a été un repos pour moi car mes repas en anglais sont plutôt mornes et mes progrès peu rapides. Je vais jouer au tennis avec l'aîné une fois par semaine, et le cadet me servira de guide dans les promenades à pied que nous ferons autour de Cambridge. La mère écrit des romans, et je crois bien que je vais être obligé de faire un peu plus d'anglais que je n'en avais l'intention pour pouvoir les lire. Le dîner se composait, comme tout dîner, de soupe, de viande, et de dessert. Mais c'était bien conditionné. Et cependant, je donnerais bien cher pour pouvoir manger des pommes de terre frites. C'est, ici, absolument inconnu. On vous sert, en guise de pain, des patates bouillies, jaunes, et qui ont un goût de riz. A ma pension, un pasteur et sa femme s'occupent de moi; lui fait des jeux de mots en français, et sa femme rit. A côté d'eux, il y a une vieille dame veuve qui met la gaieté dans la maison, qui est plutôt lugubre. Elle a le fou rire une fois par jour, et une fois par semaine amène une amie, qui doit être chaque fois jeune, belle, parler français, et qui se trouve avoir un peu plus de soixante ans. Il doit en venir une samedi prochain, qui laissera toutes les autres derrière elle. J'ai fait aussi la connaissance de beaucoup d'étudiants; au cercle français, où je n'apparais que de temps en temps et où je n'ai rien à faire qu'à lire *Le Rire* et *L'Illustration,* on prépare une grande représentation publique, Labiche et Banville, et tous les malheureux membres sont obligés de venir lire des rôles devant le jury qui les leur impose à son gré. Le neveu de Madame Grancher (1) y était ce soir, et a, paraît-il, demandé si j'étais arrivé. Il viendra sans doute me voir bientôt. Deux jeunes gens se montrent particulièrement gentils, un canadien et son cousin, avec lesquels nous avons passé la veillée d'hier soir. Mais je n'aurai pas à redouter que vous me reprochiez de ne parler que de bière, comme à Munich, car ici on ne boit que de l'eau. De l'eau très sale, où l'on fourre de la glace plus sale encore. Ce qui fait que nous n'avons bu que des liqueurs que Storey — le jeune homme en question — avait pu acheter grâce à une ordonnance de médecin; les alcools se vendent chez le pharmacien et contre ordonnance. Si vous proposiez le même système à Bonnet (2).

Le bulletin de l'Alliance Française a annoncé mon arrivée, il a donné les titres de quelques conférences que je pourrais faire. Je doute que l'effet de la réclame soit considérable, car les conférenciers pullulent; hier, il y avait ici l'Abbé Klein qui a parlé sur la séparation de l'Eglise et de l'Etat. Le conférencier titulaire de la société arrive en novembre, le conférencier du cercle en décembre. Cependant, j'ai reçu ce matin une lettre d'un club misérable, qui me requiert au nom de ma patrie, et m'offre 15 dollars. J'accepte naturellement. Le 4 novembre, je fais une autre conférence, non payée, au collège de jeunes filles. Il a été question de leçons, mais l'affaire est tombée tout à fait dans l'eau.

Il commence à faire un tout petit peu froid, mais le temps est toujours splendide ,et ma chambre a deux grandes fenêtres donnant sur des jardins (qui n'appartiennent d'ailleurs pas à la maison) par lesquelles je peux jouir de mon reste. Ce sont d'ailleurs ses seuls meubles potables. Le canapé est rapé; le fauteuil à bascule l'est plus encore ,et je vous écris sur un vieux bureau que Colomb a dû importer. Il y a d'ailleurs des souvenirs français dans la maison, car c'est là qu'habita, voilà quatre ans, mon premier prédécesseur.

A part mes cartes de visite que j'avais fait expédier de Paris et une lettre de la *Revue du Temps présent* qui me demande des adresses d'abonnés, je n'ai reçu d'Europe que vos lettres. La dernière était de dimension passable, et j'ai pu la relire souvent. Au mariage de quelle jeune fille vais-je bien aller, au mois d'avril ! Est-ce que Monsieur Cornil est revenu à la charge ? On doit commencer à trouver le temps long à St-Amand.

(1) Pierre Abreu.
(2) Pharmacien à Cusset.

Mercredi matin

J'ajoute un mot à mon réveil, avant d'aller jeter ma lettre dans la boîte, pour le courrier de demain. J'ai été tiré du sommeil par la sirène d'une fabrique voisine, qui ressemble à s'y méprendre à la sirène de La Savoie; ce qui me procure chaque matin un moment de désorientation. Puis j'irai ensuite entendre des cours d'allemand : il n'y a ici qu'à choisir, l'allemand est mauvais, mais on y ramasse toujours quelque chose. Je viens de recevoir une carte de femme de professeur m'invitant à prendre le thé de cette façon : Voulez-vous avoir un peu de thé chez nous. C'est à Boston, c'est-à-dire à vingt minutes de tramway.

Portez-vous bien et croyez bien que je fais de même. Je vous embrasse mille fois tous trois,

Jean Giraudoux.

France   *Cambridge, 22-23 octobre 1907*
Madame et Monsieur Giraudoux   *(Timbre de la poste :*
Percepteur - Cours Lafayette   *Mass Boston OCT 23,*
Cusset (Allier)   *4-PM 19 07*
54 Gardenstreet, Cambridge, Mass.   *Cusset/Allier ... NOV 07)*

Bien chers parents, bien cher Alex,

J'en suis à la période où les jours commencent à se ressembler. Après les courses et les surprises du début, l'habitude de l'Amérique est venue, je fais chaque jour à peu près les mêmes choses; mais je n'imiterai pas Alexandre qui sous prétexte qu'il n'a rien à dire ne m'écrit que deux pages. Elles sont heureusement assez longues, et puisqu'elles disent du bien de vos santés, on leur a pardonné. Je n'ai pas reçu de faisan mais j'ai mangé de la dinde, hier chez un couple professoral, tout jeune, qui m'avait invité au lunch. Le menu est à peu près le même partout. Un potage aux coquillages et surtout au poivre, du poisson ou des viandes froides avec un tas de petits plats contenant de la citrouille, des pommes de terre, des confitures, du maïs bouilli, puis des fruits, puis c'est le plat principal, d'énormes rince-bouches. Vendredi dernier, fête au musée germanique et le professeur d'allemand m'avait invité. Cela consistait en limonade et en glaces; mais j'y ai vu rassemblée la population en vue de Cambridge.

D'ailleurs, grosse nouvelle, je suis moi-même professeur à l'Université. Le 1ᵉʳ professeur de français étant tombé malade de la typhoïde, on m'a prié de faire son cours à sa place : c'est un cours sur le XVIIIᵉ siècle, et depuis ma rhétorique supérieure mes souvenirs ont couru. Mais j'ai accepté, et je vais parler 3 fois par semaine devant les jeunes gens ébahis. J'ai commencé ce matin, mais ma leçon d'ouverture était trop forte. Ils n'y ont rien compris. Vous jugez d'ici de la différence des Universités de ce monde et de celles du vieux. C'est comme si à Paris je faisais le cours de Lavisse. En tout cas c'est du travail de préparation assez astreignant. J'y ai le bénéfice de m'exercer à l'enseignement supérieur. Je crois de plus en plus que chaque heure me sera payé en plus 2 dollars; à 3 heures par semaine, ça n'est pas à dédaigner.

Le temps, à part le dimanche où il pleut toujours, sans doute pour augmenter l'agrément de ces jours-là, où les pensions ne donnent pas à manger et où les cafés et hôtels sont fermés, est beau et pas trop froid. Le chauffage de ma chambre étant aux frais de la propriétaire bat déjà son train, mais je n'en aurais qu'à moitié besoin. J'ai fait vendredi la longue promenade annoncée, au milieu des bois et des grandes montagnes de Boston, dont la plus grande a cent mètres de haut; la campagne est encore absolument sauvage; mon camarade et moi nous allions en file indienne comme dans le dernier des mohicans, au milieu de tas d'arbres inconnus dont les feuilles sont maintenant toutes rouge sang. Je n'ai pas été fatigué de l'excursion; mais pour que vous soyez sûrs que je ne vous cache rien, j'ai reeu un peu mal à l'estomac le lendemain, mais les sels de Vichy n'étaient pas là pour Roosevelt. Peut-être est-ce le veau glacé qui a provoqué cela. J'y ai renoncé depuis et tout va bien.

Pour le cercle français, j'y vais bien rarement. Ils sont en train d'apprendre des pièces françaises, et ne songent qu'à cela. Un espèce de cabot français, qu'ils payent grassement, leur donne des leçons. Je lis *Le Matin*, qui arrive depuis quelques jours, mais j'aimerais bien que vous m'envoyiez *Le Journal* une ou deux fois par semaine car *Le Matin* vient bien irrégulièrement.

Mercredi. J'ai été interrompu hier au soir par une visite. Le secrétaire de l'Université venait me prier d'aller le voir de temps en temps, à la veillée. Je lui ai fait goûter des pastilles de Vichy. Il m'a engagé à changer mon régime de nourriture, et à manger à la coopérative des étudiants, le Memorial Hall. On paye trois dollars par semaine comme fond, et on trouve une carte très bon marché. Le tout peut revenir à 6 dollars la semaine. Je serai obligé d'en passer par là, au lieu de courir de mon club, qui est encore plus cher, au café Dunster, qui est peu appétissant.

Que la vie est un grand souci. J'espère cependant que ce souci durera jusqu'au mois d'avril et que je pourrai refaire la traversée. Voilà déjà plus d'un mois de passé depuis mon départ. Il n'y en a plus guère maintenant que 5 ou 5 1/2. Ecrivez-moi de longues lettres pour écarter toute approche du mal du pays. J'espère que ça n'est pas la fatigue qui a empêché maman de me mettre un mot la semaine dernière.

Je vous embrasse mille fois tous trois. Bonjour à ma tante et à mon oncle.

Votre Jean.

J'ai reçu une gentille lettre de Renée Lacoste qui me donne l'adresse de Miss Carry. Mais je n'irai guère avant le mois de janvier.

Je ne pose pas de questions sur ce qui se passe à Cusset car maman y a sans doute déjà répondu et j'apprendrai lundi le tout en bloc. J'espère que ma lettre arrivera avant le départ de ma tante et de Robert. Peut-être aussi que Monsieur Blondel sera encore à la maison. Dites-lui ou faites-lui savoir que ce n'est pas beau d'arriver après mon départ. Et Jean ? Et Jeanne ?

Je clos pour aujourd'hui la valise diplomatique. A la semaine prochaine ou avant. Ne croyez pas nécessaire de ne m'écrire que la veille du départ des paquebots français : il en part environ deux par jour d'Angleterre et d'Allemagne. Je me suis renseigné sur les télégrammes, ils coûtent 25 sous le mot. Je n'hésiterai donc pas à dépenser dix frans pour vous prévenir de choses graves. Que maman ne soit donc pas en peine : je vais faire la connaissance d'un docteur de Boston demain, et il y a une infirmerie à l'Université.

Je vous embrasse mille fois tous trois, en félicitant papa de sa place au Tableau. j'attends bien impatiemment des nouvelles du mariage.

Encore mille baisers.

Jean.

Je vais écrire cette semaine à ma tante et à mon oncle. Annoncez ma lettre.

France   *Cambridge, 27 octobre 1907*
Madame Giraudoux   *(Timbre de la poste :*
Perception   *Boston Oct. 27, 5-PM, 19 07 Mass*
Cusset (Allier)   *Cambridge Station)*
(Carte postale :
Longfellow Home, Cambridge, Mass.)   [la maison de Longfellow]

Spécimen de nos maisons. Celle-ci est plus célèbre, mais plus laide d'ailleurs que ses voisines. Elle est peinte en jaune ou en brun clair. L'opinion publique se scandalise quand un richard fait construire son home en pierre de taille; un monsieur d'ici a été pour ces raisons mis au ban de la société.

France   *Boston, 29-30 octobre 1907*
Madame et Monsieur Giraudoux   *(Timbre de la poste :*
Perception - Cours Lafayette   *Boston, Oct. 30,*
Cusset (Allier)   *3-PM 19 07 Mass.*
                                          Cambridge Station)
29 octobre 1907

      Bien chers parents, cher Alex,

Je crois bien que c'est aujourd'hui, Saint-Narcisse, que je double
le cap des vingt-cinq ans. Je n'en suis ni plus fier ni plus modeste.
Mon seul regret est de n'avoir pas à monter de la cave une bouteille
de vin vieux. J'ai achevé cependant, comme compensation, la
dernière bille de chocolat Menier et j'ai l'intention de me payer
demain un sirop de banane au soda, chez le pharmacien, car c'est
là que se trouve le seul café en Amérique, — dont je vous dirai
des nouvelles.

Je vous en dirai si j'en reçois d'abord de vous. La bonne
surprise qu'a été la lettre d'Alexandre arrivant « avant la lettre »
et contenant une photographie qui porte à trois ma collection, n'a
pas eu de suite le dimanche, jour de l'arrivée du courrier français.
Il me faut une lettre fixe par semaine, sans compter les pages
volantes. D'autant qu'il se passe là-bas des choses particulièrement
intéressantes, et que je serais heureux d'apprendre presque au jour
le jour. J'attends.

Mes cours à l'Université continuent. Ce qui me demandait au
début une demi-journée de préparation ne m'en coûte plus qu'une
heure; ce qui fait que j'ai tous les avantages et le prestige de
professeur d'université, sans en avoir les inconvénients. Je continue à suivre les cours d'allemand, et la préparation de mon
programme va commencer ferme au premier novembre. Mais les
conférences de l'Alliance Française ne se multiplient pas; j'en
reste toujours aux deux maigres des premiers jours. Et cependant
la réclame parue dans le Bulletin officiel était très flatteuse; mais
je crois qu'il n'y a guère d'argent cette année dans les caisses
françaises. De plus, le professeur malade est juste le président, ce
qui annihile toutes chances. Mais ma bourse n'en souffrira guère.
car l'argent que j'aurais gagné n'aurait guère payé que mes dépla-
cements. Je n'aurai qu'à rester en place, et à me contenter d'excursions autour de Boston.

Je tiens à rassurer la maman sur ma triste condition. Au point
de vue nourriture, je suis arrivé à une perfection, qui est relative,
mais qui ne diffère guère de ma nourriture d'Allemagne. Je prends
toujours mon déjeuner chez mes Amphitryonnes et les autres
repas dans un café d'étudiants. Cela me revient à peu près à six
francs par jour, ce qui est très bon marché, et j'ai plus qu'il ne
faut pour satisfaire mon appétit. Au point de vue chauffage —

nous avons en ce moment l'été — et (illisible) le calorifère, qui existe dans toutes les maisons, j'ai charbon et bois à discrétion.

Pas encore de lettres d'Europe, mais déjà quelques-unes d'Amérique, de mon ami le docteur de New York, d'étudiants. Pas encore vu le neveu de Madame Grancher. Je ne vais d'ailleurs presque jamais au Cercle Français. *Le Matin* m'y a appris ce matin les inondations de France; car les journaux américains ne parlent que de divorces entre familles connues et de matches de football. La famille du professeur Wright continue à être charmante pour moi; j'y dîne vendredi. Mon smoking était utile.

Mercredi matin

J'oubliais de dire que j'ai reçu la semaine dernière une lettre de Jacques Toulouse. Les pauvres gens sont bien heureux; pourvu qu'il n'y ait pas, au bout de la cure, la rechute plus grave encore.

Mes propriétaires, en apprenant que j'avais vingt-cinq ans aujourd'hui, m'ont invité à déjeuner. Il y aura des œufs frits et une glace. Comme il pleut, on m'a annoncé l'hiver. Il y a paraît-il un mètre de neige dans les campagnes; toutes les maisons ici sont surélevées. Il faut avoir, pour faire des promenades, de longs souliers, comme des raquettes. Si je pouvais avoir seulement quelques conférences en Nouvelle-Orléans; c'est à deux jours de chemin de fer, mais il y a là-bas des palmiers et des bains de mer en hiver. Tout espoir n'est pas perdu.

A bientôt. Je vous embrasse bien fort tous trois.

Votre Jean.

Quoi de nouveau pour Moulins ?

Boston, 6 novembre 1907
Lettre autographe

Mercredi 6 novembre 1907

Bien chers parents et bien cher Alexandre,

Complétant l'ébauche d'Alex, j'ai eu ce matin une lettre de mon oncle, avec tous les détails. Je suis bien heureux de cette unanimité. On ne peut avoir que confiance après d'aussi bonnes impressions. Je regrette bien de ne pouvoir moi aussi goûter le plaisir de ces premières présentations, mais j'arriverai à temps, je l'espère, pour tenir ma place d'honneur. Je ne crains plus qu'une chose; que tout cela aille trop vite. J'ai peur que la prochaine lettre ne m'apprenne que la cérémonie a eu lieu.

Je comprends qu'au milieu de vos préoccupations, vous n'ayez pas le temps de songer à vos santés. Personne ne m'en a dit mot, et j'augure bien de cet oubli. Si vous avez un automne comme le nôtre, qui est un été, vous ne pouvez d'ailleurs pas être malades.

Je n'ai encore mis que mon pardessus d'été et pas de gilet de flanelle. Il paraît que ce temps va continuer jusqu'en décembre. Ce qui n'empêche pas ma propriétaire de bourrer de charbon ma cheminée. Il pleut aujourd'hui, mais c'est une façon de préparer un bon jeudi; et vendredi je fais mon excursion hebdomadaire avec le fils du professeur. Nous sommes allés la semaine dernière au bord de la mer, après avoir traversé en bac le port de Boston. Nous aurions bien pu couler... si les cuirassés qui se tenaient rangés au fond de la baie nous avaient pris pour cible; mais il n'en a rien été, j'ai trop peu le type japonais pour prêter à ces confusions-là.

C'est par *Le Matin* que je lis au Cercle que j'apprends ce qui se passe en France, et en Amérique. Les journaux d'ici ne parlent ni du Japon, ni des banqueroutes; les portraits des footballeurs tiennent quatre pages, et les autres sont consacrées aux histoires de famille, divorces ou procès. On n'a même pas parlé, par exemple, de ma première conférence publique, faite au collège (Université) de jeunes filles, devant un auditoire uniquement féminin. J'avais préparé la plus grande partie de mon discours sur des bouts de papier, mais comme on ne m'a donné ni table, ni verre d'eau, j'ai parlé debout et ai dû naturellement improviser. Effet colossal. Applaudissements répétés. Rafraîchissements. Invitations. Par contre, le professeur malade va mieux et reprendra son cours. J'y aurai toujours gagné une centaine de francs.

Vu l'autre samedi un jeune camarade d'Ecole, mon concurrent pour Harvard, qui a trouvé une place de lecteur dans une petite Université des environs. Le malheureux a je ne sais combien d'heures de travail. Mais il est jeune; ça le formera. Un professeur, ami commun, nous a payé à dîner, et sorti pour l'occasion une bouteille de bon vin. D'ailleurs, maintenant que je connais les endroits, je sais satisfaire ma faim et même ma gourmandise. J'ai de la viande, et mangeable, à tous les repas. J'évite les conserves, et les huîtres. Mais le poisson est ici excellent, et bien qu'il n'y ait pas de vendredi en Amérique, je fais bien volontiers maigre.

Resserré connaissance avec un docteur allemand, dentiste au Caire, qui passe l'hiver à Boston. Nous passons souvent ensemble l'heure ennuyeuse qui suit le repas du soir. Ma maison se trouve au diable, et il m'accompagne. Cela rafraîchit également mon allemand.

C'est ici, aujourd'hui, l'élection du Gouverneur. Partisans de Roosevelt et ennemis. Le drapeau flotte sur toutes les places. Je ne sais pas encore le résultat.

Une lettre de Morand dans le courrier de ce matin. Rien de nouveau. Il ne viendra pas en Amérique, comme il le croyait.

J'ai fait ressemeler mes souliers jaunes, et mes petits noirs vont être obligés d'y passer aussi. Mon chapeau frise également la retraite.

Ce sont là les gros ennuis de la vie, qui passe ici aussi vite que possible. Plus que cinq mois, espérons-le, avant mon départ.

C'est *La Provence* qui vous apportera cette fois ma lettre, avec bien des baisers pour tous les trois ,et bien des souhaits pour tous trois en général, et en particulier pour un,

Jean.

France   *Cambridge, 10 novembre 1907*
Mme et Monsieur Giraudoux   *(Timbre de la poste :*
Perception   *BOSTON NOV 10,*
Cusset (Allier)   *5-PM 19 07 MASS.)*
(Carte postale :
Hiawatha Series N° 1 - Hiawatha Indian Village.)

Dimanche 10-11-1907

Au soir d'une défaite. L'équipe de foot-ball de l'Université a reçu la pile d'une équipe d'Indiens. Tout Boston est en deuil. Mais la lutte n'a pas manqué d'intérêt : toutes les races et couleurs y étaient représentées : chinois, nègres et peaux rouges.

Je suppose que le bateau a eu du retard cette semaine. Bien que ce soit dimanche, je n'ai pas encore reçu la lettre hebdomadaire. A mercredi.

Jean.

France   *Cambridge, 11 novembre 1907*
Monsieur Giraudoux   *(Timbre de la poste : BOSTON*
Percepteur   *NOV 11, 3-PM, 19 07 MASS*
Cusset (Allier)   *Cambridge station)*
(Carte postale :
Birthplace of James Russel Lowel (built 1767), Cambridge, Mass.)

Reçu à l'instant la lettre datée du 31. Heureux que tout aille bien.

Une autre maison. Mais cela c'est le style ancien. Elle a plus de cent ans.

France   *Cambridge, 12-13 novembre 1907*
Madame et Monsieur Giraudoux   *(Cachet de la poste :*
Perception - Cours Lafayette   *Boston, Nov 13, 10-15 A*
Cusset (Allier)   *19 07, MASS.)*
                                          (lettre autographe)

Cambridge. 12 Novembre 1907

      Bien chers parents et bien cher Alex,

J'oublie complètement en lisant vos lettres que ce qui devient mes soucis n'est déjà plus les vôtres depuis longtemps, et j'attends bien impatiemment la suite. Je suis sûr d'ailleurs que samedi sera là avant que j'y ai *(sic)* pensé ! Mon cours me donne quand même du travail et j'y consacre une grande partie de mes matinées. Puis vient l'après-repas que je prends depuis quinze jours dans le même restaurant où je suis bien, un cours où je deviens élève, et où je discute allemand avec un jeune docteur teuton. Puis à 4 heures, la nuit est là. Je passe lire *Le Matin* au Cercle français, où d'ailleurs je ne le trouve pas depuis une semaine, je dîne et je rentre chez moi, ce qui est toute une promenade, historique, car on passe devant la première église américaine, et l'arbre sous lequel Washington prit le commandement de l'armée révolutionnaire en 1774. J'y reçois quelques visites. Dimanche par exemple celle d'un dentiste allemand, âgé d'ailleurs, qui va fonder une école dentaire au Caire, où il habite, et est venu acheter instruments et diplômes. Il est resté jusqu'à une heure du matin, malgré mes et ses bâillements. Puis deux petits américains. Puis un jeune professeur de français, ancien élève de l'Ecole, Allard, qui m'a emmené dîner hier au soir, et m'a présenté à un jeune et charmant millionnaire. Dimanche matin, j'étais invité chez le 1er professeur d'allemand, dont la famille, américaine, m'a reçu cordialement. On a même bu du vin, ce qui est, dans ce pays, du crime ou de la folie.

Il a gelé blanc cette nuit, et c'est le premier signe de l'hiver qui ne s'annonce pas trop rude. Toute cette semaine nous n'avons pas eu besoin de feu, pas davantage de vêtements d'hiver. Mais le vent a soufflé une nuit, et le vent ici, c'est autre chose que le Mistral. Je me demande comment les maisons ne sont pas emportées. On a posé *(sic)* doubles-fenêtres dans ma chambre, et je ne crains plus les vents-coulis. Mais le chat de la maison a pris l'habitude de venir se faire ouvrir chez moi, chaque fois qu'il est sur la véranda, et je suis obligé maintenant de me livrer, pour lui être agréable, à un travail compliqué. Ce soir, je l'ai laissé miauler. Ses maîtresses, Cary, Zebra et Kathe, continuent à être aimables. Elles ont remarqué que j'aimais la purée de pommes et m'en servent tous les matins. Elles ont déniché pour me faire mon café un vieil appareil qui date du temps de Christophe Colomb et qui fait un bruit épouvantable quand ça bout. Leur chien se met alors à hurler. C'est un chien qui a cinq ancêtres, et elles en sont trop fières. Elles sont très fières en général. Leur père était voilà quelque cinquante ans professeur à l'Université; elles sont restées sans le sou, ont hérité de la maison où j'habite et logent quatre ou cinq étudiants qui croient qu'elles ont des protections. Le jour de leur jour, il y a des équipages devant la porte, qui consistent en une espèce de chaise sur quatre roues aussi légères que des roues de bicyclette, avec un cheval qui ne bougerait pas même si vous lui fichiez le derrière contre le mur. Les dames conduisent toutes elles-mêmes, de même que leurs autos : beaucoup de jeunes filles vont ainsi à leurs cours, laissant leur machine à la porte de l'Université, et repartent ainsi.

Les conférences et les conférenciers se multiplient. Il y a ici depuis quelques jours le conférencier officiel de l'Alliance Française qui va faire sa tournée par toute l'Amérique. C'est un jeune protégé de Foncin, professeur libre à la Sorbonne, et qui s'appelle Madelin. En décembre arrive le conférencier du Cercle Français qui est Tardieu, un ancien élève de l'Ecole, attaché d'ambassade en congé (1). Il y a de la concurrence. Je me console en pensant que mes collègues d'ici n'ont pas plus à faire que moi.

13 Novembre 1907

Je finis ma lettre avant d'aller à Boston pour ma visite au Consul que je n'ai pas revu depuis mon arrivée et qui a toujours en sa possession mon livret militaire. J'écrirai à St-Amand à mon retour

Je vous embrasse tous trois mille fois,

Jean.

(1) Hyde aurait présenté Giraudoux à Tardieu, que Paul Morand de son côté connaissait comme professeur de Sciences Po (P. Morand, *J.G., souvenirs de notre jeunesse*, p. 28). et Giraudoux serait resté en très bon termes avec lui (P. Morand, *Journal d'un attaché d'ambassade* p. 249). Voir aussi L. Le Sage, « La Culture allemande et les universités américaines ».

Jean Giraudoux   *Cambridge, 18 novembre 1907*
à   *(Wadsworth House -*
Madame Giraudoux   *Cambridge - Mass.)*
Perception   *(Tampon de la poste :*
Cusset (Allier)   *Boston - Nov 18 - 3 PN*
France   *19 - 07 Mass.)*
                     Cambridge Station 2.

Au recto : Pour continuer la série des maisons célèbres de Cambridge et accuser réception de votre honorée du 6 Novembre. Tout va bien comme à Cusset j'espère.

Meilleurs baisers de

Jean.

Si je recevais les *Sports* du lundi, tout serait parfait.

Merci beaucoup pour les journaux : j'étais sans nouvelles de France depuis 3 semaines.

France   *Cambridge 20 novembre 1907*
Madame et Monsieur Giraudoux   *(Timbre de la poste :*
Perception   *Boston, NOV 20, 3-PM*
Cusset (Allier)   *19 - 07, MASS.)*

Mercredi 20 Novembre

       Bien chers parents, cher docteur,

Nous avons eu une petite menace de froid, pendant deux jours, puis la chaleur est revenue. On peut se promener en ce moment en costume d'été, lorsqu'on en a. Mais je crois que l'hiver ne recule que pour mieux sauter. En tout cas voilà deux mois de gagné sur lui, c'est-à-dire le tiers de mon séjour à Harvard, si du moins mes supérieurs l'entendent de cette oreille. Le mois d'avril est cependant bien loin, surtout pour les mariés, si mariés il y a, comme je le souhaite bien vivement. Je ne leur en voudrais pas mortellement de ne pas m'attendre. Du reste, j'aurai le résultat de l'entrevue et du traité de Montluçon dans quelques jours. Je l'attends avec impatience.

Pour moi, je n'ai encore aucune américaine en vue. Cambridge est la ville de province par excellence et je ne vais à Boston que lorsque j'y suis forcé. La mer semble à des milliers de lieues, bien qu'elle ne soit qu'à deux kilomètres, et je ne l'ai revue que deux fois du haut d'une colline dont j'ai fait l'ascension Mercredi dernier. C'est la montagne de Boston, elle a 255 mètres.

Le neveu de Madame Grancher [1] habite un luxeux intérieur dans un des immenses dortoires d'étudiants riches. J'ai fumé chez lui d'excellentes cigarettes de La Havane, importation directe, et regrette de n'avoir pas accepté un magnifique cigare que j'aurais joint à ma lettre, à l'usage du percepteur. Il m'a montré des photographies de leur maison, qui est un palais, en m'invitant à en profiter, et d'un jeune chimpanzé que sa mère ne quitte jamais et qui vient avec elle à New-York, et en Egypte, et en Europe. Le jeune homme travaille en ce moment pour la présentation du Cercle Français, qui approche; il joue dans je ne sais quelle pièce de Labiche, et fait de la moto-cyclette.

Vu aussi des dames pour lesquelles une amie de Madame Morand m'avait donné des recommandations, avec une adresse fausse,

---

(1) Pierre Abreu.

et que j'ai enfin dénichées au diable, dans les environs où je les ai vues dimanche dernier. Ce sont des riches jeunes filles américaines, entre trente-huit et quarante-huit ans, laides à faire peur, mais d'autant plus aimables. La mère aussi est charmante. On m'a bourré de bonbons bostonnais à la pâte dentifrice.

Le grand jour de fête, ou plutôt les, car ils sont deux, approchent. C'est d'abord samedi prochain,le match de foot-ball Harvard contre Yale : c'est le grand jour des universités américaines; le stade qui contient 50 000 places est loué depuis trois mois à des prix fantastiques et je n'ai pu me procurer une carte que grâce à celle du *Figaro*, qui m'a valu aussi la gratuité. Mais j'ai des camarades qui payent le billet 10 ou 15 dollars. Tout le monde est d'avance fou; il n'y a plus de cours, on pavoise; Je vous donnerai le résultat par carte postale. Pour qui pariez-vous. Entre nous, c'est Yale (qu'Alexandre demande à Maman comment cela se prononce) qui sera vainqueur, mais je porterai cependant les couleurs de mon université, rouge carmin. Toutes les dames se font faire des toilettes de la couleur de leur équipe; les cravates, les chapeaux, les chemises pour les hommes.

Le second jour est de demain en huit. C'est un anniversaire national : des pélerins émigrants sauvés de la famine; on mange tout le jour; je suis invité chez le professeur d'italien, M. Grandgeant, avec un autre français, instructeur ici.

Je n'ai pas besoin d'ailleurs d'être invité pour manger. J'ai maintenant viande, potage et légumes à tous les repas, et il ne tient qu'à moi d'en avoir le matin à 8 heures chez mes propriétaires. Mon estomac va parfaitement depuis la crampe due au changement de nourriture, et qui d'ailleurs ne m'avait pas empêché, le jour où elle vint, de manger des bananes et du gingembre. Je continue à remplacer le malade, mais à cause des vacances et des examens, je n'ai rien à faire, ce qui coupe mes espérances de gagner un billet de cent francs. Tout n'est pas perdu. Si je pars au commencement d'avril, je parie avoir cinq cents francs d'économie.

Ma propriétaire étant membre de la société protectrice des animaux, je l'ai comblée de joie en lui rapportant l'autre soir un chat perdu. Il vit dans la cuisine depuis son sauvetage, et se conduit de façon digne de moi. Aussi ai-je eu à déjeuner des pommes cuites. Voilà à peu près tout le nouveau de l'existence. L'anglais ne vient pas vite, et je dois faire beaucoup d'allemand pour qu'il ne s'en aille pas.

Vite des nouvelles de Montluçon, de Cusset aussi de Vichy. Comment vont les santés, dont vous ne parlez pas. Je vous embrasse bien des fois, ainsi que mon oncle et ma tante, qui auront bientôt un courrier spécial.

Votre Jean.

France   *Cambridge 23 novembre 1907*
Madame et Monsieur Giraudoux
Cusset (Allier)
(Carte postale : CAMBRIDGE)

Yale 12
Harvard 0

23 Novembre 1907

Notre équipe de foot-ball, après une lutte désespérée, a été battue par Yale. 50 000 spectateurs, dont des duchesses et des Vanderbilt. On prépare déjà la revanche pour l'an prochain.

Pour moi, je me prépare à la lutte contre la dinde de jeudi, jour de dinde obligatoire. Je suis assez en forme.

Jean.

Madame et Monsieur Giraudoux   *Boston, 26 novembre 1907*
Perception   *(Timbre de la poste :*
Cusset (Allier)   *Boston NOV 27 3-PM*
France   *19 07 MASS*
                    Cambridge Station)
Mardi 26 Novembre

Bien chers parents, bien cher Alex,

Je prouve à maman, dès la première ligne, que je reçois exactement vos lettres et que je les lis bien; je félicite Alexandre et vous embrasse tous du même coup, car je suis bien content de vous voir contents et de le voir heureux. Mon seul regret est d'être si loin, et de me sentir si peu au courant de toutes les démarches et de tous les détails; j'ai appris l'entrevue d'Amand quand celle de Montluçon s'était terminée par la signature d'alliance. Je me sens beaucoup de remords aussi de reculer de quelques mois le jour où Alexandre se fera faire un habit noir, car je crois enfin la chose nécessaire, celui de mon père lui étant vraiment trop peu avantageux; — et je ne pourrai être en Europe avant le 8 ou 10 avril, si je peux, car on a l'air ici de compter fermement sur un séjour de printemps. Mais j'y saurai mettre ordre, me ménageant la faveur de mon chef de service.

Vous ferez bien, si vous êtes assez gentils pour attendre mon retour, de me choisir une charmante demoiselle d'honneur; car je ne l'amènerai pas d'ici. Je vis de plus en plus loin des familles à vieilles filles et de plus en plus près des étudiants. C'est demain que j'inaugure mes repas dans leur immense hall, j'ai été dispensé de payer la caution de 2 000 francs qui est requise. La cuisine, dont j'ai déjà goûté, ayant été invité par un camarade, est excellente : on paye trois dollars par semaine d'entrée, et l'on mange à la carte dont les prix sont assez bas. Je crois que le tout revient à 6 dollars par semaine à peu près. Je n'aurais pas cru celui qui m'aurait dit que je consacrerais plus de 120 francs par mois à mon ventre. Le ventre va d'ailleurs maintenant de façon parfaite; je ne sens guère plus les légères crampes qui ne me quittaient guère en Europe; j'attribue cela à l'exercice forcé que je fais chaque jour en allant de chez moi à l'Université, qui est presque à 1 kilomètre. De mal de tête, pas l'ombre. Vous me trouverez engraissé et rajeuni à mon retour.

Le professeur est toujours malade et je le remplace toujours, ce qui me permettrait de faire une quarantaine de francs par semaine jusqu'au 1er décembre, si les vacances ne tombaient juste le jour du cours. Samedi dernier, le match de foot-ball, que nous avons d'ailleurs perdu, qui avait amené 50 000 personnes à Cambridge et fait tripler le prix des repas. Jeudi prochain la fête populaire, où chacun doit manger une dinde entière et où je suis invité chez le président du département français.

Je ne m'ennuie plus, je dois même dire que je ne me suis jamais ennuyé. J'ai trouvé quelques camarades charmants, qui parlent français et allemand, et par l'intermédiaire desquels d'autres connaissances se sont faites. Tous de très braves garçons, fort au tennis, et qui ont essayé hier de m'apprendre le cake-walk. J'aurai besoin de leçons plus approfondies.

La pluie est venue, mais pas encore le froid. Toujours aussi chaud qu'au temps de ma première lettre. Mes gilets de laine vont être mangés par les mites.

Vite une ou des lettres. Avec vent de vos voyages. Les miens sont reculés dans le futur : mais je dois rectifier quelques notions géographiques de maman : la fièvre jaune est très rare en hiver, et si je vais à la Nouvelle-Orléans, ce qui, hélas, est aussi improbable que possible, je ne pourrai y rester que le temps de faire mes conférences, moins heureux que le conférencier de l'Alliance Française qui va y passer la saison.

Je vous embrasse bien fort tous trois. J'écris par le même courrier à mon oncle et à ma tante.

Jean.

Cambridge [4 ? décembre 1907]

COLONIAL CLUB CAMBRIDGE

Bien chers parents, cher Alex,

J'attends avec grande impatience chaque nouvelle lettre, et le courrier de lundi suffirait, si je l'avais, à m'enlever tout mal du pays, puisque vous employez si bien le temps de mon absence. Il est vrai que d'autre part mon désir de voir arriver avril s'accroît d'autant plus. Mais il arrivera. La preuve en est que l'automne est fini, et que l'hiver est entré en scène. Il neige depuis le 1er décembre juste, sans qu'il fasse trop froid, mais une neige qui tient et qui est déjà haute de plusieurs pieds. J'enveloppe les miens de gigantesques caoutchoucs, et n'ai pas encore eu l'ombre d'un coryza. Une dent menace de me tourmenter, mais je vous ai déjà parlé de cet ami dentiste qui va s'en charger. Pourvu qu'il ne m'émaille pas tout mon dentier avec de l'or, comme certaines américaines se le font faire. Cela ne m'empêche pas d'ailleurs de manger comme un ogre; je suis enchanté de ma nouvelle pension. On y a presque tout à discrétion, et l'on se sent entre « jeunes gens ». Le matin je déjeune de chocolat, de prunes cuites, de bouillie de farine, de miel. A midi et à 7 heures, les plats les plus variés. Service parfait. Mon nègre Edward a appris quelques mots qu'il place avec grâce. Je crains que ce ne soit cependant plus cher que je ne l'imaginais. Les vieilles demoiselles de ma maison ne se consolent pas de ne plus m'avoir à déjeuner le matin. Cela leur enlève 1 dollar 50 par semaine, mais il y avait vraiment trop de chats, de chiens, et de pain trempé dans la maison.

J'ai vu en effet le neveu de Mme Grancher (1), et je crois vous en avoir parlé; il est très gentil et nous nous rencontrons souvent. Nous lierons plus étroitement connaissance bientôt. Je ne sais ce qu'il pense de la neige, qu'il voit peut-être pour la première fois de sa vie.

Mon repas pantagruélique arrosé de cidre et de bénédictine s'est convenablement effectué jeudi dernier. J'ai été cependant surpris car mon hôte, que je ne croyais pas marié, m'a soudain présenté sa femme et ses quatre enfants. Les professeurs américains sont comme les professeurs français, dans leur progéniture, les filles dominent, et comme à leur mort elles restent sans grosse dot, Cambridge sur deux maisons en compte une habitée par de vieilles demoiselles qui peuplent les salles de conférences, de musique, et baragouinent français.

Je n'ai pas fait de nouvelles connaissances cette semaine. Mes amis déjà présentés me suffisent complètement, ils ont un piano et nous chantons, alternativement, des opéras français et allemands.

(1) Pierre Abreu.

Le patinage va sans doute commencer bientôt. On se prépare surtout aux vacances de Noël qui durent de 10 à 15 jours. Tous vont vers le Sud. Ce sera pour moi 10 bons jours de travail, car si je vais vers le Sud, ce sera au mois de février, au moment des examens.

Comment va la maison ? Est-ce que les papiers sont déjà choisis ? Donnez-moi bien des détails sur tous les pourparlers et les dernières entrevues. Je serai bien content d'avoir un mot d'Alexandre là-dessus.

Mille baisers. Embrassez bien aussi ma tante et mon oncle qui ont, j'espère, reçu ma dernière lettre.

Votre Jean.

Madame et Monsieur Giraudoux   Boston, *11 décembre 1907*
Perception   *(Cachet de la poste :*
Cusset (Allier)   *Boston, Masse - Dec 11*
France.   *7 PM - Cambridge.)*

Cambridge, Mardi.

Bien chers parents, cher Alex,

Je ne sais quel vieux bateau a fait le service cette semaine. Je n'ai eu que le lundi 9 décembre la lettre du 28, d'Alexandre, et rien ne vient à point à qui ne sait pas attendre. D'ailleurs il n'y avait aucun événement important pour cette semaine; et les deux armées avaient l'air de dormir sur leur position avant la grande rencontre du début de décembre. J'espère que tout s'est passé comme Alexandre le souhaite, et bien que le saint de St-Dimanche, Avent, soit l'épithète des moulins, je souhaite que Maman se soit enfin décidée à abandonner tous les autres projets, après la bonne impression qu'a dû lui faire cette dernière rencontre. Y a-t-il eu ce jour-là des perdrix, — la sixième ou la 21e, selon les deux ères — et la maison a-t-elle fait son effet ? D'ailleurs je suis complètement tranquille sur l'effet que nous pouvons faire, et ce qui m'intéresse c'est surtout l'effet qu'on fait sur vous. Des détails, que vous couperez en quatre.

J'ai été bien content d'apprendre que la chambre a enfin son poêle, et la cuisine sa cafetière sifflante. Ce sont ces petites aventures qui donnent le mal du pays, bien plus que le climat ou la mangeaille; je regrette même les jours de bouderie, bien qu'il n'y en ait guère ici : le cercle français a donné une de ses trois représentations, et chacune sera suivie de réceptions, chahuts, avec quelques discours à prononcer. J'ai introduit le jeune Abreu dans un clan d'amis charmants; et il ne s'en repentira pas. Aujourd'hui, au début de mon cours, car je remplace jusqu'à Noël, j'ai eu la surprise de voir s'amener une dizaine d'étrangers à l'Université, qu'ils avaient racolés pour m'écouter et me jouer une farce. Tout s'est terminé à mon honneur. Je jouis d'ailleurs d'un certain prestige dans l'Université et le Président — le premier personnage d'Amérique après Roosevelt — a parlé favorablement de moi. Ce serait une place pour l'an prochain. Mais j'aime mieux lycée en France que faculté ailleurs.

Ça n'était pas vrai que l'hiver venait. Je n'ai plus de feu dans ma chambre, mais une tempête fait rage depuis deux jours et je suis sorti en casquette et en manteau d'automobile. Le mal de dents de Maman était sympathie avec son fils; mais j'espère que la sympathie ne l'a pas fait durer aussi longtemps; je ne souffre pas du tout, mais je crois bien qu'il y a une sorte de petite fluxion permanente. La visite aux médecins coûtant ici 15 francs, 60 frs au moindre spécialiste, je tremble à l'idée d'aller chez un dentiste pour y laisser 100 dollars. Mon ami le dentiste va heureusement venir me voir cette semaine.

Mercredi matin

Je relis ma dernière phrase et ai le plaisir de vous apprendre que mon mal de dents semble passé. Mon estomac continue à aller comme un charme; mes résidus sont solides, de forme ronde, comme il convient.

Reçu une lettre de Marguerite Toulouse et une de Renée, qui a reçu un numéro de la *Revue* (1). Plus heureuse que moi qui n'en ai aucune nouvelle. D'ailleurs j'ai rompu avec les directeurs qui n'ont d'autre but que de fonder une revue pour petits jeunes gens. Mes projets de N^lle-Orléans sont aussi dans l'eau. Que maman se rassure sur mon humeur aventureuse.

A bientôt. Je vous embrasse tous trois mille fois.

Jean.

PS — Mon oncle a-t-il reçu ma lettre ? Embrassez-le bien fort ainsi que tante Etiennette.

---

(1) *La Revue du temps présent.*

Madame et Monsieur Giraudoux   *Cambridge [18] décembre 1907*
Perception   *(Timbre de la poste :*
Cusset (Allier)   *Boston, Mass - DEC 1907*
France   *330 PM - Cambridge)*

Cambridge. Mercredi

Bien chers parents, cher Alex,

Je vous remercie des bonnes nouvelles de vos lettres comme si vous en étiez responsables. J'ai reçu lundi 16 le compte rendu de la visite à Cusset et suis heureux de voir que les choses ont pris une tournure définitive. Je suis aussi bien content que vous n'agitiez pas la question mariage sans garçon d'honneur, et saurai me rendre digne de cette confiance. Je serai sûrement revenu avant le 12 ou le 13 avril. En même temps, je recevais une longue lettre de tante Charlotte, avec beaucoup de détails, et mon lundi a été bien occupé à lire et à relire le bon courrier. Je souhaite le plus de travail possible à Alexandre pour l'empêcher de trouver infinissables les quatre mois. Un mot de lui, aussi, s'il a une heure à perdre.

J'écrirai naturellement à Caillaut cette semaine, j'attends seulement de trouver dans un journal l'ortographe véritable de son nom. Vous écrivez Caillaud, ce qui est peut-être juste, mais je n'en suis pas sûr. Si ça ne fait pas de bien, ça ne fera pas de mal. Peut-être ouvrira-t-on la lettre, à cause du timbre américain.

Ici la neige est venue, mais pas le froid. Le pardessus d'été de mon tailleur de l'Ecole — qui n'est peut-être pas payé d'ailleurs — n'est même pas nécessaire. Les voitures se sont cependant changées en traîneaux et les élégants conduisent eux-mêmes dans les rues où la neige a atteint plusieurs pieds de haut en quelques heures. Mes caoutchoucs sont trop bas et je mets mes jambières pour faire ma promenade habituelle de la maison à l'Université. Je me promets beaucoup de plaisir à voir le Canada où j'irai huit jours fin janvier, ayant une conférence à y faire. J'y mangerai l'argent de la conférence pour le voyage mais la nourriture y est moins chère qu'à Boston.

La représentation au Cercle Français a eu lieu devant un public restreint, les places étant achetées par des millionnaires qui n'y venaient pas. Le clou était les étudiants déguisés en danseuses, avec des tutus et des perruques. J'étais dans les coulisses, et, en m'occupant au compteur à gaz, ai produit pendant quelques secondes une obscurité presque complète. On ne s'en est pas trop aperçu. Le conférencier Hyde, autre parasite de mon genre, mais en plus grand, arrive dans quelques semaines, et fera 7 conférences à l'Université; c'est *Tardieu*, rédacteur politique étrangère du *Temps*, secrétaire d'ambassade honoraire, tout jeune et dodu. Les dames l'attendent avec **impatience**.

J'ai revu mes vieilles demoiselles, et elles m'ont invité à dîner pour samedi prochain. Pourvu qu'on ne me demande pas de jouer quelque pièce de Labiche. J'ai échappé jusque-là, et souhaite de tout cœur de continuer. J'ai du travail à corriger les examens de fin d'année, et mon allemand en souffre un peu pour jusqu'à lundi prochain, jour des vacances. On fête ici Noël, mais pas le premier de l'an, excepté à New-York.

Dites à ma tante et à mon oncle combien je les remercie d'avoir facilité une pareille entrevue, et embrassez-les bien fort.

A samedi. Je vous embrasse tous trois comme je vous aime.

Jean.

Cambridge 25 décembre 1907

Cambridge, jour de Noël

Bien chers parents, cher Alexandre,

Je ne sais ce qui a retardé vos lettres, mais le dernier courrier ne m'a rien apporté et voilà douze jours que je serais sans nouvelles, sans une lettre de mon oncle Auguste qui m'aide à croire que votre silence n'est pas dû à votre état de santé. Je vous réponds donc sans vous avoir lu. Peut-être d'ailleurs cette lettre de premier de l'an arrivera-t-elle après le 31 décembre, mais la semaine de mer ne gâtera rien à mes souhaits.

Noël est ici la grande fête. Et j'ai bien cru que ce serait pour moi un jour assez lamentable, car tous les étudiants sont en vacances à part une vingtaine, et tous mes camarades sont partis pour quinze jours. Mais les choses à la longue se sont très bien arrangées. J'ai passé la nuit de Noël avec un gentil américain qui m'a conduit au théâtre et auquel j'ai payé des huîtres, aujourd'hui je déjeune dans la famille de ce professeur qui m'a déjà invité souvent, et demain chez le directeur de l'Alliance française de Boston. Voilà donc bien employée cette période qui s'annonçait comme la seule triste de mon séjour ici.

Mais malgré tout Boston n'est pas Cusset, et c'est la première fois, je crois, que j'attends la nouvelle année loin de chez nous. Je coupe ainsi aux lettres de premier de l'an, mais je coupe aussi à tout ce qu'Alexandre va être seul à avoir : par exemple le grognement amical du réveil. Ma meilleure consolation est de me dire que la moitié de cet éloigneemnt, si peu exil d'ailleurs, est terminée. J'espère en plus que, malgré le champagne de Vichy, vous ne m'oublierez pas trop.

Je regrette bien aussi de n'être pas à St-Amand pour les fiançailles d'Alexandre. Ceci est encore plus rare et plus précieux que le premier de l'an. Enfin.

Les vieilles dames frappent à ma porte pour m'apporter du caramel qu'elles préparent de leurs mains et que je mange dans ma bouche sous leurs yeux flattés. C'est aujourd'hui le jour des cadeaux, et je suis le seul à n'en pas donner et à n'en pas recevoir. Mademoiselle Page, l'autre famille que je connais par Mme de Dreux de Paris, a envoyé 49 cadeaux en Amérique, sans compter l'Europe. Cela se réduit généralement à des almanachs illustrés, des livres, mais on envoie aussi cent kilos de confiture ou de bracelets. Les magasins de Boston sont assaillis et doublent des prix qui sont déjà le triple des nôtres. Les timbres seuls n'ont pas de hausse et c'est la seule chose dont j'aurai besoin cette semaine.

Le temps est merveilleux. On se croirait à Nice. Pardessus et gilet de laine sont encore inconnus.

Adieu pour aujourd'hui. J'entasse mes vœux en général, car vous savez bien ce que je souhaite en particulier et je vous embrasse comme je vous aime.

Jean.

Est-ce que maman a une petite fourrure et mon père une boîte de cigares ? Et les photographies ?

France   *Boston 1er janvier 1908*
Madame et Monsieur Giraudoux   *(Timbre de la poste : Boston*
Perception   *JAN 1 - 10-PM, 19 08, Mass.*
Cusset (Allier)   *Cambridge Station)*

COLONIAL CLUB CAMBRIDGE   1er janvier

Bien chers parents, cher Alexandre,

Je suis toujours un peu déçu quand au lieu de la lettre qui est un peu le but de la semaine, je ne trouve que quelques mots. Je sais bien que ce n'était pas votre faute, mais c'était ma lettre de premier de l'an. D'ailleurs elle valait mieux qu'une grande avec de mauvaise nouvelles et je suis bien content de voir maman remise et tout le monde bien portant. La prochaine va me dédommager avec le récit du voyage à St-Amand, et des fêtes de Noël à Cusset; peut-être contiendra-t-elle aussi la photographie de ma future belle-sœur, qu'on annonce depuis des semaines et que je ne trouve point. Je serais pourtant heureux de l'avoir, car mon entrevue avec Mademoiselle Barrat, au sortir de la messe, fut des plus courtes et mes regards se dirigeaient plutôt à l'opposé du groupe formé devant moi par tantes et amies. Je serai sûrement revenu en France le 19. J'arriverai très probablement le 9 avril au Havre; je n'ai pas demandé encore l'autorisation, mais je ne crois pas qu'on puisse s'opposer à ma fuite.

Il est regrettable d'ailleurs que Harvard ne soit plus près de Paris .Même en ce temps de vacances, où les rues sont désertes, je ne m'y ennuie pas. Il est vrai que le temps est toujours superbe et chaud, et sur les cartes météorologiques je constate que nous avons 10° de plus qu'à Paris. D'autre part, j'ai à faire une conférence pour le Salon français samedi prochain, et je n'ai que 3 jours pour faire quelque chose de digne et spirituel. L'auditoire se composera probablement, comme toujours, de 60 dames et d'un malheureux homme égaré, si bien que je serai obligé de commencer ainsi : Mesdames, Monsieur.

Il faut toute mon imagination pour me persuader que c'est aujourd'hui le premier de l'an. Les magasins sont ouverts, les banques aussi, elles qui étaient fermées voilà un mois même les jours de semaines; j'en ai profité pour toucher mes mandats et, vu mes économies, pour m'acheter des étrennes. Je le peux, car si je reviens en avril j'aurai mille francs d'économies (Tenir secret) pour mon voyage en Allemagne et *nos* vacances. Je me suis acheté un album de Harvard, que je ne vous envoie pas parce que c'est un peu lourd, et un pavillon de l'Université. Pas de bonbons. Ils sont immangeables. Je revois et mange des yeux les boîtes des Bernier. Y en aura-t-il encore pour le mariage ?

Il est dommage que je ne reste pas ici pour toujours. L'Institut Technologique m'a proposé la chaire de français et d'allemand. Ça aurait été 3 000 francs à peu près de plus par an. Mais c'est 10 heures par semaine et il faut s'engager à revenir l'année prochaine. J'aime d'ailleurs mieux la France avec moins.

Reçu enfin des nouvelles de la Revue. Je vais écrire pour qu'on vous fasse le service, si c'est possible.

Je renouvelle mes souhaits de mercredi dernier, puisque c'est aujourd'hui le jour de l'an, et je vous embrasse bien des fois tous trois.

Votre Jean.

Ma tante Etiennette a-t-elle reçu mes lettres ? Embrassez-la bien ainsi que l'oncle Auguste.

Madame et Monsieur Giraudoux   Cambridge, 8 janvier 1908
Perception   (Timbres de la poste :
Cusset (Allier)   Boston, Jan. 8, 5-PM, 19 08
France   Mass. Cambridge Station
                            Cusset/Allier 10 15. 19.1.08)

Cambridge, 8 janvier

      Bien chers parents, cher Alex,

Ce n'est pas un grand encouragement à écrire une longue lettre que de n'en avoir pas reçu depuis bientôt vingt jours, si j'en excepte le petit mot de maman. Je commence à être inquiet, car le courrier du Cercle Français arrive très régulièrement par le bateau français qui m'a apporté aussi une lettre de Jacques Toulouse. Mettez vos lettres à la poste le jeudi soir, mais pas plus tôt car elles passent par l'Angleterre ou l'Allemagne et mettent quinze jours à part le courrier de Cherbourg dont je ne sais pas le départ. J'aimerais bien être mis au courant le plus vite possible de ce qui se passe dans la famille, car vous ne pouvez dire que cela manque d'intérêt. Avez-vous reçu des (mot effacé) ? Et répondu ? Et les fiançailles ont-elles eu lieu le 6, comme tout le monde l'espérait ?

J'ai passé cette dernière semaine en air français. J'ai fait samedi dernier un conférence au Salon de Boston, et le succès en fut incontesté. Il y avait 80 dames et deux hommes, deux amis péniblement raccolés pour la circonstance — mais c'est la proportion. Le Président m'invita à dîner pour le soir, une famille française pour le lendemain; et il n'est pas un journal qui ait omis de rendre compte de cette séance mémorable. En plus passage d'un second boursier autour du monde, que j'ai piloté à Harvard; c'était un ancien élève de Lakanal, que je n'avais d'ailleurs pas connu. Il est parti ce matin direction Japon.

Je quitterai bientôt aussi Boston pour une semaine environ. J'ai samedi 18 une conférence à Albany sur les confins du Canada, et je grefferai sur ce voyage mon excursion à Montréal et à Québec, où de bonnes âmes me feront peut-être aussi conférencier. Le service en campagne des cartes postales commencera le 18. J'espère qu'il fera un peu plus froid qu'ici, et que je verrai le Canada sous la neige. Ici, nous n'avons eu qu'une nuit froide, celle d'avant-hier, ce qui m'a permis avec un professeur d'aller patiner. Nous allions sur la glace d'un patin léger, lorsqu'un craquement sinistre se fit entendre et nous aurions été infailliblement perdus si nous n'avions eu la précaution d'avoir choisi un patinoir artificiel où l'eau a environ 10 centimètres de profondeur. Nos semelles furent presque mouillées.

J'ai renoncé à tout voyage à la Nouvelle-Orléans et à Mexico.

J'attends votre lettre avec impatience car je suis sûr que vous
m'avez écrit; mais j'avais eu jusqu'ici la chance qu'aucune ne se
perde, et c'était être trop heureux.

Je vous embrasse mille fois tous trois.

Jean.

Bien des baisers à Vichy. J'espère que ma lettre y est arrivée
à temps.

Madame et Monsieur Giraudoux   *Boston, 15 janvier 1908*
Percepteur   *(Timbre de la poste :*
Cusset (Allier)   *Boston, Mass, Jan. 15*
France   *5 - PM 1908)*

Colonial Club Cambridge
Cambridge Mercredi

      Bien chers parents et cher Alex,

    Les deux dernières lettres sont arrivées presque ensemble et j'ai
rattrapé à les lire le temps et les nouvelles perdues la semaine
dernière. Je suis heureux de plus de voir que tout va assez bien,
santé (car j'espère que la grippe de maman n'a duré qu'un jour)
et que tout va parfaitement, projets. J'ai reçu la photographie, qui
est très bonne, de Mlle Marguerite, qui est très bien. Il est
dommage que ce ne soit pas viré. J'ai bien peur aussi de ne pas
recevoir de nouvelles des fiançailles avant le 25 car je pars samedi
18 pour ma tournée de conférences, ou plutôt de conférence, car
je n'en ai guère qu'une cette première fois. Je vous tiendrai au
courant de tout par cartes postales, et mes lettres de la semaine
prochaine auront peut-être du retard, car je les écrirai sans doute
de Montréal ou de Québec. Je pars les poches pleines de lettres de
recommandation, comme si mon excursion allait durer un mois, et
non une semaine. Je verrai même le Gouverneur Général du
Canada, s'il n'est pas en Angleterre.
    Ci-joint un interview. Un grand bougre s'est présenté chez moi
l'autre matin, et m'a posé quelques questions dont il a trouvé
lui-même les réponses. L'article a paru dans les principaux
journaux de Boston. On voulait ma photographie mais je l'ai
refusée avec énergie. Ça va être pour maman une occasion de se
remettre à la langue des garden-parties.
    A propos de garden-parties, j'ai été hier danser à une réunion
d'étudiants. Mais il n'y avait guère que des étudiants montés en
graine et j'ai prudemment disparu vers 11 heures, non sans avoir
fait mon effet avec une valse que j'ai qualifiée de valse française,

ce qui m'a permis de marcher tout à mon aise sur les pieds de ma danseuse.

Le temps est toujours parfait, à part un jour de vent par semaine. On sort encore sans pardessus. Peu de pluie. Heureusement, mes snowboots ayant éclaté la semaine dernière.

Pas d'embarras monétaires. Je fais ma pelote qui arrivera certainement à 800 ou 900 francs.

Pas d'autres nouvelles de France, à part une carte couverte de signatures et émanant de Morand. Dîner chez deux professeurs de français. Calme.

Soignez-vous bien, ou plutôt portez-vous comme il convient à une famille qui prend au mois d'avril une telle responsabilité, et écrivez-moi longuement. Je serais heureux qu'Alexandre présente mes meilleurs hommages à sa fiancée et aux beaux-parents.

Votre Jean qui vous embrasse fort tous trois.

C'est la première année où je n'ai pas reçu un sou d'étrennes. Mais j'en suis cause.

Bien des baisers à Vichy.

France   *Chutes du Niagara, 20 janvier 1908*
Madame Giraudoux   *(Timbre américain,*
Perception   *non oblitéré.)*
Cusset (Allier)
(Carte postale :
View from Prospect Point -
Both Falls, Niagara Falls, NY.)

Troisième jour de voyage. Avant-hier conférence réussie. Aujourd'hui cataractes. Demain entrée au Canada. Temps superbe. Humeur bonne. Plus que 66 jours d'Amérique. Je m'embarquerai peut-être le 26 mars. Baisers.

France   *Montréal, 26 janvier 1908*
Mme et Monsieur Giraudoux   *(Timbre de la poste :*
Perception   *Montréal, Jan. 26 - B PM 1908*
(Carte postale :
Montréal - Part of Montreal Harbour.)

26 janvier 1908

Je ne connaîtrai décidément pas l'hiver. Il y a ici 8 pieds de neige mais il fait si peu froid qu'on n'en a que les avantages. C'est un professeur de l'Université et le vice-consul qui se sont chargés de me montrer Montréal. Nous l'avons vu en traîneau sous tous ses aspects, et je suis ravi. Tobogans, sports de neige, les rues pleines de traîneaux d'enfants, le fleuve gelé. Je pars dans une heure pour Québec qui est ma dernière étape.

Bien des baisers à tous trois et à Vichy. J'aurai vos deux lettres mardi, date de mon arrivée à Boston.

Jean.

France   *26 ? 28 ? janvier 1908*
Madame Giraudoux   *(Timbre de la poste :*
Perception   *... 13 jan. 26 (?) 08 Canada)*
(Carte postale : Snow Shoeing)

28 Janvier 1908
Meilleurs baisers.

France   *Boston, 29 janvier 1908*
Madame et Monsieur Giraudoux   *(Timbre de la poste :*
Perception   *Boston Jan. 29, 3- PM*
Cusset (Allier)   *19 08 Mass*
                                      Cambridge Station.)

Colonial Club Cambridge

Chère maman, cher père, cher frère,

Je rentre juste à temps de mon voyage, aujourd'hui Mercredi 29 janvier, pour donner un mot à *La Touraine* qui vous l'apportera dans une dizaine de jours, et qui m'amènera presque sûrement dans deux mois. Ces douze jours d'exploration s'étaient passés naturellement dans l'isolement de l'Europe du moins, car j'ai trouvé sur mon passage de bons amis américains, et j'ai été bien heureux de trouver vos deux dernières lettres, celle d'Alexandre et celle de maman, qui m'attendaient, avec quelques autres, sur mon bureau. J'ai ainsi appris les heureuses fiançailles, et je suis très content que tout s'annonce pour le mieux; je tiens moi aussi à jouir de la joie générale le plus tôt possible et n'aurai garde d'arriver en retard. Je voudrais bien savoir aussi ce qui ferait plaisir à Alexandre. Je propose, timidement, les tableaux du salon. Je chercherai moi-même à Paris des gravures du temps et les ferai encadrer dans le style de l'époque. Mais je suis tout prêt aussi à contribuer à l'acquisition de la batterie de cuisine.

Je n'ai pas encore trouvé le froid à mon retour à Boston : il y avait gelé fortement pendant mon absence, 8 ou 9 au-dessous, mais

c'est déjà le dégel. A Québec, tempête de neige des plus agréables;
à Montréal, promenades en traîneau avec le consul (1), qui,
quoiqu'entré (sic) par la petite porte dans les consulats, est extrêmement heureux de son sort et m'engage plus que vivement à
l'imiter et à me presser. Au bout de deux ans de stage, on débute
à 7 000, sans les frais et les indemnités. D'autres part, je crois que
je trouverai aussi à me caser à l'Université de Montréal ou même
à Harvard. Parmi les lettres qui (illisible) les vôtres, l'une me
propose un cours de vacances 5 heures par semaine, 8 semaines,
1 000 francs. Mais c'est l'époque de mon agrégation, et j'ai
naturellement refusé.

Ci-joint un autre extrait de journal pour maman.

J'aurais été heureux de recevoir un mot de mon oncle Auguste.
Mais je sais combien il a à faire vers cette époque, et je patiente
bien gentiment.

Bien des baisers à Vichy à la première occasion.

Merci pour la photographie, virée cette fois, et capable de suppor-
ter nos intempéries.

Et le mariage de Jeanne Blondet ?

Mes vieilles miss m'ont reçu avec enthousiasme après cette
longue séparation. Je les quitte à nouveau le 12 février pour faire
une conférence à Pittsburg. Bien payé. 50 dollars. Mais c'est à
900 kilomètres.

Je vous embrasse tous trois comme je vous aime, et à bientôt,

Jean.

(1) Voir A. Bozon, « J. G. diplomate », in *Cahiers Comoedia-Charpentier*, 1944.

France   *Cambridge, 5 février 1908*
Madame et Monsieur Giraudoux   *(Timbre de la poste :*
Perception   *Boston Feb. 5, 3-PM 19 08*
Cusset (Allier)   *Mass. Cambridge Station*
                                             Moulins/Allier 10 50. 14.2.08)

Colonial Club Cambridge
Mercredi

          Bien chers parents, cher frère,

Je suis heureux de passer maintenant, dans la famille, pour
celui qui sait écrire régulièrement. Je ne me vengerai que par la
générosité de la nouvelle semaine silencieuse qui vient de s'écouler.
Je me dis aussi que si vous êtes occupés à ce point, le temps doit
passer plus vite pour vous. J'en suis maintenant à compter les
semaines. Dans 7 semaines et un jour, selon toutes probabilités, je

m'embarque. Mon départ prématuré a provoqué quelques étonne-
ments, mais, sans parler du grand événement qui en est la raison,
je tiens à rentrer à Paris dès le début d'avril pour prendre avec
mon concours d'agrégation le contact définitif.

Bien heureux des heureuses fiançailles. Il est dommage que je
n'aie plus 12 ans, car j'aurai envoyé mon plus beau discours en
vers. Ne pourriez-vous pas vous refiancer vers le 3 ou 4 avril ?
Je remercie bien maman de la photographie, qui est tout à fait
comme je la désirais.

Ici, le froid est arrivé, mais très supportable. Le vent quelquefois
vous emporte le nez et les oreilles, mais il en restera chez moi
toujours assez. Mon appétit double, ce qui fait doubler mes
dépenses, mais n'élargit ni ma poitrine, ni mon estomac. Je suis
toujours aussi maigre, surtout dans mes habits Brunot, les derniers
étroits que je fasse jamais faire de ma vie. Je reviens peu à peu aux
vues de maman. J'aurai désormais des pantalons de charpentier, et
des épaules américaines. Seules mes chemises, dont la manche
me reste dans la main, ont une agréable ampleur.

J'ai fait samedi dernier une conférence à Portland, par un
ouragan tellement terrible, que toutes les personnes présentes —
elles étaient 10 — avaient été renversées dans la rue. Je reprends
mercredi prochain mes pérégrinations, mais dans le Sud, et dans
la chaleur. Je n'ai qu'une conférence à Pittsburg, mais il est
nécessaire que j'aille à Washington, pour voir l'ambassadeur. Ce
sera encore une semaine d'absence.

Aujourd'hui, première conférence du conférencier Hyde. C'est
le directeur politique du *Temps*. Il est seul ici, et je vais le
peloter. Il est ancien de l'Ecole, et premier secrétaire d'ambassade.

C'est ici l'époque des examens. Tous les pauvres diables trouvent
mortels les trois heures que durent les séances. Il faudrait les
envoyer à l'agrégation. Je suis membre de deux nouveaux clubs,
membre forcé; le 1er, Cosmopolitan Club, pour les membres
étrangers de l'Université, le 2e Delmenico Club, pour les repas.
Nous sommes une dizaine, avec une vieille cuisinière italienne, qui
nous fait un fricot familial. La viande universitaire devenait
immangeable.

Comment vont tante et oncle ? J'ai regretté qu'ils ne puissent
aller à St-Amand.

A bientôt. Mille baisers à tous trois en général et en particulier
à chacun,

                                                    Jean.

France   *Washington, 14 février 1908*
Mme et Monsieur Giraudoux   *(Timbre de la poste :*
Perception   *Washington, D C Fev. 14*
Cusset (Allier)   *10 .... 1908)*
(Carte postale :
Birdseye View from Allegheny,
Pittsburg, Pa.)

Je n'ai pu envoyer jeudi ma lettre habituelle ayant dû partir pour Pittsburg plus tôt que je ne le pensais. Je vous écris du train, entre Pittsburg et Washington, après une bonne journée de fumée et de charbon. Baisers.

Jean.

France   *Washington, 15 février 1908*
Mme et Monsieur Giraudoux   *(Timbre de la poste :*
Perception   *Washington DC - Feb. 15 ...)*
Cusset (Allier)
(Carte postale :
U.S. Post Office - Washington DC)

Samedi 15 février 1908

Bien chers parents, cher Alex,

Bonne journée, que je termine avec vous. Visité Washington avec force lettres recommandations. Présenté à Roosevelt avec lequel j'ai causé quelques minutes, demandes et réponses en français. Déjeuné à l'ambassade. Temps de giboulées superbes. Je pars demain pour Richmond, et lundi je reviens à Philadelphie, où je verrai Miss Carnie.
Mille choses à tous trois et bonjour à Vichy.

Jean.

France   *Richmond, 18 février 1908*
Mme et Monsieur Giraudoux   *(Timbre de la poste :*
Perception   *Richmont, VA - Feb. 18*
Cusset (Allier)   *4 - PM 1908)*
(Carte postale :
Crossing of Three Trunk Lines,
Richmond, Va.)

Mardi 18 février 1908

Point sud extrême de ma campagne. Retour à Cambridge Jeudi où m'attend une lettre de Cusset.

Sans adresse   *Sans oblitération*
(Carte postale :
St-John's Church, Richmond, Va)

Rencontre du vieux guerrier
Le raseur nègre
Lavenue et statu (?).

                                         Mercier (?)

France   *Cambridge, 26 février 1908*
Madame et Monsieur Giraudoux   *(Timbres de la poste :*
Perception   *Boston, Mass FEB 26 10 PM*
Cusset (Allier)   *19 08 - Cambridge Station*
                       Cusset/Allier 8 45. 7.3.08)

Harvard Cosmopolitan Club

    Bien chers parents, cher Alex,

J'ai trouvé une première lettre le jour de mon retour vendredi dernier et le courrier de lundi m'en a apporté une seconde. C'est donc pour moi une bonne semaine. Ces deux-là font d'ailleurs partie de la dernière demi-douzaine. J'ai retenu ma place à New-York, je pars come je vous l'avais dit par La Touraine le 26 mars, ce qui me fait quatre semaines exactement à rester ici; on trouve un peu singulier cet exode prématuré, et certains professeurs me l'ont dit. Mais bien que ces six mois aient été très agréables, il faut que les meilleures choses aient leur fin, surtout quand de « plus meilleures » doivent leur succéder. J'aurais d'ailleurs mieux fait de partir voilà deux mois, époque où les Compagnies Transatlantiques se faisaient la guerre. L'union est revenue, et j'aurai à payer des sommes américaines.

J'ai savouré les nouvelles de Cusset, me suis réjoui du ramasse-miettes, et me casse la tête sur le papier du salon. Ici les murs sont recouverts surtout de toile ou de natte et je ne sais que dire. Un papier uni est toujours très joli. Mais celui que vous choisirez sera très bien. J'ai trouvé dans la lettre de mon oncle la photographie de la maison, qui a grande allure. Quand en prendra-t-on possession, je l'ignore, car vous ne m'avez pas dit la date exacte du mariage.

Ici toujours chaud et toujours la pluie. Il n'y aura décidément pas d'hiver, et je n'en suis pas fâché car mon pardessus, aminci chaque jour, n'aurait pu guère combattre les froids dont j'ai eu l'avant-goût. J'ai passé la soirée de mon arrivée avec le directeur de la politique étrangère du *Temps* (1), et je ne sais quel marquis. Il y a ici toute une pépinière de nobles sans fortune et sans position qui cherchent à se caser en Amérique. Beaucoup y arrivent. D'autres, moins heureux, font des conférences. J'ai manqué en subir une samedi dernier, sur la noblesse pendant la guerre de 1870, mais je me suis excusé. A New York j'ai revu le chirurgien Carrel, avec lequel j'avais fait la traversée. Il gagne plus qu'il ne veut.

Je vous quitte car j'ai, cet après-midi, à surveiller devinez ? La répétition de la pièce française que joue l'Université de jeunes filles. C'est la répétition générale et je suis invité comme critique en dernier ressort. Toutes en travesti. Je ne vais pas m'ennuyer.

J'ai été bien content de lire mon oncle et j'espère que la fatigue **de ma tante et la sienne** sont tout à fait passées. Je vais leur donner bientôt de mes nouvelles officielles.

Bien des baisers.
Félicitations pour M. Ponthenier.

Jean.

(1) Tardieu.

France
Madame et Monsieur Giraudoux
Perception
Cusset (Allier)
14.3.08

Cambridge, 5 mars 1908
(Timbre de la poste :
Boston, Mar. 5, 2-AM
19 08 Mass.
Moulins/Allier 10 50
14.3.08)

5 mars 1908
Harvard Cosmopolitan Club

Bien chers parents, cher frère,

Les lettres arriveront maintenant régulièrement et j'en suis très heureux. Mon impatience à vous revoir augmente chaque semaine, et elle se manifeste extérieurement par une certaine paresse qui ne va pas sans nuire à mon travail. C'est peut-être aussi le printemps. Et voilà que mon arrivée en France est retardée : la Compagnie Transatlantique me refuse le permis, car je ne dois officiellement rentrer qu'au mois de juin. Alors j'ai changé mon itinéraire. Je prends un bateau anglais qui part le 28 mars et me dépose le 13 avril à Gênes (Italie). Son nom est le *Cretic*. Il me coûte moins cher que tout autre, et la traversée qui dure 15 jours (5 jours de plus que sur les autres, ceux du nord) sera beaucoup plus agréable. Je vous enverrai une dépêche de Gênes, pour vous prévenir de mon arrivée.

Je vais écrire cette semaine à mon oncle à propos de bien des choses et de ma jeune décision de faire les consulats. Je suis content de les voir si satisfaits d'Alexandre et de ma future belle-sœur. Tout ira bien, je crois, et pour longtemps.

J'espère que le travail n'est pas pressé au bureau, et que maman peut soigner son pauvre foie par la paresse, si la mère d'un futur « impétrant » peut être paresseuse. Je souhaite aussi que les malades aillent mieux quelque temps. Ici le soleil, et pas le moindre froid. Les Bostoniens sont tués du dédain de l'hiver.

Et le Maroc ? Je n'ai que des nouvelles par brides.

J'ai envoyé ma carte à M. Morand. Merci pour l'indication.

Je vous écris un peu vite, car la peur d'arriver trop tard à dîner chez un professeur me harcèle.

Mille baisers.

Votre Jean.

Le consul de New York qui sera à Paris l'an prochain au ministère est très gentil pour moi. Il m'a envoyé des tas d'indications et des livres.

France
Madame et Monsieur Giraudoux
Perception
Cusset (Allier)

Cambridge, 11 mars 1908
(Timbre de la poste :
Boston Mar. 11, 5-PM, 19 08
Cambridge Station.)

11 mars 1908

Bien chers parents, cher frère,

Vous vous doutez de mon impatience à compter les jours. Plus que dix-sept avant mon départ, et plus que trente-deux avant mon arrivée à Cusset. Je crois que j'ai eu raison de prendre le bateau que je vous indiquais dans ma dernière lettre. Le voyage, qui sera moins cher, sera magnifique. On fait escale aux Açores (1), à Madère, à Gibraltar, à Naples, et à Gênes. En tout quinze jours de route, ce qui me fera arriver avec un retard de huit jours à peu près sur l'horaire fixé. Mais ce demi-mois à bord va me rendre gras comme un moine et, pour le mariage, je ferai de la réclame pour la famille par mon seul aspect. Parlez m'en un peu maintenant. J'ignore sa date, qui vous invitez, si les Bailly en seront; Madame Blondeau a-t-elle accepté ? Autant de problèmes insolubles jus-

---

(1) « Saint-Michel des Açores, porte des Océans, clou d'émeraude qui fixe le grand tapis... » (*Provinciales*, p. 161).

qu'au prochain courrier, qui m'arrivera seulement mardi ou mercredi, car c'est la Bretagne qui l'apporte, et elle met onze ou dix jours du Havre à New York.

La semaine passée n'a pas été désagréable. Les étudiantes d'un collège des environs, le plus grand d'Amérique, m'ont demandé de diriger une ou deux répétitions d'une pièce française qu'elles donnaient. J'ai accepté, me suis tordu les côtes quelques heures à entendre leur charabias, et recevrai sans doute quelque artistique souvenir. J'aurais mieux aimé quelque billet bleu, car mes économies, qui dépasseront juste le chiffre déjà indiqué, n'atteindront pas celui que j'espérais. Je m'amuse et perds mon temps à équilibrer tous les soirs mon budget.

J'ai fait ces derniers temps la connaissance des français ou des françaises enseignant ici. Les femmes sont toutes d'une classe supérieure.Les hommes sont des instituteurs ratés. Mon départ fait bien des envieux. Tous désirent plus ou moins revenir vite. Quelques-uns font des économies. On peut très bien gagner une dizaine de mille francs en leçons. Un nommé Marianges (?) fait au moins 22 000. Mais tous préféreraient gagner 4 000 en France.

Reçu une lettre officielle de Morand m'annonçant le déménagement. Ils vont habiter rue de l'Ecole de Médecine et m'invitent pour tous les soirs, nos quartiers étant maintenant très près. Mon quartier ? Où est-il.

Une lettre aussi des pauvres Toulouse.

Je vous embrasse tous trois comme je vous aime.

Jean.

France   Cambridge, 18 mars 1908
Madame et Monsieur Giraudoux   (Timbre de la poste :
Perception   Boston, Mar. 18-PM 19 08
Cusset (Allier)   Mass. Cambridge Station.)
Mercredi

Harvard Cosmopolitan Club, Cambridge, Massachusetts.

Bien chers parents, cher frère,

J'ai reçu hier par *La Bretagne*, venue sans se presser du Havre, l'avant-dernière lettre, datée du 5 janvier. Dans six jours, j'aurai l'arrière-garde. Puis, le silence pendant quinze jours. La phrase de maman, à propos d'un retour par la Méditerranée me fait penser que mon projet ne vous a pas trop surpris. Je me réjouis. d'avoir pris cette décision, bien qu'elle me fasse arriver de huit jours en retard. Ce sera du temps que je rattraperai vite. Je ne sais si ma tante et mon oncle seront encore à San Salvador quand je débarquerai à Gênes, le 13 avril. Ecrivez-moi poste restante à Naples, vers le 5 ou 6 (j'y serai le 11) et *sans faute* à Gênes, pour que j'aie à mon arrivée quelque chose pour m'attendre. Si tout le monde est rentré à Vichy, je rentre directement par les Alpes et Lyon. Le tour par Marseille est trop coûteux pour ma pauvre bourse.

Je suis bien content de savoir maman un peu mieux, mais j'ai du remords à promener ma santé au soleil qu'il vous faudrait. Etre fatiguée le jour du mariage d'Alex serait d'ailleurs considéré comme incompatibilité d'humeur avec le nouveau ménage. Quelle robe aura maman ? Mon père va acheter des souliers neufs, je les retiens.

Pour rassurer maman, mon bateau est très grand, il a 13 507 tonnes, tandis que La Savoie n'en avait que 11 500; et la ligne White Star n'a pas encore perdu un passager depuis qu'elle existe. C'est sur les prospectus.

J'ai fait hier et avant-hier deux conférences, les dernières — et gratuites, hélas. La première devant un cercle de femmes de chambre françaises, la seconde, à l'Université de Jeunes Filles de Wellesley. On m'a offert un thé et plusieurs dizaines de poignées de main.

Les lettres se font rares. Mais je commence à recevoir des prospectus américains. Liqueurs, places dans des collèges, souliers et tailleurs.

J'ai écrit à St-Amand et aux Toulouse.

A mercredi prochain. Je pars le 20, samedi, et non le 24; et j'ignore toujours la date du mariage. Je ne la saurai qu'en Europe.

Mille baisers.

                                                              Jean.

Poste Restante Naples/Italie,
                 Gênes/Italie.

France   *Boston, 25 mars 1908*
Madame et Monsieur Giraudoux   *(Timbre de la poste :*
Perception   *Boston, Mass. Mar. 25, 6-PM 1908*
Cusset (Allier)   *North Postal Station.*
                                      Cusset/Allier 4.4.08 - 8 45.)

Harvard Cosmopolitan Club
Cambridge, Massachusetts

Bien chers parents, bien cher frère,

Voici mon avant-dernier jour ici, et voici ma dernière lettre. Elle sera courte, car on est pressé, le soir des veillées d'armes. Je cours par l'Université pour avoir des certificats, certifiant que je

n'emporte ni fourchettes, ni lits, ni gymnase. J'ai eu une certaine
tristesse à lire le dernier mot de maman. Je n'étais pas malheureux
ici, et sans la grande joie de vous revoir, je partirais avec moins
d'allégresse.

Denis est à New York avec sa femme qui l'a rejoint à Rio de
Janeiro. J'ai reçu de lui un mot hier. Il va me mettre au bateau.
Un autre ami aussi m'accompagnera, le chirurgien de New York.
Puis quinze ou seize jours sans autres nouvelles que la télégraphie
sans fils. Je répète les détails pour que vous me suiviez, si possible :
White Star Line. Paquebot Cretic. Escales : Açores le 4, Madère
le 6, Gibraltar le 8 ou 9, Naples le 11, Gênes le 13. Je reviendrai
par Marseille sans doute. Ecrivez-moi *sans faute* à Naples et à
Gênes.

Nous aurons beau temps. L'équinoxe est passé.

J'ai juste mille francs d'économie, tous mes frais de voyage
payés, y compris ceux de France et les souliers que j'achèterai à
Gênes.

Je suis bien heureux de partir. A dans vingt jours. La Touraine,
qui ne m'emporte pas, part demain. Elle vous portera cette lettre.

J'ai écrit à tante Etiennette et oncle Auguste. Comment vont-ils ?
Seront-ils encore à San Salvador le 15 avril ? Ecrivez-le moi.

Mille baisers de Jean à vous trois. Bonjour à Lucie.

Jean.

Et je ne sais toujours pas la date du mariage. Pourquoi toujours
l'oublier ?

Que papa et maman viennent m'attendre à Marseille. On ne
change pas de train. Ça me fera 900 francs au lieu de 1 000 et
je serai si heureux.

France
Madame et Monsieur Giraudoux
Perception
Cusset (Allier)

New York, 28 mars 1908
(Timbre de la poste :
New York Nv Sta. C 1908
Mar. 28 12-M
Moulins/Allier 10 50 8.4.08
Cusset/Allier ... 8.4.08)

White Star Line (1)

On board S-S « Cretic »
Samedi 28 mars

Bien chers parents, cher frère,

Me voici à bord. Il est 10 heures et je pars à midi. Tout va
bien. Les adieux se sont faits si vite, et les malles aussi; vous vous
en apercevrez au déballage. Denis et sa femme vont venir me dire

adieu; ils étaient hier à la gare; c'étaient les premiers visages de connaissance depuis mon départ de France, et nous avons passé une bonne soirée. A dans quinze ou dix-huit jours.

Mille baisers,

Jean.

Ecrivez-moi à Gênes, avant le 9 ou le 10.

(1) « Il n'y a rien dans ma tenue qui ne soit digne de la White Star Line » (*Provinciales*, p. 161).

DEUXIÈME PARTIE

DANS LES ÉCLUSES DE LA VIE.

Eternel adolescent, éternel étudiant, éternel voyageur ? Voici maintenant qu'il franchit plusieurs « écluses de la vie » : il entre dans la carrière consulaire et devient fonctionnaire, comme le contrôleur des poids et mesures d'*Intermezzo;* il entre dans la guerre, et il en ressort, deux fois blessé, à jamais marqué; il se marie, romanesquement, et il a un fils, qu'il aime mieux que parternellement.

LETTRES DE L'AVANT-GUERRE, A SES PARENTS.

Bref passage au *Matin* (1908).
Débuts au ministère.
Période militaire reportée de 1911 à 1912.
Voyages avec la valise diplomatique jusqu'à Vienne, jusqu'à Constantinople (voir l'Orient-Express dans *Simon le Pathétique*, pp. 198-204 et dans *Siegfried et le Limousin pp.* 179 et 249).
Le fils sage ose repousser le parti conseillé par sa mère.
Une pensée pour Anne-Marie Toulouse.

Madame Giraudoux   *Paris, 18 août 1908*
Perception - Cours Lafayette   *(Timbre de la poste :*
Cusset (Allier)   *Paris 25 16. 18 8 08 Rue Danton.)*
J. G.

        Bien chers parents,

    Je tardais à vous écrire parce que j'attends toujours le moment de prendre une décision définitive. Vais-je rester au *Matin* ? Je m'aperçois de plus en plus que la stabilité n'est pas le fort de l'Entreprise, ou de l'Entrepreneur, et si je cours 50 chances de m'y faire une situation, je cours les cinquante autres de me retrouver dans cinq ou six ans le bec dans l'eau. J'ai donc bien envie, sans rompre ni rien lâcher, de me rendre de plus en plus indépendant. Je ne voudrais garder ici que la direction des contes et nouvelles qui me prendront à peu près deux heures par jour. Le reste du temps je travaillerai mes consulats, et pourrais donner quelques bonnes leçons. Ça vous va-t-il ?

    Je vais emménager dans quelques jours, et acheter un mobilier sommaire de façon à avoir quelques économies au début de l'année. Le concours des consulats se passant en mai, cela ne fait guère que six mois à passer ici. Faut-il acheter mon sommier et mon matelas à Paris. Que Maman me donne, bien vite, quelques conseils.

    Je vais aller voir un ministre, avant la fin de la semaine, dès que je serai libre le matin.

    Comment allez-vous? Je ne peux pas partir pour Cusset à la veille d'un changement et d'un déménagement. J'aurais pourtant bien eu besoin de deux semaines de calme pour finir mon volume (1) auquel je n'ai pu toucher depuis des mois.

---

(1) *Provinciales.*

Je suis assez seul ici. Mon ami Guillot vit à côté de moi, au même hôtel. Il est à peu près la seule épave de tout l'été.

Mille baisers à partager pour tous. Je vous embrasse tous deux bien des fois.

Jean.

21, bd St-Michel

Et les affaires d'Alexandre ? Le choléra ?

France   *[1911]*
Madame Giraudoux   *(Timbres de la poste :*
Cours Lafayette   *Tzaribrod-Gare 12.1. 911*
Cusset (Allier)   *suite illisible*
(Carte postale :   *Cusset Allier ... 45*
Assemblée des ïounaks à Sophia)   *28. 0 (?) 11)*

De la frontière serbe. Première station où j'ai le temps de descendre et de vous envoyer tous mes baisers à tous, (1)

Giraudoux.

(1) Des différentes cartes relatives à un voyage par l'Orient-Express jusqu'à Constantinople, seule celle-ci est lisiblement datée de 1911. Les autres peuvent aussi bien correspondre au voyage de 1913, comme la carte de Vienne (p. 170) et la lettre à Suzanne (p. 172).

France   *[1911 ?]*
Madame Giraudoux   *(Timbre de la poste :*
Cours Lafayette   *illisible ... Pera)*
Cusset (Allier)
(Carte postale :
Salut de Constantinople.
Mosquée de Sulémanié.)

Baisers,

Jean.

France   *Constantinople* [*1911 ?*]
Madame Giraudoux   *(Timbre de la poste :*
Cours Lafayette   *illisible)*
Cusset (Allier)
(Carte postale :
Constantinople .. *Groupe de femmes*
turques devant une mosquée à Stamboul.)

Les excursions succèdent aux excursions. Je suis allé ce matin avec le bateau jusqu'à la mer Noire. Armé de mon Baedeker, je parcours Stamboul sans guide. C'est extrêmement intéressant, et bien plus oriental que l'Asie. A bientôt. J'espère que vous allez tous bien.

Jean.

France   [*1911 ?*]
Madame Giraudoux   *(Timbre de la poste :*
Cours Lafayette   *illisible.)*
Cusset (Allier)
(Carte postale :
Constantinople .. *ancien quartier*
et bazar turcs à Scutari.)

Mercredi.

J'ai trouvé ce matin la lettre de maman à la poste restante. J'ai été très heureux d'avoir de vos nouvelles. Je pars ce soir, je rentre, je serai à Paris samedi certainement et cette carte va m'accompagner dans le train. Je vais avoir de très agréables compagnons de voyage.

Jean.

Affaires Etrangères   [*Automne 1911 ?*]
Cabinet du Ministre

Chère maman, cher père,

J'attendais toujours pour vous écrire d'avoir mon sursis, exposé que j'étais à rallier mon régiment à tout moment. Je ne l'ai eu qu'aujourd'hui, après un nombre respectable de démarches. J'ai dû passer un conseil de santé, devant un major d'ailleurs prévenu par mon ministère et qui m'a autorisé à demander un sursis de six mois, que le colonel de Roanne a bien été forcé de m'envoyer. Je n'aurais pas été de mon côté trop mécontent d'aller vous voir, mais je préfère rester à Paris en ce moment où il y a beaucoup de travail au ministère, et où tous mes amis rentrent. Je pense prendre une semaine au Jour de l'an. C'est à ce moment que je vous parlerai de Mlle Témoin si vous voulez. J'avais fermé ma lettre par mégarde la dernière fois, avant de dire à maman que j'avais lu sans épouvante la proposition. Sans aucun enthousiasme non plus; je n'ai absolument aucun désir de me marier en ce moment; je tiens aussi à choisir ma femme moi-même, et je suis, malgré toutes les raisons que j'ai de ne pas l'être, excessivement difficile. Je ne suis pas un beau parti pour Mlle T., et elle n'en est pas non plus pour moi. Comme je n'ai pas de raisons spéciales pour avoir pour elle un grande affection, il faut mieux attendre.

Je suis content que M. Blondet ait vendu sa pharmacie. Est-il toujours à (illisible). J'ai rencontré Jean un dimanche, il était reçu à son examen de médecine, et très heureux. Jean Toulouse est venu avec Jacques (?) comme je vous l'ai dit, et j'ai rencontré André dans mon omnibus. Tout est à peu près pareil, pour les santés. Renseignez-moi bien sur les vôtres et sur celle de ce pauvre M. Schelcher. Mon œil ne me fait presque plus mal, je l'ai échappée belle. Avez-vous une photographie d'Anne-Marie, je serai content de la voir.

Je vous embrasse bien tous et j'attends vite une lettre de maman,

Jean Giraudoux.

Madame Giraudoux　　　　　　　*St-Bonnet de Rochefort (Allier),*
Cours Lafayette　　　　　　　　　　　*8 septembre 1912*
Cusset (Allier)　　　　　　*St-Bonnet de Rochefort,*
(Carte postale :　　　　　　　　　*Allier, 8.9.12*
La Creuse Pittoresque　　　　*Cusset Allier, 9.9.12)*
Camp de la Courtine
Paysage à St-Denis (1).)

Chère maman,

Merci de la lettre qui m'a rejoint. J'ai été heureux d'avoir de vos nouvelles. J'espère qu'Alexandre est guéri tout à fait. Je regrette qu'il n'ait pas été avec nous ce matin : nous avons, dans la bataille, fait lever je ne sais combien de lièvres (2). Je ne sais jamais où nous serons le lendemain. Je pense que nous irons mardi à Cusset pour repartir immédiatement et revenir mercredi ! Vive la classe. Demain à Gannat.

Je vous embrasse.

(1) J. G. accomplit une période militaire du 20 août au 11 septembre 1912.
(2) Son frère Alexandre était grand chasseur. Il l'accompagnait volontiers, mais sans arme.

Frankreich　　　　　　　　　　　　　　　　　*Vienne, 7 mai 1913*
Madame Giraudoux　　　　　　　　　　　　*(Timbres de la poste :*
Cours Lafayette　　　　　　　　*Oblitération autrichienne,*
Cusset (Allier)　　　　　　　　　　　　　　　　*illisible.*
(Carte postale :　　　　　　　　　*oblitération française,*
Wien, K. k.Hofburg.)　　　　*Cusset, Allier, 12 30. 7.V.13)*

Mercredi soir.

Tout va bien.

　　　　　　　　　　　　　　　　　　　　　　　　　Jean.

Madame Giraudoux　　　　　　　　*Ste-Enimie (Lozère),*
Cours Lafayette　　　　　　　　　　*18 septembre 1913*
Cusset (Allier)　　　　　　　　*(Timbres de la poste :*
(Carte postale :　　　　　　*Ste Enimie, Lozère 18 45*
Gorges du Tarn　　　　　　　　　　　　　　*18.9.13*
Château de La Caze　　　　　*Cusset, Allier, 7. 20.9.13)*
Salle des Nymphes.)

Arriverai Cusset dans la nuit de dimanche à lundi, vers minuit. Heureux de vous revoir. Vous embrasse.

　　　　　　　　　　　　　　　　　　　　　　　　　Jean.

LETTRES A SUZANNE (1913-1919 et 1937)

Parce que leur ménage s'est peu à peu désuni, on oublie quel grand amour fut celui de Jean et de Suzanne, et quel grand roman d'amour. Peu avant la première guerre mondiale Jean Giraudoux s'est épris d'une jeune femme, grande et blonde, rencontrée chez le peintre Baragnon (1). Suzanne Boland avait été mariée à l'âge de 17 ans, à peine sortie du couvent, au commandant Pineau, autoritaire et brutal. Paul Morand (*J. G.*, p. 83) rappelle qu'au début de l'année 1913, Giraudoux lui « demanda d'être, avec Philippe Berthelot, son témoin dans un duel qui, finalement, n'eut pas lieu mais qui n'en eut pas moins un rôle capital, par ses suites, dans la vie de [son] ami »... Le divorce fut difficile et long à obtenir, ainsi que la garde des enfants, Christian (dit Pilou ou Piou) et Arlette. L'épilogue se fit attendre jusqu'en 1920, année de l'installation — à l'âge de 38 ans — de Jean Giraudoux dans le rôle de mari et de père de famille.

Nos lettres vont d'une confirmation de demande en mariage à la naissance de Jean-Pierre (2). Dès l'avant-guerre, les propos, les pensées sont conjugales — mais la vie n'est pas simple, d'autant moins que Jean Giraudoux et Suzanne ont pour amie cette « belle jeune fille étrangère dont tout le clan naissant de la N.R.F. était épris » (Paul Morand, *J. G.*, p. 43) et pour laquelle Jean Giraudoux avait sangloté d'amour quelques années plus tôt : il s'agissait de la richissime cubaine Lilita Abreu — plus tard Madame Adal Henraux, présentement soupçonnée... d'être lesbienne. En ce printemps 1914, Giraudoux écrit et vit à la fois l'éducation sentimentale de *Simon.*

La guerre efface toute trace de marivaudage et donne à l'amour la force d'une passion exclusive, la guerre, ou plutôt les hôpitaux militaires qui accueillent Jean Giraudoux après sa première blessure (16 septembre 1914), après sa seconde blessure (21 juin 1915). Il aura fait la guerre pour Suzanne, puisque désormais Suzanne c'est l'image de la France (lettre de fin décembre 1914). C'est pour elle qu'il est en mission au Portugal (1916), et pour elle qu'il écrit non seulement ces lettres, mais *Suzanne et le Pacifique.*

(1) Voir André Bourin. « Elle et lui. Chez Madame Jean Giraudoux. » *Les Nouvelles Littéraires*, 16 novembre 1950. En fait, elle était brune, mais décolorée en châtain plus ou moins clair.

(2) Plus la lettre de Sydney, 3 décembre 1937.

à Suzanne Boland-Pineau   *Constantinople, le 10 mai 1913*

Compagnie Internationale des wagons-lits
Pera Palace Hôtel
Constantinople, le samedi 10 mai 1913

Ma chère Pierre, mon cher Suzanne (1),

Je suis presque repentant d'être ici, à ma fenêtre d'où je vois la Corne d'Or, Stamboul, et, sur la droite, vingt collines avec des vallées pleines de mosquées et d'arbres sombres. Je ne laisserai plus jamais mon amie à Paris. Il faudra que vous trouviez un prétexte, la prochaine fois, pour m'accompagner; vous direz que Baragnon organise une croisière. Ma chambre est grande, grande; votre photographie la meuble à peine.

Il est dix heures à peu près; je vous écris à l'heure où j'avais l'habitude de vous téléphoner. Je vous vois très nettement, comme quand je vous téléphone, — grande, sérieuse, blanche. Comment allez-vous ? Aurai-je de vos nouvelles demain dimanche ? Je vous écris après une seule journée de Constantinople, car le courrier part à midi et le prochain, celui de mardi, m'emporte. J'ai déjà eu le temps de revoir Sainte-Sophie — ne soyez pas jalouse, c'est une église —, et d'aller en barque aux eaux douces d'Asie. C'est une longue suite de rivières entrelacées où l'on se promène à travers des prairies, des bosquets; hier était le jour de fête des Turcs, et toutes les Turques étaient assises au bord de l'eau, les visages dévoilés. Beaucoup de beaux yeux et de belles mains. Beaucoup de musiques, de flûtes, de montreurs d'ours, de cavaliers. Je suis revenu au coucher du soleil, toujours en barque et ai dîné avec mes amis de l'ambassade qui m'ont offert un vin d'honneur. Qu'auraient-ils fait, si vous aviez été avec moi ! Je me suis couché un tout petit peu ivre, un tout petit peu triste, un tout petit peu fatigué. Me voici maintenant dispos, gai et fidèle. Je pense à vous. Je suis heureux de vous écrire. Je vais être heureux de retrouver, à la porte de mon hôtel, la petite mendiante de douze ans qui me suit, — car je ne lui donne pas tout de suite pour qu'elle se plaigne en son langage et me regarde avec deux yeux magnifiques et suppliants, — mon guide Moïse, et mon cavas à uniforme d'or. Je vais aller dans les jardins du Serraï, ou voir les cimetières de Scutari. Demain, Eyoub, — à nouveau. Lundi, Tchataloga, sans doute. Mardi, départ pour Constantza, par le Bosphore. Mon voyage dans l'Orient-Express a été amusant; faites-moi penser à vous raconter l'histoire de la petite jeune fille qu'un pensionnat accompagnait à la gare (2), — et des deux chanteuses légères du 42 de

(1) A quelle plaisanterie fait suite cette interpellation ? L'hermaphrodite à deux noms qu'apostrophe Giraudoux est exclusivement femme et sera, sous le seul prénom de Suzanne, sa femme. Voir aussi, p. 180 : « Bonjour à Pierre ».

(2) Voir *Simon le Pathétique*, pp. 198-204.

la rue Rochechouart. L'histoire du Grec aussi qui m'a gagné tout mon argent aux cartes.

Adieu, amie. Pensez un peu à moi : soyez un peu à moi. Parlez-moi; ne gardez pas toutes vos pensées à l'intérieur de vous-même. Je vous aime beaucoup et je me réjouis de n'avoir à quitter que Constantinople pour vous revoir. A lundi. Je vous embrasse. Bonjour aux enfants, à tous. Bonjour à vous.

Jean.

à Suzanne Boland-Pineau   *de Paris*
[à Varengeville (1)]   *[fin de l'été] 1913*
Annotation au crayon : Paris 1913

Ma chère petite amie, il pleut à torrents ! Quel beau temps pour les cygnes et les gens mariés ! Mon désir de l'être avec vous (— marié —) en augmente encore.

J'ai d'ailleurs pris cette semaine — et pas pour cette semaine seulement — une décision définitive. Je n'épouserai qu'une blonde. J'ai en ce moment pour les brunes une terrible aversion; les chèvres, les Huronnes me font moins peur ! Je n'aime pas non plus follement les étrangères en ce moment. Si donc vous connaissez dans vos relations une personne grande, française, avec des yeux clairs et le teint clair — la peau douce naturellement — tâchez de la décider à venir avec moi en Palestine, si j'y vais en janvier. On remet tous les péchés à Jérusalem.

Varengeville (1) doit être délicieux par cette pluie. J'adorerais me promener avec vous dans les bois, en guêtres et tête nue. Comment allez-vous ? Me voilà depuis six jours sans nouvelles. Ce n'est pas, dites, que vous m'avez oublié ?

Je ne vous oublie pas. Je pense à vous à chaque instant et à tout propos. C'est peut-être quand je vous écris — le papier, la plume distraient — que j'y pense le moins profondément. Je laisserai un petit blanc à la fin de ma lettre pour mes vraies et continuelles pensées.

Je vous attends avec beaucoup d'impatience et avec un peu d'appréhension, comme on attend un cadeau. Vous trouverez un ami bien portant au fond, un tout petit peu vieilli, c'est-à-dire un peu plus simple et un peu plus tendre. Cet été d'ailleurs n'a pas été très favorable à quelques-unes de ses affections, qui ont séché sur place, son grand remède, mais celle qu'il a pour vous est prête, si vous l'acceptez, à tenir tout son cœur. Cœur de taille moyenne, bien aménagé !

---

(1) Varangéville, Meurthe-et-Moselle ?

Ma semaine a été tranquille. Avant-hier dîner amusant à Enghien. Hier promenade à Versailles. Voyagé dans l'omnibus avec une grande blonde, française, avec des yeux bleus hypocrites et dévoués. J'ignore si la peau est douce.

Voulez-vous m'embrasser, amie ?

                                                                    Jean.

Le soleil reparaît, mais le désir d'être marié subsiste ! A lundi 9 heures.

à Madame Suzanne Boland
Annotation à l'encre bleue : 1914 (juin) (1)
                                          mardi 12 [mai ? 1914]
                                                    [de Paris]

Abondance d'affection !   Mardi 12

Je n'ose pas trop penser, chère Suzanne, que j'aurais pu avoir le plaisir de vous voir aujourd'hui, je veux penser moins encore au temps qui peut s'écouler avant que je ne vous voie. Quand viendrez-vous ? Rassurez votre ami qui est en ce moment, je crois, tel que vous l'avez parfois souhaité, tendre, gai, très détaché de son corps et très soucieux, amie, de votre petite âme. Jamais je n'ai pensé à vous de façon aussi continue, avec autant de confiance, et cela ne vient pas seulement, je vous assure, de l'éloignement. Je ne vois personne et c'est de vous que je suis le plus près. Ce n'est point non plus la fatigue et la langueur — j'ai joué hier au tennis comme un dieu. C'est que je pense à vous avec toute mon affection, et tout mon cœur, comme un mari. Vous êtes ma femme, n'est-ce pas ?

Je vous écris ce matin du ministère, de mon agréable bureau qui donne sur de grands arbres et des bosquets assez normands. Le bruit des autobus ressemble vaguement, comme chacun le sait, au bruit de la mer. Paris est d'ailleurs délicieux en ce moment. Un air léger, des rues propres, de jolis nuages. Je me promène avec joie après déjeuner et avant dîner. J'ai abandonné les cafés pour les églises, j'ai surtout en ce moment la passion des vitraux. Je retrouve aussi, à Notre-Dame, à Julien (2), et sur les quais, avec quelques souvenirs du moyen âge qui me laissent assez indifférent, quelques souvenirs de l'hiver dernier, sur lesquels je n'insiste pas trop et devant lesquels il est doux de passer comme un étranger. Je n'ai que des amis hommes, je n'ai eu à téléphoner qu'à des hommes et à Yvonne du Mazel (3). Cette vie de moine n'est pas sans agré-

---

(1) *Date.* Il n'y eut pas de mardi 12 en juin 1914. Plutôt mai...
(2) Sans doute Saint-Julien le Pauvre, 5ᵉ arrondissement.
(3) Elevée au même couvent que Suzanne, et son amie pour toujours.

ment. Ma dactylographe elle-même a cédé la place à un petit homme hirsute et hargneux. Je lui fais mille chicanes au sujet de points d'interrogation qu'il s'obstine à remplacer par des points d'exclamation. C'est un lyrique, comme moi.

Mon roman (4) marche à pas de géants — un pas, une page à peu près par jour. J'ai baptisé mon héroïne : De Laure, je l'ai appelée Anne. Je la fais moins parfaite. Je l'aime mieux.

Tout le monde au ministère se joint à moi pour regretter, aujourd'hui, votre absence de Paris. A bientôt, chère Suzanne, ne m'oubliez pas. Vous êtes la seule personne au monde dont je souhaite des cartes postales.

J.

P.S. J'oubliais, ma petite Suzanne, de vous embrasser.

(4) *Simon le Pathétique.*

à Madame Suzanne Boland
Annotation au crayon : 1914   *Samedi 16 [mai 1914 ?]*
                                                  [de Paris]
Samedi 16.

J'étrenne une plume pour vous, chère Suzanne, et il ne reste rien à mon porte-plume de la littérature de Simon (1), que je laisse aujourd'hui se débattre entre l'amour et le silence. Heureux quelquefois ceux qui parlent. Heureux en tout cas, mon amie, ceux qui reçoivent des lettres écrites pendant que la sirène mugit ! J'ai passé hier une journée vraiment délicieuse, Suzanne, et je ne sais comment vous en remercier. J'ai lu votre lettre avec une joie que le sentiment de mériter une confiance aussi douce augmentait encore un peu. Malgré la belle nuit, je me suis endormi dans vos bras. Le réveil a été plus pénible... Cela ne va t-il pas trop vous changer, amie, de retrouver à la place du vice-consul ardent, du vice-ami distrait que vous avez laissé, un compagnon affectueux et soumis ? Vichy pourtant jusqu'à ce jour n'était réputé que pour les cures du foie.

Ma lettre en poche, je me suis dirigé hier vers St-Cloud, entraîné par le seul pensionnaire trouvé à ma pension au théâtre de verdure. Le théâtre était fermé, mais la verdure ouverte, et nous en avons profité. Je suis allé jusqu'au Parc que je n'avais point vu depuis (c'était la tradition) mon examen de l'Ecole Normale. Nous sommes revenus par le bateau. J'ai eu un souvenir un peu trop vif en apercevant à la terrasse de la Pêche miraculeuse le garçon Adrien.

(1) *Simon le Pathétique.*

Dîner lent, et coucher rapide, après une visite à votre photographie, qui ne change pas.

Tout cela ne signifie pas que le temps passe vite Suzanne. Il passe très lentement. Il y a aujourd'hui un mois, un mois seulement, que je ne vous ai vue ! Si encore je pouvais vous entendre, cette semaine. Voulez-vous être assez gentille pour essayer encore de me téléphoner, et vous enfermer dans votre Phare ? Si vous le voulez, je serai au ministère Lundi de 3 à 5. Un petit mot, pour m'avertir.

A quand ?

J.

à Madame Suzanne Boland

[de Cusset]

mercredi [22 ? juillet 1914]

CASINO DE L'ETABLISSEMENT THERMAL DE VICHY.

Mercredi

Chère Suzanne, ma lettre d'hier va donc vous poursuivre de Perros-Guirec à Paris, où je suis content de vous savoir revenue. Ce n'est pas qu'il y ait encore du danger — je crois que la situation, si elle doit se compliquer, se compliquera dans une semaine ou deux, et alors je serai près de vous — mais on est si perdu et si abandonné en province que la solitude à Paris donne vraiment plus de courage, et vous saurez du moins rue Belloni où nous en sommes par les éditions spéciales. A moins d'extraordinaire, c'est-à-dire de guerre (1) je ne rentrerai à Paris que de lundi en huit. Ce sera pour moi dix jours très longs et, sans ma mère, je serais déjà près de vous.

De toutes façons, chère amie, ne soyez pas trop inquiète. Tout peut très bien s'arranger encore. A mon ministère on n'est pas très pessimiste. Mais si l'Allemagne veut la guerre, elle l'aura; et j'espère qu'elle aura aussi la pile. Les Anglais marchent avec nous et Pilou (2) aurait pour ses étrennes l'Alsace et la Lorraine.

Je vous écris accompagné toujours par le bruit de la pluie, et par les bavardages de dames de Béziers qui réprouvent l'acquittement de Madame Caillaux. Moi j'en suis assez partisan, si l'on

(1) *Date.* Le *mercredi* 15 juillet, J. G. était à Paris, et il établissait avec les Morand le code secret qui leur permettrait de correspondre en cas de guerre malgré la censure. Le *mercredi* 29, on savait que l'Autriche avait déclaré la guerre à la Serbie.
(2) Diminutif de Christian Pineau, fils aîné de Suzanne et futur ministre des Affaires étrangères (1956-1957).

avait condamné son mari. Je crois d'ailleurs qu'il l'est par les
médecins. C'est une petite revanche pour M. Chenu.

A demain, amie qui avez peur de la Bretagne. A l'autre lundi
surtout. J'arriverai dans la nuit et nous déjeunerons ensemble.

Votre ami qui vous aime et pense à vous.

Jean.

(3) Bouleversée par la campagne de presse qu'il menait contre son mari dans
le *Figaro* à partir de lettres qu'elle avait reçues avant leur mariage, Mme Caillaux
tirait cinq balles de revolver sur Gaston Calmette, et le tuait, le 16 mars 1914.
La droite exploita l'incident comme un signe de ce qui se passait « dans le
cloaque » (Maurice Barrès) de la République. Les passions soulevées par le
procès et l'acquittement final ne furent couverts que par la déclaration de
guerre. On se souvient que J. G. connaissait et Caillaux (lettre de la mi-juillet 1905, p. 27 et n. 1) et Calmette (lettre du 21 septembre 1907, p. 119 et n. 3).

Cusset, vendredi [*31 juillet 1914*]
à Madame Pineau, 4 rue Belloni, Paris,
Carte-Lettre - timbre de la poste : Cusset, Allier, 31.7.14

Vendredi

Encore rien de définitif, mon amie (1). Si tout cela ne s'améliore
pas, je partirai. Vous recevrez un télégramme vous disant l'heure
d'arrivée de mon train. Ce serait pour dimanche ou lundi.

J'espère un petit mot de vous demain matin. Je vous voudrais
un peu rassurée — sur ma mort au champ de bataille et sur mon
affection.

Je vous embrasse, mon amie.
Bonjour à Paris, à la robe bleue ou au c.c.y.
Et votre santé ?

(1) A cette date, seule est intervenue la déclaration de guerre de l'Autriche
à la Serbie.

à Suzanne Boland-Pineau   *Roanne [début janv. 1915]*
Annotation : avant la Marne. 1914

GRAND HOTEL DU COMMERCE
J. MONTILLIERS
ROANNE

Chambres Touring Club
Chauffage Central
Hydrothérapie
Garage dans l'Hôtel
Electricité

Rien ne m'est rien à part maman et vous. La guerre oblige à
ne porter que le nécessaire. De vous deux seules j'ai besoin. Croyez
à mon honnêteté, Suzanne. Croyez que si vous me laissez aujour-
d'hui, sous la porte de cette année (1) où tant mourront, vous me
laissez seul, sans l'ombre, sans le projet, sans l'espoir surtout d'un
flirt, avec le dégoût de tout ce qui n'est pas pureté d'amitié et
d'amour. Tous ces mouvements de douce et superficielle tromperie
auxquels vous-même pardonnez, je ne les connais plus. Je me
reproche de n'avoir pas saisi chaque minute passée avec toi comme
la dernière et c'est tout.

Restez mon alliée, Suzanne. Je veux, quand je partirai pour la
seconde fois, que mon pays pour moi prenne une forme, comme
au mois d'août. Je veux défendre une France grande et brune,
tendre et changeante, avec des yeux bleus. Asseyez-vous, ma suzanne
aimée. Donnez-moi votre main, écoutez-moi, laissez-moi vous raconter ma journée et dès maintenant, du moins, éclairer un peu une
matinée et une soirée si tristes. Mes bleus (2) acceptent vos amitiés
et comme bleu, comme exilé, je n'en refuse pas ma part. Ils m'aiment et m'obéissent mieux qu'à personne. Ce sont des enfants qui
pleurent encore, qui pleurent quand ils ont mal aux dents, quand
le pas gymnastique dure trop, quand ils reçoivent au réfectoire une
dépêche annonçant une mort. On recommence à croire avec eux
qu'il est naturel de pleurer. Nous avons défilé dans la cour au
son des tambours, félicités par le Commandant, semoncés par l'adjudant — car les adjudants eux aussi, depuis le 1ᵉʳ janvier (1), me
persécutent. Puis manœuvre et service en campagne, ce soir, près
de la Loire. Pendant une pause, un petit Marseillais, brun, grand,
fin, un petit tonnelier, est venu s'asseoir près de mon talus et s'est
plaint doucement à moi de n'être plus avec ses frères, avec ses
sœurs. Nous avons partagé une pomme. Rentrée. Vaccin contre la
typhoïde, je n'allais pas bien, le major n'a pas voulu de moi.
Jusqu'à cinq heures j'ai soigné un sergent de ma chambre qui est

(1) *Date :* « Sous la porte de cette année » donc autour du 1ᵉʳ janvier.
(2) Nouvelles recrues du régiment.

tombé malade. Puis je suis sorti avec mon adjudant — vous voyez qu'on se réconcilie — qui m'a escorté jusqu'à l'hôtel en me disant qu'au fond j'étais un sergent suffisant. Voilà ma journée.

Ce soir, demain et toujours, j'attends votre lettre amie. Je ne regarderai votre photographie que quand elle sera arrivée. Je me sens incapable de la regarder sans larmes.

Je ne compte point sur mes dépêches, sur mes lettres pour me ramener à vous... Je sens qu'un courant m'emporte... Je me défends en criant un peu trop à l'aide, si loin du bord ! Que Piou (3) me protège et le fantôme de l'enfant généreux que j'étais à son âge.

Je vous aime !

Jean Giraudoux.

(3) Christian, fils de Suzanne.

à Suzanne Boland-Pineau   *1er février* [1915]
                                             [*de Pau ?*]

Vendredi 1er Février

J'ai été angoissé hier d'apprendre le raid et d'être sans nouvelles ! Je venais justement de t'envoyer un télégramme au hasard, pour te dire de ne pas m'oublier, quand j'ai su par un employé de la poste que les Gothas étaient venus et j'ai remis une autre dépêche. Naturellement tu n'as pas répondu. Mais il me semble d'après l'itinéraire esquissé par les journaux que ma chère petite amie n'est pas morte, et j'ai tellement l'assurance de te revoir que je t'écris. J'espère avoir un mot de toi ce soir. Tu me laisses vraiment bien seul; les hommes ne sont soignés et aimés que s'ils geignent et se lamentent. Une seule chose en ce moment m'intéresse, toi, et Paris parce que tu y es. C'était toi que les Boches ont attaqué Mercredi, et je me suis dégoûté d'être ici. Aime-moi, Suzon; je serai près de toi avant le 15; il me semble cette fois que c'est toi qui vas revenir d'un grand voyage. J'attends ton retour avec plus d'impatience que jamais, oh jamais, tu ne m'as attendu !

J'ai eu ce matin ta lettre de Mardi, après ton déjeuner avec L. (1) Je suis heureux qu'elle soit gentille en ce moment et bonne amie, mais je te conjure de ne pas flirter. Surtout ne l'embrasse pas. J'ai pour elle, tu as contribué d'ailleurs à développer cela, une telle répulsion physique, que l'idée de toi l'effleurant me fait de la peine. Sois une petite femme chaste et pure. Je serais désolé aussi de n'avoir plus pour L. l'immense amitié que j'ai. Je serai avec toi cette année, du moins je l'espère, pour tous ces jours inquiets et si

(1) Lilita Abreu.

beaux du printemps (2). Réserve-moi tes premières pensées tendres
de l'année. Pour les autres, je m'arrangerai. Pau (2) est chaud, mais
sans effluves; pas de fleurs, pas cette odeur qui à Paris même vous
alanguit en Février (2), et je t'arriverai avec une année vierge.

Ici je vois Pierre (3) à peu près tous les soirs. Je déjeune maintenant à l'hôpital, d'une purée, — car je suis un peu fatigué (4)
chaque matin; l'après-midi à 3 heures je me promène. A 6 heures
je passe voir si Riri et Pierre sont dans leur chambre — ils arrivent à peu près à 6 heures, en fraude, et hier j'ai dîné avec eux dans
leur chambre. Coucher à 9. Son mariage paraît-il est complètement
cassé, et ils ont l'air de s'adorer. Je les reverrai demain et dînerai
peut-être avec eux.

Mon travail a marché mal ces jours-ci, car j'étais paresseux et
ce nouveau voisin de lit chante sans arrêt La Tosca. Tu n'as pas
l'air pressée de recevoir mon manuscrit (5) et j'en suis très humi-
lié. Ni de faire avec moi un roman par lettres, Suzon !

Je t'aime. Je te serre sur mon cœur (ce n'est pas que je finis ma
lettre, mais je t'aime trop).

Je t'envoie un article fait sur moi par le mari de Madeleine de
Pierrebourg, qu'on m'a fait copier sur un journal, je ne sais
lequel. Ne me le perds pas, je voudrais l'envoyer à maman.

Petite Suzanne chérie, il y a trois semaines aujourd'hui (Vendredi, après le déjeuner Yvonne) (6) que j'ai osé te prendre dans
mes bras. Pas une minute cela ne sort de ma pensée, — et, Suzon
chérie, j'y pense, j'y pense !

Ton Jean.

Naturellement, bonjour à Pierre.

(2) *Date :* Après sa blessure dans l'Aisne (16 septembre 1914), Jean Giraudoux a été soigné, d'hôpital en hôpital, à Fougères, Bordeaux (d'où il écrivait
encore à Paul Morand le 5 novembre) et Pau, d'où il regagna le dépôt de son
régiment à Roanne avant Noël (Lettre de V. Larbaud à Gide du 15 janvier
1915). Nous somme en février, rêvant de printemps... printemps 1915. Il
faut supposer qu'après son retour prématuré au dépôt, J.G. a été renvoyé
(via Paris) à l'hôpital de Pau.

(3) Pierre Abreu, peut-être, qui allait, au titre de la Croix-Rouge, d'hôpital
en hôpital, voir ses amis ?

(4) Allusion pudique à une entérite persistante.

(5) S'agit-il encore de *Simon* ou déjà du *Retour d'Alsace ?*

(6) Traduisons : le déjeuner chez Yvonne du Mazel.

à Suzanne Boland-Pineau

SOCIETE FRANÇAISE DE SECOURS
AUX BLESSES MILITAIRES
MONT DES OISEAUX - HYERES

Hyères, [fin juin - début juillet 1915]

Mon petit Suzon,

Je ne suis plus qu'à mille kilomètres de toi. J'ai attrapé une balle de shrapnell dans l'épaule gauche et, après le supplice d'un bateau-hôpital pendant huit jours j'ai débarqué à Toulon et de là on m'a fait monter au Mont-des-Oiseaux, hôpital pour officiers. C'est très bien, — loin de tout mais très bien, au milieu d'un immense parc, avec une belle vue, une belle chambre, et tout serait bien, sans justement ces officiers. Je suis là pour quelques semaines sans doute, on va m'extraire la balle — puis viendra notre convalescence.

Quand je saurai où t'atteindre et te trouver, mon Suzon, je te raconterai ma guerre là-bas et surtout le dernier jour, qui a eu à la fois toutes les plus grandes beautés et horreurs de la guerre. En ce moment je m'oriente vers toi, je te cherche, je crie à l'écho : Où es-tu, Suzanne ?

Comment vont les enfants ? Voilà le mois de juillet (1) ! Tu avais raison de dire que nous ne serions jamais séparés plus d'un mois. Et Paris ? il me semble si loin aussi de cette côte où le Duguay-Trouin(2) m'a jeté !

J'agite cette lettre pour que tu aperçoives ton naufragé.

Je t'aime, Suzanne.

(1) « Juillet » : d'où la date. « Jamais séparés plus d'un mois » : Giraudoux s'était embarqué en mai pour les Dardanelles. Blessé le 21 juin, il était rapatrié, « après le supplice d'un bateau - hôpital pendant huit jours », à la fin juin.
(2) Nom du navire - hôpital.

à Suzanne Boland-Pineau

SOCIETE FRANÇAISE DE SECOURS
AUX BLESSES MILITAIRES
MONT DES OISEAUX - HYERES (VAR)

Hyères, le 5 août [1915]

Suzon, je suis bien étonné que tu n'aies pas reçu mes lettres. Tu dois les avoir maintenant n'est-ce pas et je t'ai rejoint à Amilly. J'aurais bien besoin d'y être aussi avec moi-même, tu me soignerais.

Mon estomac ne va pas, c'est comme à Paris, et je perds encore des maigres avantages de la guerre et ma mante (?) m'ont laissés. Je pense que c'est passager et que je vais me remettre à engraisser dès que je saurai la date de mon départ. Ce sera dans dix ou quinze jours sans doute. D'ici là je jouerai au croquet, au bridge, puisqu'il ne naît aucun petit veau dans la maison et que toute autre distraction doit être cherchée à Toulon, lieu dangereux.

Tu as vu que tous les journaux étaient pleins de ma gloire. A leur page la plus cachée, parmi les mille mots écrits en caractères minuscules, tu aurais pu, après quelques recherches, découvrir mon nom. Nous sommes quatre décorés du régiment. Songe, Suzon, songe que les journaux arrivent jusqu'aux bataillons de chasseurs. Songe aussi que j'ai désormais 230 francs de route. Me voici à l'abri de tout besoin. Quelle vie nous mènerons une fois à Paris. Quel dommage que je ne sois pas avec toi, nous irions nous étendre sur l'herbe, le rouge fait si bien sur le vert !

Je continue à lire Balzac, qui me ravit. Quelle joie c'est d'avoir peu lu dans sa jeunesse et de trouver nouveaux le Père Goriot ou Eugénie Grandet ! Rien ne pourra te plaire davantage si tu lis un peu. Il y a bien à Montargis quelque bureau de lecture. Puise du Balzac à pleins volumes. Tout Balzac d'ailleurs est rempli de toi et de ton éloge. Je ne parle pas de la Cousine Bette, qui est un brigand, ni de Vautrin, ni de la belle Malaga.

Je vais avoir la visite d'une jeune veuve, la sœur de notre amie Marie Superville qui était venue me voir à Bordeaux. Elle est à Menton, je crois, et viendra avec son fils. Je t'écrirai les détails. Une sœur par hôpital.

Papa est toujours très fatigué. Il y a des hauts, des bas. Il est heureux de me voir décoré, car tout Cusset en parle. Est-ce que les parents ont le droit de porter les croix des fils à la guerre ? Mon frère espère revenir le voir un de ces jours.

Je t'embrasse, Suzanne chérie, et je t'aime.

Jean.

Bonjour à Piou, K et ta nourrice.

à Suzanne Boland-Pineau   *Lisbonne* (1), *le 5* [*novembre ? 1916*]

COMPAGNIE INTERNATIONALE DES WAGONS-LITS AVENIDA PALACE HOTEL - LISBONNE

Encore rien de neuf, mais la valise arrive ce soir et peut-être apportera-t-elle la réponse attendue. Toujours très beau mais toujours loin, loin ! Je vais faire un roman sur toi, sur Arles, Salon.

(1) *Date :* Giraudoux était en mission diplomatico-militaire à Lisbonne du début de septembre au milieu de novembre 1916.

Gallipoli et le Portugal. Il s'appellera Lydia (2). C'est ton nom. On y verra une femme nue prise soudain de tous les appétits. C'est toi. On y verra aussi — c'est moi — un petit ami transi et tendre.

Je joins à ma lettre une ou deux cartes postales prises à Coimbra, dont je te parlais l'autre jour, et où j'aurais voulu être avec toi. Pour le singe, on me dit qu'il mourrait à Paris, surtout en l'y apportant l'hiver, à moins que je ne prenne une vieille guenon qui s'est obstinée à me montrer le contraire de sa tête et c'était très laid.

Je viens de recevoir *le Matin* et je lis les deux feuilletons. C'est la seule façon qui me soit permise ici d'éprouver tes émotions. Eprouves-tu les miennes, mon amie chérie, et penses-tu à la joie de se retrouver ? N'es-tu pas trop seule maintenant que Piou va en classe, et l'accompagnes-tu le matin à 8 heures jusqu'à son école ?

Et pourras-tu le vendre huit jours, — dans huit jours j'espère ?

Ton Jean qui t'aime.

(2) « Sur Arles ,Salon, Gallipoli », Giraudoux n'a écrit que le *Carnet des Dardanelles*, qui n'est pas une œuvre et les treize pages de « Dardanelles », dans *Adorable Clio*, qui n'est pas un roman... A moins que *Lydia* ne soit devenue la Suzanne de *Suzanne le Pacifique*, née, à en croire l'une des deux préfaces (*Or dans la nuit*, p. 84), de l'univers sans femme des Dardanelles (voir notre introduction au *Carnet des Dardanelles*, p. 21 sqq).

à Madame Giraudoux   [*Paris, 29 décembre 1919*] (1)
PNEUMATIQUE - *timbre de la poste :*
Paris XIV Distributions 30.12.19

Ma petite Suzanne chérie, je pense à toi avec tant d'émoi !

Que cette nuit va me sembler longue ! Pourvu que tu ne souffres pas trop !

Vais-je pouvoir te voir demain, oui, n'est-ce pas ?

Tous les baisers de ton Jean.

Lilita te faisait dire qu'elle voulait passer le dîner du 31 avec toi. Je vais lui téléphoner.

(1) Ce jour-là, Suzanne mit au monde Jean-Pierre, fils de Jean Giraudoux. Et Jean dîna avec Lilita. Ce que Suzanne ne pardonna pas.

à Suzanne Giraudoux

Sydney, 3 décembre 1937 (1)

THE AUSTRALIA HOTEL

Chère Suzanne, j'ai été bien heureux de tes lettres, et elles ont été mon réconfort au débarqué de ce voyage de plus de quatre semaines plein d'escales plus ou moins longues et où j'ai fait enfin connaissance de ces îles et de ces sauvages que j'ai soigneusement décrits dans mes livres (2). Ils sont exactement ce que je les croyais, une seule île plus belle, un seul sauvage mieux. La population du bateau était par contre sans pittoresque, et bien différente de la population New-York-Paris. Mes matches avec Job (3) ont été les seuls événements notables, je l'ai battu au ping-pong en cent parties, et nous avons fait match nul aux échecs, en trente parties. Mais la mer était superbe, souvent agitée, les paysages admirables et c'était déjà beaucoup. La Nouvelle-Zélande est un pays ravissant, comme l'Auvergne et le Limousin, mais avec des lacs, des glaciers, et des vallées de geysers bien extraordinaires. Ici nous sommes dans une ville de près de deux millions d'habitants qui se préparent activement à fêter Noël dans la canicule. Je t'écris pendant qu'une magnifique musique militaire en rouge vif joue sous mes fenêtres le Danube bleu et la Berceuse de Benjamin Godard. Nous serons obligés de rester en Australie, et nous avons d'ailleurs à voir Canberra et Melbourne, jusqu'au 22, car il n'y a pas d'autre bateau auparavant pour Batavia. Nous serons là le 9 ou le 10 jusqu'au 15, je t'enverrai d'ailleurs d'ici quelques jours les dates exactes. L'avion part ce soir et je ne veux pas rater le courrier. Je n'ai aucune nouvelle d'Amérique (4). Par ton compte en banque, tu dois savoir si la pièce marche. Tu as eu raison de payer les impôts, mais n'oublie pas l'auto future, et mes quinze pour cent sur mes revenus de l'Athénée. Mes vêtements sont déjà bien compromis, mes valises en mauvais état, j'aurai à me remonter à l'arrivée. Je voudrais aussi t'offrir tes cadeaux de Noël : prends pour toi trois mille francs, en attendant que je puisse savoir où j'en suis, achète-toi un objet (sac ou vêtement), offre de ma part une jolie robe de chambre à Jean-Pierre, dont je n'ai pas de lettre; et fais pour le mieux avec Christian, Sylvie (5) et les enfants. Que Sylvie surtout soit contente. A bientôt. Merci pour tes lettres. Je les aime comme cela. Tendresses.

Jean.

---

(1) Jean Giraudoux, en mission d'inspection des postes diplomatiques et consulaires, séjourna à Sydney du 3 au 22 décembre 1937 (voir p. 251).

(2) *Le Supplément au voyage de Cook* fut créé le 21 novembre 1935.

(3) Inspecteur des postes diplomatiques et consulaires, adjoint et compagnon de Giraudoux.

(4) On joue *Amphitryon 38* à New York.

(5) Fille d'Arlette, morte en 1933.

Ecris à Batavia par avion. Tu as tout le temps. Renseigne-moi sur l'Athénée (5). Reprends Puck (6) le plus que tu pourras.

(5) Après avoir joué *Electre*, Jouvet créait, le 4 décembre, *L'Impromptu de Paris* en lever de rideau de *la Guerre de Troie n'aura pas lieu* (reprise).
(6) Le caniche bien-aimé, qu'on a dû mettre en pension.

Lettre à une infirmière   *(14 février 1915)*

Après sa blessure du 16 septembre 1916, Giraudoux fut évacué sur l'hôpital de Fougères, où il fut fort mal soigné par un médecin incompétent et fort bien cajolé par les infirmières si l'on en croit cette lettre. Reste à savoir comment cette lettre a pu revenir dans les papiers de la famille Giraudoux, et si l'infirmière destinataire n'est pas quelque Suzanne déguisée.

Jean Giraudoux
à

> *(Trois cartes postales :*
> *— Moulins — l'ancien château*
> *des Ducs de Bourbon*
> *— Moulins — Vue panoramique*
> *prise d'Izeure*
> *— « Prise d'un drapeau allemand*
> *(dessin) 1914. Pour ce*
> *haut fait d'armes, le*
> *drapeau du 298ᵉ fut décoré*
> *de la Légion d'Honneur »)*

(1ʳᵉ carte)

Moulins, 14 Février

Chère Madame,

C'est un inconnu qui vous écrit, car je ne puis croire que vous ne m'avez oublié. Je suis le sergent du 298 qui vous aimait et qui habitait à côté du gros caporal. Il n'est pas de jours — et cela fait cent jours depuis que j'ai quitté l'hôpital — où je n'aie pensé à mes infirmières et à Fougères avec infiniment de gratitude et de plaisir. Depuis déjà...

Bonjour à Marie, s'il vous plaît. Je vis encore sur la bonne mine qu'elle m'a donnée.

(2ᵉ carte)

... longtemps se mêlait à cette reconnaissance la désagréable impression de passer pour ingrat et je profite de ces dix minutes, dans ce buffet de gare désert, pour vous envoyer tous mes plus respectueux souvenirs puisque. les jours de loisir, je me contente de penser à vous. Depuis mon départ, je n'ai d'ailleurs guère été en repos. Vingt jours de lit à Bordeaux, après ouverture de mon flanc, une inflammation s'annonçant — je ne l'ai pas écrit au Dr Chapon, ne le lui dites pas !). Convalescence à Bordeaux toujours, pas à Paris. Un peu boîteux, j'ai commencé à ...

(3ᵉ carte)

... instruire la classe 1915 que j'ai quittée hier pour aller voir du côté de Soissons où est mon régiment. J'espère le retrouver à la place à peu près où je l'abandonnai le 16 septembre : je dois revenir à Roanne dans une quinzaine et tâcherai de vous donner alors de vraies nouvelles. Je me réjouis d'entendre à nouveau le canon.

J'ai rencontré à Bordeaux votre petit colonial. Il est gentil et vous vénère.

Rappelez-moi au souvenir de Jean et de Juliette, qui sont des amours, de Madame Alliaune, qui était si gentille, et ayez je vous en prie la gentillesse de croire, malgré mon silence profond, à mon profond dévouement.

Sergent Jean Giraudoux
29ᵉ Cie - 298ᵉ
Roanne - Loire.

TROISIÈME PARTIE

CORRESPONDANCES LITTÉRAIRES

ENTRE GIDE ET CHARLES-LOUIS PHILIPPE
Quatre lettres à Gide et une lettre à Ch.-L. Philippe

> « Vous séparez les gens par nationalités, tandis que je les sépare par classes. Différent de la bourgeoisie, je me sens par contre en union avec les travailleurs de toutes les nations.

> (CHARLES-LOUIS PHILIPPE).

Paris a des emballements de grande coquette. Lorsqu'un habitant de Cérilly, sur la tombe de Charles-Louis Philippe, prononça un discours naïf, modeste et apitoyé, les Parisiens venus avec le mort murmuraient : « Il en fait un raté ! » et Gide, un instant, hésita à s'avancer à son tour devant la tombe « pour dire qu'il n'appartient qu'à Cérilly de parler aussi humblement de Philippe; que vu de Paris Philippe nous apparaît très grand... » (1). Qui veille aujourd'hui sur la mémoire de Charles-Louis Philippe, sinon une poignée d'écrivains régionalistes, amis modestes et fidèles que le temps renouvelle, jadis Emile Guillaumin (2), naguère François Talva ? Avec le recul, impossible de ne pas faire deux parts de tous ceux qui se succédaient au chevet de l'écrivain mort : d'un côté les Parisiens, de l'autre les hommes de son village. Dieu sait pourtant qu'il passa du monde dans la clinique Velpeau, rue de La Chaise à Paris, où le Dr Faure, chirurgien du lieu et frère d'Elie, historien de l'art, avait fait admettre son ami Philippe. Une fièvre typhoïde s'était ajoutée à la syphilis, puis une méningite à la fièvre typhoïde — car seule « l'alliance de trois affections terribles » (3) put ébranler le petit homme râblé, presque difforme mais solide —, et il fallait le mettre au régime des bains froids, chose impraticable dans son petit logement du quai Bourbon. L'alerte fut donnée par cette couturière devenue écrivain lorsque sa mauvaise vue lui interdit de coudre,

---

(1) Gide, « Journal sans dates », *N.R.F.*, 15 février 1910, repris in *Nouveaux Prétextes*, Mercure de France, 1911, 329 p., in-8°, p. 204.

(2) Sur E. Guillaumin, voir R. Mathé, *E. Gullaumin, L'Homme de la terre et l'Homme de lettres*, Nizet, 1966.

(3) Jean Giraudoux, « A propos de Charles-Louis Philippe », *N.R.F.*, 1er octobre 1937, p. 545.

qui s'appelait Marguerite Audoux (3bis). Elle écrivit à Gide, qui sut par Francis Jourdain où retrouver Philippe et de bouche à oreille, par lettre ou par dépêche, chacun fut alerté et accourut, et témoigna plus d'une fois d'un vrai chagrin malgré ce qu'en dit cette mauvaise langue de Léautaud *(Passe-Temps)*, lui-même « très pâle dans sa barbe noire » et qui « ravale son émotion » (4); malgré les cris trop étudiés de Gide — « Non ! non, ce n'était pas la même chose... Cette fois, celui qui disparaît, c'est un vrai »... Car tous n'étaient pas venus la plume à la main et préparant déjà l'article nécrologique que leur avait commandé leur directeur de revue.

A relire leurs textes, on s'étonne du branle-bas de combat qui sonna dans les bureaux de rédaction, au *Mercure* comme à la *N.R.F.*, à la mort de Philippe. Faut-il nommer tous ceux soudain émus, non seulement Gide, Léautaud, Francis Jourdain, Elie Faure, Marguerite Audoux, déjà cités, mais Léon Frapié, E. Montfort, Stuart Merrill, Copeau, Léon Werth, Henri Ghéon, André Ruyters, Jean Schlumberger, Maurice Beaubourg, Léon-Paul Fargue, Valery Larbaud, Emile Guillaumin, la comtesse de Noailles, et jusqu'à Paul Claudel dans son lointain consulat ! Et le sculpteur Bourdelle venu prendre le moule du visage, et le fils de J.-P. Laurens, qui était peintre. Giraudoux résumera : « Tout ce que Paris comptait en 1910 de journalistes raffinés, d'épigones du symbolisme, de peintres raisonneurs, de directeurs de revue d'art nouveau ».

Qu'avaient-ils donc, ces hommes de lettres, à s'agiter autour du petit employé municipal ? Qu'avaient-ils donc, en particulier, ces jeunes hommes de la meilleure bourgeoisie, à solliciter Charles-LouisPhilippe, comme s'ils enviaient les privilèges que donne une enfance pauvre et malheureuse ? Qu'avaient-ils donc ? Charles-Louis Philippe lui-même s'en était étonné. « Ce qui me gêne, quand je cause avec toi, avait-il dit à Gide, c'est que je n'ai pas encore compris quand tu me trouves intéressant. — Mais c'est quand tu me dis cela, mon vieux Philippe », avait répondu Gide, heureux de sa belle réponse, digne d'être consignée le soir même dans le *Journal* (5). Ce qu'ils lui trouvaient d'intéressant ? C'était bien simple. Ces jeunes gens rêvaient d'avoir les élégances de Mallarmé et la popularité de Zola. Or voici qu'un personnage de Zola leur arrivait, venant de chez Mallarmé. Fils, souvent malade, du sabotier de Cérilly, Charles Louis-Philippe avait dû à une bourse de passer le

(3 *bis*) Mardi.

    Monsieur.

Charles-Louis Philippe est mourant, question d'heures à peine.

    Si vous voulez le revoir, il est à la maison Velpeau, 7, rue de la Chaise, près le square du bon marché.

    Nous nous excusons de vous aviser si tard.

    A vous, M. A.   (Mss. appartenant à J.-P. Giraudoux).

(4) A. Gide, *Nouveaux Prétextes*, p. 198.

(5) *Journal*, « Bibliothèque de la Pléiade », t. I, p. 113.

baccalauréat, devait à un salaire de misère de vivre à Paris, et d'assister aux mardis de la Rue de Rome, à sa simplicité évangélique d'écrire des romans sur la table où il mangeait son repas — du pain et du fromage de Cantal —, à sa nature soumise de trouver dans sa vie l'histoire de ses personnages, toujours la même : un homme fort et sans scrupule — celui qu'il aurait voulu être — séduisait une fille douce et tendre et l'enlevait à un garçon rêveur — celui qu'il était. Lui demandait-on un nom propre ? il répondait : Dostoïevski; un nom commun ? il répondait : pitié. Il portait témoignage de ses humiliations jusque dans son physique. Il était le Pauvre fait écrivain. Tant mieux s'il écrivait : « J'espère bien ne pas vivre comme le font beaucoup d'hommes de lettres. Il faut savoir être pauvre et simple. Il faut savoir aussi être seul » (6). C'était un pauvre qui disait sa pauvreté, et la richesse des autres. Parlant de Valery Larbaud, il confiait à Ruyters : « Ça fait toujours plaisir de rencontrer quelqu'un auprès de qui Gide paraît pauvre ». Gide, tout heureux, colportait le mot (7) : les gens de lettres aiment avoir leur pauvre, comme les dames patronnesses.

Ce pauvre, en plus, avait du talent. Pas trop, pas assez pour gêner : « Ce n'était pas encore un grand écrivain », confiait Gide à voix basse, lors de l'enterrement de Cérilly. Mais assez pour intéresser le public et attirer l'attention sur la *N.R.F.*, qui, à peine née, se mettait en deuil dès le 1er janvier. Elle publiait justement, à partir de ce numéro-là, une première version de *Charles Blanchard*, le dernier roman, inachevé, de Philippe; elle donnait à la mi-février un numéro spécial entièrement consacré à Charles-Louis Philippe. Dès le jour de l'enterrement, Gide avait demandé à Guillaumin (8) d'intervenir près de la famille pour que les papiers du mort lui fussent réservés. Car Philippe était, pour une conscience malheureuse, un merveilleux alibi, et dans la stratégie littéraire, une remarquable position tournante.

Giraudoux entretenait avec Philippe des relations toutes différentes. Dix ans plus tôt, Gide était « Monsieur Gide » pour Ch. Louis Philippe (9), tandis que Philippe était « Monsieur Philippe » pour le jeune Giraudoux. Ils se connaissaient depuis l'été 1895. Cet été-là, le fils du sabotier de Cérilly, après un séjour misérable à Paris, était rentré dans son village, et se précipitait chaque jour à la rencontre du facteur, dans l'attente d'une offre d'emploi que lui avait fait espérer le châtelain du lieu, conseiller général du canton. « Sa maison n'a qu'une porte, par où l'on entre, qu'une fenêtre, par

---

(6.) Seconde lettre à Jean Giraudoux, 1899, *La Grande Revue*, 10 janvier 1910.
(7) Gide, *Journal*, « Bibliothèque de la Pléiade », 28 juillet 1908, p. 269.
(8) *Ibid.*, p. 193.
(9) J. de Fourchambault, *Ch.-L. Philippe le bon sujet*, Denoël, 1943, 218 p., in-8°, p. 145.

où l'on regarde; lui, d'ailleurs, regardait toujours de la porte, assis
sur l'escalier ». C'est ainsi que l'observait, d'une lucarne ronde, au
premier étage de la maison voisine, prenant en enfilade la petite
rue montueuse, le fils du nouveau percepteur, un gamin de treize
ans. Comme on commençait à murmurer dans Cérilly que Fran-
cisque Sarcey avait fait un article sur « le fils Philippe », « aux vacances de Pâques, le fils du percepteur rapporta de Châteauroux,
où il était imprimé, quatre numéros de *L'Enclos*. Ils contenaient les
quatre histoires de *Pauvre Amour*. Ses camarades les lurent à
l'église. très commodément, grâce au format, dans les livres de
messe, mais ils n'osèrent pas les montrer à leurs parents » (10). Deux
ans plus tard, le même fils du percepteur, boursier du lycée de
Châteauroux en classe de rhétorique, écrivit à Charles-Louis Philippe
pour lui demander de diriger ses lectures. Philippe lui répondit :
« Dostoïevski contient toute la pitié humaine »... Giraudoux récrivit,
Philippe répondit à nouveau en 1899 : « Celui qui mène la vie normale de l'homme qui travaille est admirablement placé pour comprendre la vie ». Le percepteur de Cérilly fut nommé à Cusset, et
son fils y trouva le moyen de nouer un autre lien avec Charles-Louis
Philippe : le fils du directeur d'école de Cusset, Marcel Ray, avait
été élève au lycée de Montluçon en même temps que Charles-Louis
Philippe, et ils avaient échangé des billets à travers la grille qui
séparait la cour des grands et la cour des petits. Marcel Ray sortait
de l'Ecole normale supérieure, agrégé d'allemand, comme Jean
Giraudoux y entrait. Giraudoux vivant désormais à Paris, « la mé-
lancolie, le beau temps, la solitude orientaient d'eux-mêmes [sa]
promenade vers le quai Bourbon » (11), vers la chambre de Charles-
Louis Philippe. Dans ses lettres, Giraudoux transmettait à ses parents « le bonjour de Philippe » (12), et lorsqu'il invitait Joseph
Ruederer à rendre visite à Philippe, il précisait : « C'est un très,
très grand talent » (13).A son retour d'Amérique, Giraudoux fut
chargé de la rubrique des « Contes et nouvelles » au *Matin*; il passa
commande à Philippe, qui gagnait ainsi un peu d'argent. En retour,
Philippe l'introduisit à la *N.R.F.* et lisait ses manuscrits — pour
avis.

Philippe a-t-il eu une influence sur Jean Giraudoux ? C'était son
« idole », répète L. Lesage (14). R. M. Albérès, pour sa part, croirait
volontiers que le tout jeune Giraudoux a pris, dès l'époque de
Cérilly, la décision encore puérile d'être un écrivain, fasciné par
« le spectacle de l'écrivain » à son travail plus que par « la lecture

(10) Jean Giraudoux, *La Grande Revue*, 10 janvier 1910, p. 189; *Or dans
la nuit*, p. 37.
(11) *Or dans la nuit*, p. 42.
(12) Lettres du 12 janvier 1907, du 9 mars 1907.
(13) Lettre du 20 octobre 1906. Philippe est encore mentionné dans la
lettre de la fin avril 1907 à J. Ruederer.
(14) *Jean Giraudoux, his Life and Works*, p. 12, 95...

même de ses œuvres » (15). En revanche, Albérès trouve « difficile de croire que Philippe ait contribué à l'élaboration de l'esthétique giralducienne ». Pourtant, si l'on veut caractériser l'esthétique de Philippe, comme a tenté de le faire Bachelin, on notera comme lui d'abord la prédominance de la sensibilité sur l'intelligence, qui est bien un des traits de l'auteur des *Provinciales*, et l'on notera ensuite, toujours avec Bachelin, les constants passages de l'esprit à la matière et de la matière à l'esprit, procédé également cher à Giraudoux, et qui, à l'orée du siècle, permit à la littérature d'échapper au dilemme : naturalisme ou symbolisme. « Le temps s'en va son train et ressemble aux chiens qui trottinent en baissant l'oreille » (16), c'est une phrase que Bachelin juge caractéristique de Philippe. « Leurs mains tremblotent, car elles ont appris la valeur du temps, et le battent comme des pendules », c'est une phrase que Gide juge caractéristique de Giraudoux. Et de même, ne pourrait-on mettre en parallèle les Allégories chères à Giraudoux et ces « Idées » de Charles-Louis Philippe qui « vivaient devant ses yeux, et il les voyait debout, côte à côte, qui marchaient » ?

Plus encore que son esthétique, Philippe pourrait bien avoir influencé la morale de Jean Giraudoux. Lucien Bonzon a raconté que Giraudoux s'est présenté, en 1908, au Consulat de New-York pour demander son admission dans les rangs des commis de chancellerie, et comme le consul lui faisait remarquer qu'il pouvait briguer cent fois plus haut :

— « J'ai des goûts simples et la représentation n'a aucun attrait pour moi », répondit Giraudoux (17).

Il parlait sans doute sous l'effet d'une certaine lassitude après son échec à l'agrégation, mais plus encore, peut-être, sous l'influence de Charles-Louis Philippe, dont il se préparait à imiter la vie. Par la suite, Giraudoux retrouva les goûts brillants, les hautes ambitions qui étaient dans sa nature, mais sans jamais retirer aux humbles sa pitié et sa compréhension. L'enseignement de Charles-Louis Philippe n'a peut-être jamais parlé plus fort à son cœur qu'à la fin de sa vie, lorsque, sa carrière brisée, l'âge de la retraite atteint, son ménage rompu, son fils parti au loin, son pays occupé, il a cherché pourquoi le monde était détraqué et qu'il a trouvé la réponse dans la bouche du chiffonnier, du vendeur de lacets, de la folle de Passy : « parce que l'argent est le roi du monde » (18).

(15) Voir R.M. Albérès, *Esthétique et morale dans l'œuvre de Jean Giraudoux*, Paris, 1957, p. 123, et Frédéric Lefèvre, *Une Heure avec ...*, 4ᵉ série, p. 123.

(16) Bachelin, *Ch.-L. Philippe*, La N.R.C., 1929, 80 p. in 8°, p. 47.

(17) *Giraudoux*. Les Cahiers Comoedia-Charpentier, 1944 (B.N., Supp. Fol. V, 6749 (5)).

(18) Théâtre de Giraudoux en 4 vol., t. IV, p. 145.

Charles-Louis Philippe a inspiré en tout cas à Giraudoux trois pages de *Simon le Pathétique* (19) où personne ne l'a reconnu : son nom, placé dans une liste de prénoms, « Philippe, Claire, Jacques », lui sert de camouflage ! C'est lui, pourtant, sans aucun doute.

Je pensais à son métier qui était de vérifier si les étalages dépassaient les trottoirs; tout était à sa ligne dans mon cœur.

C'était le métier de Philippe, et l'on sait qu'il dut à la protection de Barrès de l'exercer sans l'uniforme et la casquette des employés municipaux.

— Il souffrait déjà ?

Sa tête était vague, il enleva de son nez ce lourd lorgnon de fer qu'il garda jusqu'à la dernière minute et qu'il jeta de son lit en mourant.

Jean Giraudoux avait déjà évoqué dans la *Grande Revue* ce « lorgnon à bordure de fer que Charles-Louis Philippe enleva lui-même quand tout ce qui est ici-bas lui fut devenu invisible, en prononçant sa dernière parole : — C'est beau... C'est beau... ».

— Il est enterré à Paris ?

— Non. Nous l'avons accompagné à la gare, à minuit, sous le verglas. Il y avait deux cercueils pour la même ville. Ce fut très long, chacun eut son wagon. J'étais sûr que Philippe eût accepté le même (20).

Au mois de mars 1909, la *N.R.F.*, avait donné, en pré-publication, une des allégories des *Provinciales*, « A l'amour, à l'amitié ». La chose s'était faite, sans doute, par l'entremise de Philippe. Toujours est-il que Gide ne savait rien de leur auteur et supposait qu'il avait « déjà passé la première jeunesse », lorsqu'au mois de juin 1909, il salua les *Provinciales* dans cette même *N.R.F.* et reconnut à leur auteur de « belles qualités naïves » et autant de « qualités acquises » (21). Il aimait découvrir ainsi de jeunes talents, saluer un premier livre, ou, selon l'expression de Jean Schlumberger, « avoir la virginité d'un nouvel écrivain ». Après quoi il n'en parlait plus. Mais Giraudoux l'intéressa davantage. Bien qu'il n'eût pas reçu de remerciements pour son article, il lui envoya un de ses livres — sans doute *La Porte étroite*, parue en juillet 1909. Giraudoux ne remercia pas davantage : « Philippe devait me présenter à vous », dira-t-il plus tard en guise d'excuse. Sa première lettre à Gide, Gi-

(19) P. 155-157.

(20) Toujours dans *Simon le Pathétique*, la promenade finale conduit les personnages du roman le long des quais jusqu'à la maison où mourut Philippe (p. 244). Il faut entendre son dernier domicile, 45, Quai Bourbon, maison « qui avance pour être à l'ombre d'un platane » : elle est à l'extrémité ouest de l'île Saint-Louis, une maison d'angle, ce qui explique qu'il y ait une fenêtre au soleil et une à l'ombre (p. 157).

(21) Article paru dans la *N.R.F.* et repris dans *Nouveaux Prétextes*, p. 301-305, et non dans *L'Ermitage*, comme l'écrit Gide dans *L'Arche*, mars 1944, « Tombeau de Jean Giraudoux », p. 105.

raudoux l'a écrite comme un ami de la famille de Philippe, pour soulager Marguerite Audoux de la peine de faire savoir à Gide l'heure de la levée du corps. Sans aucun doute, ils se virent pour la première fois au chevet de Philippe. Quelques jours plus tard, Gide fit un nouveau signe à Giraudoux, lui demanda une nouvelle pour la *N.R.F.* et aussi une contribution au numéro spécial que la *N.R.F.* allait consacrer à l'auteur de *Bubu de Montparnasse*. Giraudoux répondit tardivement par une lettre bien étrange : il trouvait la lettre de Gide « à son retour de la campagne », regrettait de n'être pas parmi les collaborateurs de la *N.R.F.* dans leur hommage à Philippe, avouait même que celui qu'il avait donné à *La Grande Revue* avait été fait à la hâte, avant son départ. Il serait très heureux d'envoyer à Gide un nouvelle « ou une fantaisie », mais n'avait rien de prêt. Il s'excusait de ne pas avoir abordé Gide l'autre jour, parce qu'il n'était pas assez sûr de l'avoir reconnu. Au reste, il demandait aux écrivains de la *N.R.F.* de le considérer comme un des leurs. Or, cette lettre qui ne comporte pas de date fut suivie d'un post-scriptum daté, lui, et du 24 février 1910 : « Cette lettre date certainement de plus d'un mois. Je ne sais ce qui m'a empêché de la terminer et de vous l'envoyer ». Ainsi, Gide avait attendu deux mois la réponse de Giraudoux. Néanmoins, le numéro spécial consacré à Charles-Louis Philippe mentionnait, dès le 15 février, l'article donné par Giraudoux à *La Grande Revue*. Gide avait été magnanime, et continua de l'être.

Pour expliquer la conduite de Giraudoux, il ne suffit pas d'évoquer sa désinvolture et sa distraction naturelles. Il est probable que les sentiments de Giraudoux à l'égard du groupe de la *N.R.F.* étaient à tout le moins partagés. Jean Schlumberger (22) se souvient que pendant des mois ses amis firent des invites à Giraudoux, qui promettait de venir à la prochaine réunion, et ne venait pas. Les lettres de Giraudoux à Gide sont très admiratives, très respectueuses, soumises même. Ce n'est pas sa vraie nature qui parle là. Il veut bien donner encore *Jacques l'Egoïste* à la *N.R.F.* au début de l'été qui suit ; il pense même, en 1914, donner *Simon* à la *N.R.F.* (23), comme il lui donnera plus tard *Nuit à Châteauroux* en 1919, *Visite chez le Prince* en 1923, *A propos de Charles-Louis Philippe*, en 1937, *Choix des Elues* en 1938-1939, mais il refuse de s'engager, de

(22) Que je remercie de m'avoir confié ses souvenirs.
(23) On lit dans *Lettres de Charles Du Bos et réponses d'André Gide* (Corréa 1950, 212 p. in-12°), p. 171, une lettre de Charles Du Bos à Gide, datée de Paris, 16 mars 1914 :

« Mon bien cher ami,

Mon ami Jean Giraudoux que vous avez rencontré chez moi et dont, si je me souviens bien, vous aviez aimé les *Provinciales*, désirerait vivement avoir avec vous un entretien. Il s'agit, je crois, de son nouveau roman qu'il serait heureux de vous soumettre. Je vous serais très reconnaissant si vous pouviez lui fixer rendez-vous dès que vous en verrez la possibilité. Son adresse est, 16, rue de Condé [...] ».

se lier, et surtout de se lier à cette chapelle littéraire dont l'austérité
lui paraît fausse. Aussi vient-il à la *N.R.F.* juste un après-midi où
il a « peu d'espoir » de rencontrer Gide — après quoi il se dit
bien déçu — ou, s'il le rencontre, c'est si vite qu'il n'a « pas eu le
temps de le remercier » pour un nouvel envoi, ce *Tagore* « dont (il)
aurait été heureux » de parler ! Giraudoux fuit Gide, auquel Philippe devait le présenter, et le fuit peut-être justement à cause d'un
désaccord sur Charles-Louis Philippe : plus de vingt ans après,
Giraudoux nous donne l'explication.

« Le début du XXᵉ siècle aura vu une entreprise étrange mena-
cer timidement le développement libérateur et fatal de la littérature
française. Pour la première fois, l'expression écrite des sentiments
français tenta de n'être pas bourgeoise. Ce fut une révolte brève
qui, comme il se devait, fut close [...] abruptement par la rapide
mort de celui qui l'avait provoquée » (24).
    Charles-Louis Philippe a-t-il donc vécu en vain ? Charles-Louis
Philippe et ce petit groupe d'écrivains du peuple que formaient
avec lui deux autre Bourbonnais, Marguerite Audoux et Guillaumin ?
    Leur tentative « n'est pas passée inaperçue, elle a eu des observa-
teurs, mais *en France le sort de tout appel à une vérité extérieure
aux classes est de devenir le lot ou l'amusement de la seule classe
curieuse, qui est justement celle de la bourgeoisie lettrée* ». Le
Tout-Paris s'est précipité sur le cadavre de Philippe et l'a enfoui
dans un sol « beaucoup trop durci pour qu'on eût l'impression
de lui confier une semence ». « *Ainsi l'hérésie fut travestie en
événement littéraire et l'incident clos*. La perte fut ressentie : pour
les uns, c'était le réaliste même avec un style faux; pour les autres,
un styliste doublé d'un romantique forcené qui disparaissait, pour
tous un grand cœur. *Il se trouvait en fait que la France perdait le
seul de ses écrivains qui, né du peuple, n'eût pas trahi le peuple
en écrivant* » (25).
    Aussi Giraudoux s'en prend-il aux « *littérateurs bourgeois* » qui
ont présenté Charles-Louis Philippe « en symbole de la maladie, de
la misère, du malheur ». Giraudoux proteste : Philippe était solide,
quoique très petit, était pauvre « comme tout le monde l'est, à part
les riches ». Il est vain de chercher à l'enfermer dans la pauvreté,
dans la maladie. Philippe était craint, Philippe reste un exemple
redoutable parce qu'il était « *l'innocence* » définie comme « l'in-
conscience absolue de sa propre innocence », disons comme la conscience de sa culpabilité. « *La culpabilité de l'humanité, presque
chaque humain la porte* ». écrivait Giraudoux bien avant que Sartre
ait dit à peu près la même chose, « *car nous sommes les termites*

(24) *Nouvelle Revue française*, 1ᵉʳ octobre 1937, p. 537
(25) *Ibid.*, p. 537-538. Souligné par nous.

de notre propre condition humaine ». Or l'écrivain français, écrivain bourgeois par principe, n'a d'autre souci que de « rejeter sur un autre, sur d'autres, la responsabilité de ce monde ». Philippe est le premier écrivain qui se soit senti et reconnu « responsable ».

Ce discours, Giraudoux le tint, avec des élégances en plus, devant le public des Annales en 1932, le publia, avec des points sur les i, dans la *N.R.F.* même (1ᵉʳ octobre 1937) (26) : jamais sans doute écrivain ne s'était dit peuple avec plus de politesse mondaine, mais le fait reste là, qui explique les réticences de Giraudoux face à ces grands bourgeois qu'étaient Gide ou Larbaud : au contact de Charles-Louis Philippe ou, plus tard, au souvenir de Charles-Louis Philippe, il exécrait les écrivains bourgeois (27).

(26) L'article de la *N.R.F.* est pour l'essentiel extrait d'une conférence prononcée le 18 mars 1932 : « La Tragédie : hier, aujourd'hui », *Conferencia*, 27ᵉ année, 1ᵉʳoctobre 1933, p. 385-396. Giraudoux l'a republié ensuite, presque sans changements, dans *Littérature*, Grasset, 1941, p. 103-121.

Jean Giraudoux   [*Printemps 1909*]
à
Charles-Louis Philippe (1)

16, rue Condé (2).

Cher Monsieur,

Votre aimable carte m'a suivi à la campagne. Il était trop tard quand je l'ai reçue pour envoyer ou apporter mon manuscrit à la revue (3). Je serai d'ailleurs heureux d'y revoir certains passages. Est-ce qu'il sera trop tard pour le remettre le 1ᵉʳ juin par exemple. J'aimerais mieux cependant que vous le lussiez d'abord.

Croyez-vous que Charles Guérin (4) consentirait à faire pour chacun des cinq chapitres un petit frontispice. Mon éditeur projette de faire ainsi illustrer les trois nouvelles du volume (5).

(1) Lettre autographe, communiquée par M. François Talva, secrétaire des *Amis de Charles-Louis Philippe*. Date : Jean Giraudoux s'est installé rue de Condé en septembre 1908. Entre cette époque et la mort de Charles-Louis Philippe (21 décembre 1909), il n'y a eu qu'un 1ᵉʳ juin. Cette lettre est donc du printemps 1909.

(2) Gravé, lettres majuscules bleues sur papier bleu clair.

(3) Quels sont ces cinq chapitres que Jean Giraudoux devait porter à « la revue » ? Sans doute *De ma fenêtre* ou *Le Petit Duc*, qui ont chacun les cinq chapitres voulus, et qu'on aura songé un moment à publier dans la *N.R.F.* comme on y avait publié *A l'amour, à l'amitié* en mars.

(4) Charles Guérin, peintre et ami intime de Charles-Louis Philippe, auteur de plusieurs portraits de Philippe dont l'un est au Musée National d'Art Moderne à Paris.

(5) Ce volume est celui des *Provinciales*. On notera qu'il ne comptait, dans les projets du printemps 1909, que « trois nouvelles », ce qui laisse penser qu'on a ajouté les *Allégories* et *La Pharmacienne* pour faire le poids.

Avec mes vifs remerciements pour votre amabilité et l'assurance de ma respectueuse sympathie.

Jean Giraudoux.

Jean Giraudoux   *Bibliothèque J. Doucet*
à André Gide   *Fonds Gide — Y. 556-1*
Villa Montmorency   *Lettre autographe*
Auteuil.   *sur carte pneumatique S.l.n.d.*
                                        [*22 décembre 1909*] (6)

Monsieur,

Madame Audoux me charge de vous dire que le corps de Ch.L. Philippe quittera la rue de la Chaise ce soir vers huit heures et quart pour la gare. Le service aura lieu à Cérilly vendredi matin. On a pris un moulage de son visage.

Nous vous serons tous bien reconnaissants de pouvoir accompagner notre ami jusque là-bas, et nous souhaitons que cela soit possible.

Jean Giraudoux.

---

(6) Deux tampons : Paris 96 — Grand Hôtel — 22 ...
                Paris (?) — R. Poussin — 13 h. 22 (?) 12-09
Date. Charles-Louis Philippe est mort le mardi 21 décembre. Bourdelle a pris le moulage de son visage le lendemain après-midi, devant Léautaud (*Passe-Temps*, p. 45-57). Cette carte est donc du 22 au soir.

Jean Giraudoux   *Bibliothèque J. Doucet*
à   *Y. 556-4*
André Gide   *Lettre autographe — Paris s.d.*
                [*aux environs du 22 janvier, et*] *24 février 1910* (7)
Grand Hôtel
12, boulevard des Capucines
Paris
Chauffage à la vapeur
Steamheating
Jardin d'hiver

(7) *Date :* Les « quelques notes » rassemblées à la hâte pour *La Grande Revue* ont paru, sous le titre « Ch.-L. Philippe », le 10 janvier 1910. La « nouvelle » asesz longue postée vers Noël (1909) à la *Revue de Paris* n'y est pas paru. Giraudoux y était peut-être recommandé par Charles Andler, qui y avait introduit ses élèves, Tonnelat, Tibal. Mais le style de la Revue n'était pas de publier des nouvelles de Giraudoux. Il pouvait s'agir de *Don Manuel le Paresseux* qui parut en définitive dans *La Grande Revue* 14ᵉ année, n° 20, 25 octobre 1910. C'est la « seconde chose », hormis le recueil des *Provinciales*, publiée depuis l'allégorie *A l'amour à l'amitié*, parue dans la *N.R.F.* de mars

Cher Monsieur,

Je vous remercie beaucoup de votre lettre que j'ai trouvée rue de Condé à mon retour de la campagne. L'admiration que j'ai pour vous m'a rendu très sensible une amabilité à laquelle je suis déjà d'ailleurs très redevable. Ce n'est point la négligence qui a retardé les remerciements que je vous dois pour l'envoi de votre livre et la sympathie avec laquelle vous avez jugé mes nouvelles. Philippe devait me présenter à vous. Il tient parole. Je suis désolé de n'être pas parmi vous, dans le prochain numéro de la Revue, et assez ennuyé d'avoir rassemblé à la hâte pour *La Grande Revue* quelques notes dont je n'ai même point revu les épreuves. Mais je tenais à quitter Paris très vite, et je suis parti sans voir personne.

Je serais très heureux de vous envoyer une nouvelle, ou une fantaisie, mais j'ai très peu le temps d'écrire et j'en éprouve aussi peu le besoin. Je n'ai écrit depuis l'année dernière qu'une nouvelle assez longue qu'on m'avait retenue pour la *Revue de Paris* et que j'y ai portée vers Noël. C'est la seconde chose que j'aurais publiée depuis l'allégorie de la *Nlle Revue française*, à part quelques contes obligatoires (8) du *Matin*. Mais je vais commencer d'ici peu une autre nouvelle.

Il m'a bien semblé vous apercevoir l'autre jour dans le salon du Princess Hôtel où j'étais venu voir des amis. Mais je n'en ai pas été assez sûr pour vous aborder.

Je vous prie, cher Monsieur, de me considérer absolument à la *Nlle Revue française* comme un des vôtres. Je vous en serai très reconnaissant.

24 février 1910

Cette lettre date certainement de plus d'un mois. Je ne sais ce qui m'a empêché de la terminer et de vous l'envoyer. Je viens de recevoir le numéro consacré à notre ami. Tous ceux qui l'aimaient vous en ont, et à la *Revue française*, beaucoup de gratitude. Au cas où, pour des nouvelles que Philippe avait publiées au *Matin*, vous auriez quelque projet, faites-moi signe, je vous prie. J'ai également quelques lettres qui sont à votre disposition.

Jean Giraudoux.

1909. L'autre nouvelle qu'il va commencer « d'ici peu » est *Jacques l'Egoïste*. Les contes du *Matin* ont paru les 28 janvier, 15 février, 20 mars 1910. Jean Giraudoux en parle d'une façon très détachée mais plus encore des *Provinciales*, que Gide avait saluées dans la *N.R.F.* dès juin 1909.

Le livre que Gide lui a envoyé pourrait bien être *La Porte étroite*. Le *Princess Hotel* est l'endroit où Gide est allé solliciter de la Comtesse de Noailles une contribution au numéro spécial consacré à Charles-Louis Philippe, ceci le 20 janvier (*Journal*, « Bibliothèque de la Pléiade », p. 291). Lorsque Giraudoux écrit le 24 février que « cette lettre date certainement de plus d'un mois », il faut donc comprendre : d'un mois et très peu de plus.

(8) Il avait d'abord écrit : nouv... (= nouveaux).

Jean Giraudoux
à
André Gide

Bibliothèque J. Doucet
Y. 556-2
Lettre autographe
Paris, 10 mai [*1910*] (9).

16, rue de Condé

Cher Monsieur,

Je finis une assez longue nouvelle qui peut être prête dans une quinzaine. Je serai très heureux de vous la soumettre pour la *Nouvelle Revue française*. Au cas où elle vous plairait, serait-il possible qu'elle parût dans le n° de Juillet ? Elle forme le tiers d'un volume que je voudrais bien donner à mon éditeur vers Août, pour qu'il sorte en Octobre.

Je viens de lire l'Hymne de Claudel. Je l'admire infiniment.

Je vous prie, cher Monsieur, d'accepter l'assurance de mon très sincère dévouement,

Jean Giraudoux.

(9) *Date :* Lettre d'avant-guerre (16, rue de Condé).

« Assez longue nouvelle » : plutôt que *A l'Amour à l'amitié* qui parut en mars (1909), il pourrait s'agir de *Jacques l'Egoïste* qui parut dans les numéros, non de juillet — comme le souhaite ici Jean Giraudoux — mais d'août et septembre (1910) avant de figurer dans *L'Ecole des Indifférents* (1911).

« L'Hymne de Claudel » est le « Magnificat » — troisième des *Cinq grandes Odes* — paru dans la N.R.F. le 1er mai 1910 (t. XVIII, p. 555).

Jean Giraudoux
à
André Gide

Bibliothèque J. Doucet
Fonds Gide — Y. 556-3
Lettre autographe — *S.l.n.d.*
[*juin ou juillet 1910*] (10)
Affaires étrangères

—

Cabinet du Ministre

—

Cher Monsieur,

Je n'ai pu relire hier que la première partie de mon manuscrit, et je vous prie de passer, — dans les autres —, sur les fautes

(10) *Date :* A cause de l'allusion à l'aîné (*Provinciales,* 1909), à cause du papier (à partir de juin 1910), nous sommes au plus tôt en 1910. Mais le manuscrit que Jean Giraudoux envoie avec cette lettre ne peut être que *L'Ecole des Indifférents* ou, mieux, une partie de *L'Ecole des Indifférents,* « Jacques l'Egoïste ». Nous sommes entre le 10 mai 1910 (précédente lettre) et le mois d'août 1910 (publication de « Jacques l'Egoïste » à la *N.R.F.*), en juin ou juillet. D'où la perspective d'un séjour à la campagne. Le 6 juin 1910, Jean Giraudoux passait le « petit concours » des Affaires étrangères. Est-ce la raison pour laquelle il n'a pas eu le temps de se relire ?

Cette lettre fait naturellement suite à la précédente, pour peu qu'on suppose dans l'intervalle une réponse favorable de Gide.

d'orthographe et le français hâtif. Ce n'est pas sans grande appréhension que je l'ai vu quitter ma table et je me trouve aujourd'hui
très hardi de l'avoir soumis d'abord au jugement que je crains
et que j'admire le plus. J'attends votre impression avec beaucoup
d'impatience. La sympathie que vous avez pour son aîné me fait
espérer que vous ne me ménagerez aucun conseil.

J'avais peu d'espoir de vous rencontrer cet après-midi, mais
j'ai été cependant déçu de ne point vous trouver. Je n'ai pas eu
le temps, samedi, de vous remercier de l'envoi du Tagore. J'aurais
été heureux de vous en parler.

Je vous souhaite très agréable séjour à la campagne et vous prie,
cher Monsieur, de croire à mes très vifs et dévoués sentiments,

Jean Giraudoux.

LETTRE A L'AMI DE JACQUES L'ÉGOÏSTE

Lettre inachevée : simple brouillon ?

Univers clos, digne d'Henry Becque : les histoires de famille s'ajoutent aux brouilles entre amis. « Comme nous fréquentons chez les mêmes personnes... » est-il dit des relations d'Etienne et de Jacques, dans « Jacques l'Egoïste » (p. 12).

Lettre à qui ? qui était cet intime dont Giraudoux a trouvé l'ironie, le lyrisme, l'humour « commodes » (ibid.) ? et dont il a fait — *mutandis* non *mutatis* — le personnage d'Etienne ?

La chose certaine, c'est que le modèle s'est reconnu, et que Giraudoux n'a pas nié. « Je suis le poète qui ressemble le plus à un peintre... » Il n'a pas nié, il a seulement refusé d'être assimilé au peintre, ce « Jacques l'égoïste » qui dit « je » tout au long de la nouvelle où est décrit Etienne. En somme, ce que Giraudoux copie, c'est l'autre, et ce qu'il invente, c'est lui-même : « Je triche à peine. Je transpose simplement (...) d'une gamme toute ma vie » (ibid. p. 54).

Jean Giraudoux
à
?
[*août 1910*]

Affaires Etrangères
Direction des Affaires
politiques et commerciales.

Mon cher ami,

Je suis heureux d'avoir enfin votre adresse. Je vous avoue que j'aurais préféré qu'elle vînt par une autre lettre.

Remettons à la dernière page l'affaire Franchon, mais vous, comment avez-vous pensé de prime abord que c'était votre satire que je faisais dans ma nouvelle et que notre amitié m'imposait logiquement l'aigreur avec laquelle je commentais le caractère d'Etienne. Je vous assure que lorsque je rentrais, après nos promenades au Luxembourg ou nos soirées, et que je prenais la plume, ce n'était pas pour tirer par écrit de petites vengeances de vos défauts. J'ai donné à Etienne — beaucoup trop, je m'en suis aperçu trop tard — votre allure, quelques-unes de vos manies, ce qu'il y a en somme de large et de typique dans sa façon de voir le monde, mais si vous avez pris toutes les réflexions de son camarade pour des méchancetés à votre égard, c'est que vous m'avez pris, moi, pour Jacques l'Egoïste. De nos deux caractères, qui voisinent, j'ai fait deux caractères qui se trouvent aux Antipodes. Je vous assure que vous auriez tort je ne dis pas seulement de voir dans mon récit mes réels sentiments sur vous, mais surtout de m'y reconnaître. Il n'y a que l'achat des cannes que je vous reproche vigoureusement et directement et vous le verrez à la prochaine livraison (1) : je vous cloue, à cause d'elles, au pilori. Mais je croyais que vous verriez au contraire, — et pas uniquement entre les lignes —, la complaisance avec laquelle j'ai décrit la flânerie, notre flânerie, et l'humour, votre humour. Tant pis pour moi si je ne sais pas exprimer ma sympathie directement.

Je regrette que votre cousine ait su que je vous connaissais et que ce pouvait être votre caricature. Avec l'affaire des cabinets de l'Hôtel de Nois, voici la deuxième fois que je provoque des dissensions dans votre famille. Il est surtout stupide qu'elle éprouve le besoin de faire cette réclame à mes productions. Excusez-moi d'en être la cause indirecte et dites-moi s'il faut décidément lui écrire.

(1) « Jacques l'Egoïste » est paru dans la N.R.F. d'août 1910, n° 20 p. 176 et de septembre, n° 21, p. 273. Cette lettre est postérieure à la première livraison et antérieure à la seconde.

UNE LETTRE A PIERRE DE LANUX.

Pierre de Lanux a consacré nombre de volumes aux Etats-Unis. En 1917, mis a part deux manuels de langue et civilisation serbes, il n'avait guère publié que la traduction de la *Judith* de Hebbel, en collaboration avec Gaston Gallimard (1911). Giraudoux évoque l'amitié de Gallimard pour solliciter le connaisseur des choses américaines : il cherche un traducteur. A noter : il le souhaite jeune et poète.

Giraudoux était à Boston depuis la fin avril. Le 28 juin, Paul Morand recevait une lettre de lui : « Je t'ai dit qu'un écrivain connu traduisait mon roman en anglais. Il paraîtra en septembre, bien avant la mauvaise adaptation française que donne Paul (Emile-Paul, l'éditeur de *Lectures pour une ombre*). J'ai eu l'occasion de la relire avec la traductrice... » *Compaigns and Intervals* parut à Boston, chez Houghton, en 1918. La traductrice était Elizabeth S. Sergeant. Fut-elle trouvée grâce à l'entremise de Pierre de Lanux ? Elle était l'auteur de *French Perspectives* (1916), tableau de la vie française avant 14, brossé par une sociologue délicate.

Jean Giraudoux
à
Pierre de Lanux

[*fin avril ou mai 1917*]
Bibliothèque J. Doucet
Mss 5235 - x
Lettre autographe
Boston, s.d.
Harvard Club of Boston
374, Commonwealth Avenue

Cher Monsieur,

J'ai appris par Gaston Gallimard à mon départ de Paris que vous étiez à New-York. C'est pour vous envoyer ses amitiés et les miennes que je vous écris, et pour vous demander un petit renseignement qui me sera précieux.

Gallimard m'a dit que vous aviez eu la bonne idée, venue d'une bonne littérature, de rechercher à New-York les meilleurs *amis* littéraires. Peut-être connaissez-vous parmi eux quelqu'un d'assez ami du français et d'assez dévoué pour entreprendre une traduction que me demande un éditeur de Boston, MM. Houghton & Mifflin. Il s'agit d'un livre qui paraît en ce moment en France chez Emile-Paul, *Lectures pour une ombre*. Les traducteurs que l'éditeur me propose ici sont plus habitués aux Annales qu'à la *Nouvelle Revue française*, et j'ai peur qu'ils ne prennent que peu de plaisir à faire ma connaissance. Je vous serais très reconnaissant de prendre ma cause auprès de quelque étudiant poète ou d'un jeune écrivain de vos amis.

Je compte d'ailleurs aller à New-York bientôt et serai heureux de vous y voir si vous n'êtes pas trop pris.

Au revoir, cher Monsieur, je vous envoie tous mes bien dévoués souvenirs,

Jean Giraudoux.

Harvard Club, Boston (Mass)

TROIS LETTRES A VALERY LARBAUD

Les liens entre Jean Giraudoux et Valery Larbaud furent tissés très tôt, et très solides : ils étaient d'essence provinciale. Tandis que Valery Larbaud, — Larbaud - Saint-Yorre comme il signa dans sa jeunesse — était à la tête d'une fortune jaillie des sources du bassin de Vichy, le grand-oncle de Giraudoux, M. Sabourdy, était devenu directeur de la Compagnie fermière de Vichy et jouait d'ailleurs, vu l'importance de sa position, un rôle de dieu tutélaire dans la famille, procurant à l'oncle de Jean Giraudoux une situation à Vichy, recommandant Jean Giraudoux lui-même au directeur du *Figaro*. Larbaud vivait souvent dans la villa princière de Valbois, près de Vichy, tandis que Jean Giraudoux revenait souvent chez son père, percepteur à Cusset, soit à 4 kilomètres de Vichy. Le directeur d'école de Cusset avait pour fils Marcel Ray, normalien, agrégé d'allemand, le camarade et l'aîné de Jean Giraudoux; or Marcel Ray était l'ami intime de Valery Larbaud après avoir été quelque chose comme son très jeune précepteur et l'avoir accompagné dans ses voyages à travers l'Europe. Grâce à Marcel Ray et grâce à M. Sabourdy, les inégalités de fortune qui séparaient Giraudoux de Larbaud furent atténuées. Larbaud n'en restait pas moins à ses yeux un pur Barnabooth. Voyager d'une capitale à l'autre et descendre dans un palace s'appelait dans son langage « vivre à la Larbaud » [1]. Ce disant, il partageait le point de vue d'un troisième ami commun, et de beaucoup le plus cher, Charles-Louis Philippe, qui avait connu Marcel Ray au lycée de Montluçon.

Dès 1909, la chaîne de l'amitié bourbonnaise était solidement soudée. Larbaud envoyait-il au printemps une nouvelle à Charles-Louis Philippe, Giraudoux la portait au *Matin* [2]. Marcel Ray partait-il, l'hiver venu, pour Vienne, comme correspondant du *Figaro*, c'était l'occasion d'un déjeuner qui réunissait Philippe, Léon-Paul Fargue, Larbaud et Giraudoux [3].

Larbaud et Giraudoux débutèrent simultanément dans la littérature, et presque parallèlement, l'un et l'autre proches de la *N.R.F.* : *Fermina Marquez* répond à des préoccupations qui ne sont étrangères ni à l'*Ecole des Indifférents* ni à *Simon le Pathétique*, Marcel Ray jouait l'agent de liaison. Qu'on en juge par ces extraits des lettres qu'il adressait à Larbaud :

---

(1) Lettre à Paul Morand du 9 septembre 1916, *Souvenirs...*, p. 92.
(2) Lettre de V. Larbaud à André Gide, 2 juillet 1909, citée in Aubry, p. 131.
(3) Aubry, p. 139.

Montpellier 24 janvier 1910. « Avez-vous lu dans la *Grande Revue* (10 janvier) les quatre pages de Jean Giraudoux ? Je les trouve très bien. » (Il s'agit de l'article nécrologique sur Charles-Louis Philippe.)

Post-scriptum : Connaissez-vous l'adresse de Giraudoux ? (1)

Montpellier, 8 novembre 1910. «Et je lirai, si je peux, *Jacques l'Égoïste*, de Giraudoux » (2).

S.l., 31 mai 1911. « Faits divers : Gide : *Isabelle*. Giraudoux : *l'École des Indifférents*. Claudel : *Tête d'or*, nouvelle édition ».

Montpellier, 9 juillet 1911. « J'ai reçu hier seulement *La Phalange* de juin. Avez-vous remarqué que nos deux articles se rencontrent un peu, disent un peu la même chose ? Vous recommandez Giraudoux, et je parle longuement de lui... »

Autour du 1ᵉʳ janvier 1912, Giraudoux rendit visite à Larbaud (3).

La guerre devait encore rapprocher Giraudoux et Larbaud, curieusement d'ailleurs : Larbaud était réformé pendant que Giraudoux partait au front ! Une blessure reçue comme on sait, « à l'aine et dans l'Aisne », fit que le sergent Giraudoux fut soigné notamment à l'hôpital temporaire n° 47 installé à Vichy dans l'Hôtel du Parc, propriété de Madame Larbaud mère, où Valery remplissait les fonctions d'infirmier.

Lettre de V. Larbaud à André Gide du 13 janvier 1915 :

J'ai eu, en décembre, la compagnie de Henri Ménabréa et de Jean Giraudoux, tous deux blessés et rentrés au dépôt avant Noël ».

Les trois lettres de Giraudoux à Valery Larbaud datent de l'après-guerre. Elles témoignent de relations courtoises, cordiales même, qui ne sont guère plus que des relations de bon voisinage. Pour Giraudoux, Larbaud reste liée à la province aimée, au cercle des relations communes. En novembre 1922, il contribua à l'hommage que la revue *Intentions* rendait à Larbaud, mais son envoi s'adressait à l'ami et non à l'auteur. Il y racontait, d'une façon exquise d'ailleurs, qu'il avait entendu pour la première fois le nom de Larbaud de la bouche de Charles-Louis Philippe, un soir, quai d'Anjou, qu'il avait vu sa mère avant de le connaître, un matin, rue Larbaud, à Vichy, qu'il avait eu sa première visite une nuit de quatorze juillet, boulevard de l'Hôtel-de-Ville, à Cusset, visite qu'il lui avait rendue, Marcel Ray étant présent; qu'il voyagea dans sa voiture jusqu'à Clermont-Ferrand, en compagnie de poissons rouges,

---

(1) Question qui montre que Marcel Ray, depuis qu'il était professeur à Montpellier, avait perdu de vue ses camarades parisiens; qui montre aussi, par son ton dubitatif, que Larbaud n'était pas un familier de la rue de Condé.
(2) Paru dans la N.R.F d'août et septembre.
(3) *Cahiers des amis de Valéry Larbaud*, n° 8, p. 31.

et retour, mais sans poissons rouges... (1) Le nom de Larbaud reviendra encore deux fois sous la plume de Giraudoux, une fois à propos de Cérilly, cette petite ville habitée jadis par la famille Philippe et la famille Giraudoux (2), une autre fois à propos de Charles-Louis Philippe et de « ses camarades bourgeois de la région, Jules Renard, ou du lycée, Valery Larbaud » (3). Valery Larbaud eût préféré que Giraudoux le citât parmi les romanciers de sa génération, « Morand, Maurois, Delteil, Carco, Mac Orlan » (4), mais il pouvait du moins prendre pour une délicatesse d'avoir été nommé à propos de Charles-Louis Philippe, comme l'un de ses « camarades de lycée » — ce que d'ailleurs il n'avait jamais été, sinon par confusion avec Marcel Ray !

(1) *Intentions*, novembre 1922. Textes repris dans *Œuvres littéraires diverses*, pp. 621-624, et dans *Or dans la nuit*, pp. 49-51.
(2) *La France sentimentale*, p. 70.
(3) *Nouvelle Revue Française*, 1ᵉʳ octobre 1937, p. 546, texte repris dans *Littérature*, p. 117.
(4) Simone Ratel, *Dialogues à une seule voix*, p. 11.

Jean Giraudoux   *Cusset* [*hiver 1919 ?*]
à
Valery Larbaud
Cusset, lundi 4

  Cher Monsieur,

  Dans mon courrier de la semaine, que l'on m'a fait suivre aujourd'hui, je trouve votre très aimable invitation. Je regrette beaucoup de n'avoir pu vous prévenir à temps de mon absence, et plus encore d'avoir manqué cette occasion de vous voir.
  J'espère que vous êtes maintenant libéré de votre infirmerie (1). Je serai d'ailleurs incessamment à Paris et vous y verrai, car Vichy, j'en juge par expérience, n'a rien qui puisse attirer en ce moment.
  Avec mes sentiments très cordiaux et mille regrets.

            Jean Giraudoux.

Lettre autographe, Bibliothèque de Vichy, Fonds Valery Larbaud G. 350.
Date :
(1) Pendant la guerre, Valery Larbaud remplissait les fonctions d'infirmier à l'hôtel du Parc, hôtel appartenant à sa mère, et qui était devenu l'Hôpital temporaire n° 47. Cette lettre pourrait donc dater de l'hiver 1918-1919, époque où Giraudoux séjourna à Cusset. Vichy, on veut bien le croire, manquait alors **d'animation**.

Jean Giraudoux [*entre 1920 et 1924*]
à
Valery Larbaud

RÉPUBLIQUE FRANÇAISE

Ministère des Affaires Etrangères
        Direction des Affaires
    Politiques et Commerciales
Service des œuvres françaises
            à l'étranger
        3, rue François-1ᵉʳ
Paris, le 15 février 192...
téléph — Passy 16-32

    Mon cher Ami,

    Le service des œuvres françaises à l'étranger (1) donne demain un déjeuner intime à midi 45, au cercle Interallié, en l'honneur de M. Ortéga Y. Gasset, Directeur Littéraire de « El Sol » et de la maison d'Editions Calpé, que vous connaissez, en tous cas de nom.
    M. Ortéga Y. Gasset, qui repart le lendemain pour l'Espagne, a exprimé le désir de vous rencontrer et nous serions très heureux si vous vouliez bien être des nôtres à cette occasion.
    Veuillez agréer, mon cher Ami, l'assurance de mes sentiments dévoués.
    Toutes mes amitiés et faites votre possible pour venir (2).

                                        Jean Giraudoux.

Lettre dactylographiée, Bibliothèque de Vichy, Fond V. Larbaud, G. 351.
(1) Jean Giraudoux a appartenu au service des Œuvres de sept. 1920 à mai 1924.
(2) Cette dernière phrase manuscrite.
Lette autographe de Vichy, Fonds Valery Larbaud, G. 350.

Jean Giraudoux   *5 décembre 1925*
à
Valery Larbaud

 Ministère des Affaires Etrangères
 Service d'Information et de Presse

5 décembre 1925

    Cher ami,

    Votre renom de conférencier, qui a franchi Sierra et Andes, est venu jusqu'à Auteuil. Ce mot sera remis par une de mes amies,

Madame Perrier, qui organise au Women's Club une série de conférences : Vous me ferez le plus grand plaisir en acceptant son offre. Vous ne pouvez d'ailleurs la refuser, Madame Perrier est de Moulins et si elle ne vous a pas vu en uniforme de collégien, c'est uniquement parce que nous sommes des vieux messieurs.

Mille amitiés,

Jean Giraudoux.

LETTRE A JACQUES DOUCET SUR *SIMON LE PATHETIQUE*

Lettre capitale pour l'édition critique de *Simon le Pathétique,* que vient d'entreprendre Roy Prior. A lui de mettre au jour ce que cachent tant de charmantes pirouettes (1).

L'admiration de Jacques Doucet explique sans doute la nomination de Jean Giraudoux comme Président de la Société des amis de la bibliothèque Jacques-Doucet (voir ci-dessous p. 228).

(1) On nous permettra de renvoyer à ce qui est dit de la genèse de *Simon le Pathétique* dans notre *Giraudoux et l'Allemagne,* chapitre « Le Cycle de Munich avant et après la guerre. »

Cette lettre figure déjà en appendice du mémoire de M. Mc Lendon (dactylographié), *le Héros selon J.G.,* p. 285.

Jean Giraudoux   Bibliothèque J. Doucet
à   1157-2 - 2 III 11
Jacques Doucet   Lettre autographe
                                         Paris, 20.9.22 (4 feuillets)

Affaires Etrangères
Direction des Affaires
Politiques et Commerciales
Service des départements français
à l'étranger
3, rue François-1ᵉʳ

Monsieur,

Vous voulez bien vous intéresser à *Simon le Pathétique*. C'est vous intéresser à un mutilé. Ce roman paraissait dans *L'Opinion* en juillet 1914, et quand les Allemands approchèrent de Paris, le secrétaire de la rédaction, effrayé par une page où j'avais parlé de l'Allemagne et dit que la bière n'était pas de l'opium, brûla tout le manuscrit. Deux chapitres ont disparu ainsi, le cœur du volume, et qu'il m'est aisé d'en prétendre la seule partie intéressante. Le secrétaire s'est excusé en disant que le roman n'y perdrait rien, qu'une sonate reste sonate si on enlève une de ses parties, mais Simon n'était pas une sonate, c'était un piano. Je voulais apprendre aux jeunes gens à jouer de leur bonheur. Il ne reste plus que le clavier pour lycéens, mais j'ai eu la stupéfaction de voir que nombreux sont les anciens collégiens qui ont osé après moi proclamer combien ils avaient été heureux au collège, possédés de science (1), de pathétique et de désintéressement.

Je vous prie, Monsieur, de vouloir bien recevoir l'expression de mes très dévoués sentiments,

                                                    Jean Giraudoux.

(1) Il avait d'abord écrit : sciences.

QUATRE LETTRES A PIERRE BRESSY,
ADJOINT AU CHEF DU SERVICE DE PRESSE

Giraudoux fonctionnaire. Mais ces lettres le surprennent au plus mauvais moment, lorsque, las d'être à lui seul — aidé de Bressy et de trois secrétaires — l'équivalent de l'actuel ministère de l'Information, il prenait ses distances. Pierre Bressy le suppléait alors dans les deux rendez-vous quotidiens — midi, sept heures — qu'il avait avec la presse française et étrangère. Des jours de vacances clandestines étaient ainsi grignotés. La première lettre vient de Cusset, où le fils attentif reste au chevet de sa mère malade— elle était de santé fragile dès les premières années du siècle, mais c'est à peine si son fils lui survécut : on dit qu'il aurait pris froid à son enterrement, à l'automne de 1943. La seconde, de Lyon, où Giraudoux retrouve le souvenir de son service militaire plus de vingt ans après. La troisième mêle deux préoccupations communes à Bressy et à Giraudoux : le sport, et le métier — en la circonstance le *Pariser Correspondenzblatt* (et non Korrespondenzsblatt), journal de propagande française en langue allemande (voir notre *Giraudoux et l'Allemagne*). La dernière félicite Bressy de sa Légion d'honneur — mais toujours dans les mêmes circonstances : de loin.

Jean Giraudoux   [*1924 à 1926*]
à   *Lettre autographe appartenant*
Pierre Bressy   *au destinataire.*
                                        [*S.l.n.d.*]
Vendredi

    Cher ami,

Un petit mot pour vous dire que je suis toujours à Cusset. Ma mère est tombée malade et je n'ai pu partir pour le midi; du moins partir encore car si, comme je l'espère, elle allait mieux à la fin de la semaine, je plongerais quelques jours vers la Provence. J'espère qu'à part la nomination de Saint-Brice à la direction du personnel, **vous n'avez pas eu trop d'alertes** et que personne au surplus ne s'est aperçu de mon absence. Si je suis toujours sans nouvelles de vous, je continuerai à interpréter ce silence comme vous avez interprété le mien, et ne rentrerai pas avant le 25 ou le 26. Mais prévenez-moi en cas d'accident ou de menace... Ici beau temps, épidémies et travail.

    A bientôt, cher ami. J'espère vous écrire avec plus de détails du Café Glacier des Arènes ou du Terminus Palace. Je vous envoie mille amitiés, dont vous voudrez bien transmettre une part à nos amies les Niebelungen du rez-de-chaussée,

Jean Giraudoux.

PS. — Si vous pouvez attirer l'attention du Ministère des Colonies sur un candidat au concours du 19 pour l'emploi de commis des Postes en Indochine, Noël Lassus, que je connais bien, vous me rendriez service. Peut-être M. Suard, si vous lui communiquiez ma requête, pourra s'en occuper.

Jean Giraudoux   *Lettre autographe appartenant*
à   *au destinataire.*
Pierre Bressy
Grand Café de la Paix
   Place Bellecour
     Lyon

Lyon, le lundi ... 192... (1)

    Cher ami,

Sur la route du retour, je retrouve le café où je prenais mes apéritifs quand j'étais zouave. Temps et culottes ont changé; mais il y a encore du brouillard sur toute la ville, et cela est pénible pour qui arrive d'une traite de Nice. Car j'arrive de Nice, où je ne

---

(1) Seul le mot *lundi* est manuscrit.

pouvais pas ne pas me rendre, pour le congrès. J'ai assisté de loin
à l'entrée des délégués et du Kaiser dans la salle du Casino. Cela
ne pouvait être comparé à l'entrée des Hoffman Girls dans le
même établissement. Rien de plus beau que les opinions du Cartel,
mais rien de plus laid que ses membres. Par bonheur quelques
journalistes, race superbe, tranchaient violemment par leur faux
plastron et leurs vraies barbes. Le temps était très beau (2).

Je vous raconte cela parce que c'est du service. J'aime les
affaires sérieuses. Nous aurons les heures de bureau pour deviser
des autres. Je voulais seulement vous demander si mon absence, peu
remarquée jusque là, peut se prolonger sans inconvénient jusqu'au
dimanche. Vous serez très aimable de m'en avertir à Cusset (Allier),
où je serai demain mardi.

J'espère que vous n'avez pas eu trop d'ennuis, et je vous envoie
mille amitiés, en vous chargeant d'en distribuer quelques centaines
sur nos camarades syndiqués et syndiquées (×),

Giraudoux.

(×) Pas sur Marcel M. qui doit être vers Cadix.

(2) Jean Giraudoux avait d'abord écrit : superbe.

Jean Giraudoux   *Lettre autographe appartenant*
à   *au destinataire.*
Pierre Bressy   *[1925]*

Cher ami,

Tous les journaux me parlent indirectement de vous (1), mais
j'ai été heureux quand même de votre mot et je me réjouis de vous
savoir en bonne forme. J'espère que vous êtes tout à fait remis,
enfin, de votre fausse grippe. Il faudrait partir en vacances exactement dans l'état où l'on en revient, pour qu'elles fussent profitables.
Soignez-vous bien jusqu'à mon retour qui sera, si vous n'y voyez
pas d'objection, à la fin de la semaine prochaine. Je compte sur
vous pour faire adopter cette solution par Léger comme convenue
et naturelle, à moins que la liberté ne vous attire trop brutalement
en cette fin de mois.

J'habite un promontoire aux environs de Vichy, où je vais
chaque jour boire un verre. C'était jusqu'à hier un verre d'eau
de Chomel. Le peu d'effet que cette cure a sur mon estomac me l'a
fait remplacer désormais par un verre de Picon-Grenadine. J'engraisse. Les balances successives du Parc sur lesquelles je me pèse
ne me reconnaissent plus.

(1) M. Bressy suppléait J.G. au Service de Presse pendant les vacances de
son directeur.

J'ai vu avec plaisir le triomphe de la France sur l'Angleterre dans le match d'athlétisme. Cela correspond à Waterloo. Que notre Ministre se méfie de la prochaine conférence, car les Anglais voudront leur vengeance. Vous voyez que je continue à lire surtout *L'Echo des Sports*, et son frère de couleurs (2). *Le Pariser Korrespondenzsblatt* (3) a donc été bien accueilli. Voulez-vous dire à Ziolin (4) que je le trouve très bien, mais que j'aimerais, à la fin, des articles documentés sur des livres très modernes, sur l'exposition (5), qu'on pourrait demander à des spécialistes, à Edmond Jaloux par exemple ou à Benjamin Crémieux, et un article sur le match France-Angleterre. D'ailleurs peut-être y aurait-il lieu, si cela ne l'ennuie pas, d'attendre mon retour pour l'édition définitive.

Au revoir, cher ami. Je vous envoie mille amitiés en vous priant d'en transmettre une bonne part à Marcel (6) et à Vignier, car je pense partis déjà nos autres camarades. Mes hommages à ces jeunes dames (7),

Giraudoux.
Cusset - Allier.

(2) Le journal *L'Auto* était imprimé sur papier rose.
(3) Lire : *Correspondenzblatt*.
(4) Auteur d'albums patriotiques sur l'Alsace. Vieillissant, il fut employé par le Quai d'Orsay, sans doute sur l'initiative de J.G., pour s'occuper de ce *Pariser Correspondenzblatt*.
(5) L'exposition de 1925.
(6) Peut-être Marcel Ray.
(7) Les sténo-dactylographes du service de presse.

---

*Jean Giraudoux
à
Pierre Bressy*

*Lettre autographe appartenant
au destinataire.
3 août (1925) :
(Timbre de la poste :
Vichy, Allier.)*

3 août

    Mon cher ami,

Je vois que la combinaison dont m'avait parlé Léger a réussi et que le Départment a devancé la Guerre. C'est à son actif, et j'en suis très heureux. Toutes mes félicitations les plus sincères (1).

Je quitte le Bourbonnais jeudi et reviens à Paris dimanche après un détour vers l'ouest.

Amitiés aux amis. Tous mes meilleurs souvenirs et mes remerciements pour les bouffées de calme qui m'arrivent du Quai d'Orsay.

Votre Giraudoux.

(1) Bressy fut fait Chevalier de la Légion d'Honneur cette année-là, au titre du « Département » des Affaires étrangères et non du ministère de la « Guerre ».

UNE CARTE A EDOUARD MAYNIAL

« Mon père, dont le seul snobisme fut scolaire... »

Jean-Pierre Giraudoux.

Jean Giraudoux
à
Edouard Maynial   *Cusset, 4 novembre 1924*
Cusset, 4.11.24

Cher camarade,

Je serai très heureux d'être des vôtres, et vous remercie de votre aimable pensée. Peut-être aurai-je ainsi l'occasion de faire la connaissance d'un archicube dont le nom a résonné dans ma première année de cagne ! (1)

Tous mes dévoués sentiments,

Giraudoux.

(1) Edouard Maynial, normalien de la promotion 1899, ancien « cagneux » de Lakanal, agrégé des lettres, avait invité Jean Giraudoux à participer au banquet de l'association des lauréats du Concours général.

LETTRE SUR AMPHITRYON 38

Lettre à une éventuelle traductrice américaine *d'Amphitryon* : en définitive, ce fut un traducteur, S. N. Behrmann, dont la traduction parut en 1938, à Londres, chez Hamilton, et à New York, Randon House.

Lettre capitale — l'une des rares occasions où l'on peut lire ce que disait Giraudoux à ses interprètes. A-t-on vu souvent auteur plus complaisant ? Giraudoux a d'abord envie d'un succès, d'un « très gros succès » près du « grand public ». Il est encore sous le charme de la mise en scène de Barnowsky et du jeu d'Elisabeth Bergner, qu'il a vus à Berlin quinze jours plus tôt. Le souvenir de Jouvet, de Valentine Tessier s'en trouve aboli.

Il faudra attendre jusqu'au 1er octobre 1937 pour qu'*Amphitryon 38* soit créé à New York. La critique le recevra mal, et le public « merveilleusement » — grâce notamment au couple Lunt-Fontaine, grâce aussi à un « sketch scrupuleux en excellent anglais » qui réjouira Giraudoux, comme on le verra pp. 248 à 250.

Paris, 28 janvier 1931

Mademoiselle,

Vous me pardonnerez ce long retard. J'ai dû subitement partir
pour un pays lointain, sur l'ordre de mon ministère, et je suis
revenu par l'Allemagne, où l'on jouait Amphitryon. Me voici à
Paris depuis quelques jours seulement. Avec le printemps, j'y
ai trouvé le remords de ne pas avoir répondu encore à votre lettre,
et de ne pas vous avoir exprimé, ainsi qu'à Madame Caro Debraille,
ma reconnaissance pour votre sympathie et votre activité. Je dois y
joindre aussi mes félicitations pour votre traduction, que je trouve
toujours juste, élégante, et sensible. Elle est la meilleure des trois
traductions anglaises que j'ai reçues et de loin.

En ce qui concerne vos projets, vous pensez bien que l'idée d'un
grand spectacle pour ce combat d'une femme et des dieux ne peut
me déplaire. Je trouve dans la mise en scène suggérée par la
personne à qui vous avez confié la pièce beaucoup d'agrément et
d'invention. Je suis persuadé que l'effet qu'elle se propose d'obtenir
peut l'être, avec son talent et son originalité. Je ne vois pas non
plus d'inconvénient à ce que l'ordre des scènes soit parfois infléchi,
ni surtout à des réductions de texte, car le texte français est, à
mon avis, déjà beaucoup trop long pour le théâtre. Je veux insister
surtout sur ma conviction que cette pièce est faite pour le grand
public, et, que, quel que soit le raffinement de la présentation,
l'effort du metteur en scène doit être de la rendre claire et facile.
J'ai eu une heureuse confirmation de cette persuasion à Berlin, où,
jouée en pièce du répertoire, elle vient d'obtenir un très gros succès
et dans un grand théâtre. Si à cette vitesse et cette limpidité de jeu,
s'ajoutaient l'invention et les ressources théâtrales américaines je
ne pourrais qu'en être ravi; ... la gaieté aussi, et la jeunesse, qui
là-bas restent, paraît-il, gaies et jeunes. Pour le texte, je m'en
rapporte pleinement à vous deux, car j'ai vu à l'œuvre votre
conscience et votre amitié pour mon écriture. Je vous demanderai
seulement de me tenir au courant et de m'envoyer des nouvelles
auxquelles cette fois vous recevrez de rapides réponses.

Je vous prie, Mademoiselle, de vouloir bien recevoir, ainsi que
Madame Caro-Debraille, l'expression de mes plus dévoués hommages, et transmettre l'expression de mes remerciements à ceux
qui ont ainsi manifesté à Amphitryon une sympathie dont je suis
touché,

Jean Giraudoux.

LETTRE A ANDRE MORIZE

André Morize (1883-1957), camarade de Giraudoux rue d'Ulm (promotion 1905), fit toute sa carrière aux Etats-Unis, et acquit une grande autorité à l'Université de Harvard, comme professeur de littérature française. En 1917, il s'embarqua avec Giraudoux sur la vieille *Touraine* à destination de l'*amica America*. Trois mois durant ils furent ensemble instructeurs militaires à Harvard. Giraudoux écrivit alors à Paul Morand : « Les deux artilleurs très bien et Morize aussi » (*Souvenir de notre jeunesse*, p. 113). Puis la vie les éloigna — sans les séparer. Cette lettre prouve que par-dessus l'Atlantique les liens de l'amitié demeurèrent solides, elle explique en partie ce que personne, à Paris, ne comprit : en 1939, Giraudoux, nommé commissaire à l'information, choisit pour directeur de cabinet un universitaire qui résidait à l'étranger, là où l'on attendait un préfet ou un conseiller d'état... Morize fut dévoué, accueillant. Bien sûr, il ne connaissait rien ni personne dans la jungle parlementaire. Quel directeur de cabinet, d'ailleurs, eût épargné le naufrage au « Continental » ? En 1940 encore, Morize était à Lisbonne aux côtés de Giraudoux. Et encore en 1949, lors de la pose d'une plaque commémorative sur l'immeuble du 89 quai d'Orsay : l'allocution qu'il prononça alors a été publiée dans *Humanisme contemporain*, t. III, Les Belles-Lettres 1968, p. 19-22. Il y cite une autre lettre, la dernière qu'il ait reçue de Jean Giraudoux : Giraudoux avait commencé à écrire la date en toutes lettres « Le vingt neuf juin dix neuf cent... » et, s'interrompant, il avait continué :

« Tu vois, je mets la date en toutes lettres, comme sur un chèque. Mais une lettre, c'est un chèque sur l'amitié, et je sais qu'avec toi, il y aura toujours une provision ».

Jean Giraudoux
à
André Morize   *Vevey, août 1931*
[*Professeur de littérature
française à l'Université
de Harvard*]
Vevey, août 1931

Bien cher ami,

Cette lettre te sera remise ou envoyée par une de nos jeunes amies, Mademoiselle Eugénie Delachaux, qui quitte ce mois-ci la Suisse pour les Etats-Unis où elle va passer un an ou deux. Elle est dans un collège de jeunes filles un peu éloigné de Radcliffe, mais elle aura sûrement l'occasion d'entendre parler de toi, ou de te voir à Boston, et je serai très reconnaissant, toi qui connais si bien l'atmosphère du début là-bas, de la lui rendre, si tu en as l'occasion, plus sympathique encore. Je donne aussi à Mademoiselle Delachaux un mot pour Madame Coolidge, dont tu seras très aimable de lui préciser l'adresse.

De Vevey, du canton de Vaud, où nous passons, précisément grâce à l'amitié de la famille de Mademoiselle Delachaux, des vacances réconfortantes, je t'envoie mille affectueuses pensées, auxquelles je me permets de joindre, pour ta femme, mes très dévoués et respectueux hommages.

Jean Giraudoux.

DEUX BILLETS POUR ANDRE SUARES

Giraudoux et Suarès, hommes parallèles, traversant les mêmes zones : l'Ecole normale supérieure, le côté Romain Rolland, le côté Gide, la littérature de guerre, — *Commentaire sur la guerre des Boches*, Emile-Paul (1915-1917); le théâtre à la grecque : *La Tragédie d'Elektre et Orestre* (1905); *Cressida* (1913); et Goethe : *Goethe, le grand Européen* (1932).

Suarès précédait Giraudoux : de dix-sept ans rue d'Ulm ,et de trente-deux ans sur le thème d'Electre. Mais Giraudoux marchait d'un pas toujours plus allègre, souriant à son siècle et même à ses ennemis allemands. Suarès allait à contre-courant et se refermait de plus en plus sur lui-même, écrivant et récrivant sa *Lettre d'un solitaire sur les maux du temps* (1899), crachant sur les Barbares et leur Kultur (« Du beau mot français de culture, cet ahan nourricier qui parle à toute la famille, les Barbares ont fait un instrument abstrait, un harnais militaire : ils l'on coiffé d'un K à pointe » (1), lui qui avait écrit une symboliste *Elektre* avec la graphie anticobarbare d'un Leconte de Lisle. La guerre passée, les théâtres jouaient Giraudoux, non Suarès, et Giraudoux s'excusait de sa gloire en envoyant des places de *Judith* et d'*Intermezzo* enveloppées d'un discours plein d'admiration pour le maître solitaire et sa hautaine retraite.

En vain. (Lettre de Suarès à Gabriel Bournoure, 10 janvier 1940...) : « L'événement ne peut me surprendre. Mieux que personne vous savez que je l'annonce depuis plus de vingt ans. Je le répète : ma douleur est celle de Cassandre. Il y aura bientôt dix ou vingt ou cent chiens d'auteurs pour reconnaître dans Cassandre un vieil imbécile. A la bonne heure ! Claudel et Maurois, Giraudoux, Alain et Gide. Tous ces patriotes sublimes... Ils sont les plus forts; ils censurent, ils effacent tout ce que j'écris. A qui en appeler ? » (2)

(1) *Nous et eux*, p. 28.
(2) M. Dietschy, *Le cas André Suarès*, p. 91.

Jean Giraudoux   *Paris, 4 décembre 1931*
à   *Bibliothèque Doucet*
André Suarès   *(tampon de la poste :*
11, rue de la Cerisaie   *Paris XVII, av. de Wagram 4.12.31)*
Paris

                                   Vendredi 4 Décembre 1931

     Bien cher Monsieur,

    Vous avez raison. J'ai beaucoup pensé à vous, à votre lettre, et aussi parlé de vous avec quelques amis sûrs, dont l'admiration pour vous n'est entachée d'aucun snobisme et d'aucune littérature. J'ai même éprouvé un grand plaisir à constater combien les sentiments que vous inspirez sont nets et purs. J'attendais, pour vous voir ou pour vous répondre, car j'ai toujours quelque scrupule à vous troubler dans votre retraite, d'avoir pu trouver une base réelle à notre conversation. Peut-être que Brun, le directeur de Grasset, nous la fournira bientôt. Je le revois au début de la semaine prochaine et vous écrirai bientôt.

    Je vous envoie ce petit mot pour vous demander si vous pouvez aller entendre *Judith* au Théâtre Pigalle. Vous me feriez grand plaisir. Vous n'auriez qu'à présenter au contrôle du théâtre la carte ci-jointe, en inscrivant la date. On joue ma pièce une dizaine ou une quinzaine de jours encore, et le Dimanche en matinée.

    Voulez-vous, cher Monsieur, transmettre mes hommages à Madame Suarès et accepter l'expression, bien vive, de mon profond dévouement,

                                   Jean Giraudoux.

    Dans le coin de l'enveloppe : « Jean Giraudoux, avec un billet qui a été utilisé ».

Jean Giraudoux   *Bibliothèque Doucet*
à   *Mss 8024-417 - H 1 Alph.*
André Suarès   *Lettre autographe*
                              Paris, 26 avril 1933

     Bien cher Monsieur,

    Je suis à Paris pour quelques heures et j'y trouve votre lettre. Ne croyez pas à ma négligence. J'en serais très affligé. Mais j'ai le sentiment si constant et si sûr de mon admiration pour tout ce que vous avez affronté, et sauvé, et défendu, dans notre royaume, — de ma joie aussi à vous voir, par votre seule existence, rendre ridicules et méprisables tant de glorieux, que j'éprouve moins le besoin de vous les exprimer à vous-même. Pardonnez-moi.

Je joins à ma lettre deux places pour ma pièce. Il vous suffira d'indiquer par écrit sur le bulletin la date que vous aurez choisie; il y a des matinées le Dimanche. Peut-être Madame Suarès pourra-t-elle vous accompagner. J'en serais très heureux.

Je vous envoie, bien cher Monsieur, tous mes souvenirs profondément dévoués,

Jean Giraudoux.

Joint, non utilisé, un billet pour deux places à la Comédie des Champs-Elysées. Représentation : Intermezzo.

UNE LETTRE A ANDRE BRETON

Déclaration de solidarité d'un romancier fonctionnaire du Quai d'Orsay à un poète surréaliste devenu militant communiste. Giraudoux avait fréquenté les surréalistes autour de 1920 [1]. Il a revu Aragon en 1937, 1939, 1944. [2]

(1) On nous pardonnera peut-être de renvoyer à notre article, « J.G. et les Hommes-tigres », *Cahiers algériens de littérature comparée*, n° 1, 1966, p. 20.

(2) Voir *Hommage à Giraudoux*, sous la direction de René Tavernier, *Confluences*, 1945, pp. 126-129.

Jean Giraudoux
à
André Breton

L'enveloppe porte : Direction
du Surréalisme, 42 rue Fontaine
Paris 9
et le timbre : 6.2.32
(B.N. N. a.f. 25.094 f; 239

(En réponse à une lettre circulaire imprimée qui disait :

L'inculpation d'Aragon pour son poème *Front Rouge* parue dans la Revue Littéraire de la Révolution Mondiale, inculpation qui l'expose à une peine de cinq ans de prison, constitue en France un fait sans précédent.

Nous nous élevons contre toute tentative d'interprétation d'un texte poétique à des fins judiciaires et réclamons la cessation immédiate des poursuites.)

Samedi

Mon cher Breton,

Je trouve à mon retour deux protestations au sujet d'Aragon. Vous pensez bien que je protesterai moi aussi. Mais, sur mon intervention, on me dit qu'il n'y a pas inculpation, mais seulement enquête. Pourriez-vous me dire ce qu'il en est.

Bien à vous,

Jean Giraudoux.

DEUX LETTRES A ANNETTE KOLB

Née d'un père allemand et d'une mère française, Annette Kolb avait publié en 1912 les *Lettres d'une Franco-allemande*. Au début de la guerre, elle tint en Allemagne des conférences contre la guerre, puis rencontra Romain Rolland et tous les opposants à la guerre et ne cessa plus de prêcher l'amitié franco-allemande. Au début du nazisme, elle s'enfuit précipitamment et se réfugia en France. Elle traduisit *La guerre de Troie n'aura pas lieu* en allemand, et Giraudoux préfaça l'édition française de son *Mozart* (1938). Elle se préparait à traduire l'un de ses romans...

Jean Giraudoux
à
Annette Kolb

[*Vienne (Autriche),*
novembre 1936]

mercredi

Chère Mademoiselle,

Je pars dans un quart d'heure, mais je voudrais vous envoyer auparavant ce que je n'ai pu vous dire dans une semaine surchargée : l'expression de toute ma reconnaissance pour votre sympathie et les preuves que vous m'en donnez avec notre (1) *Guerre de Troie*. J'y joins mon profond dévouement.

Jean Giraudoux.

(1) Jean Giraudoux avait fait le texte, et Annette Kolb la traduction que l'on venait de jouer avec grand succès à Vienne, en présence de l'auteur et du tout-Vienne (*Giraudoux et l'Allemagne*, p. 369).

Jean Giraudoux
à
Annette Kolb

[*Paris*] *12 septembre 1937*

12 sept. 37

Bien chère Annette Kolb,

Je trouve votre lettre et votre carte à mon passage à Paris, et je repars dans une heure. Ma lettre aura-t-elle le temps de vous rejoindre avant le quinze, je l'espère. Elle vous apportera toute ma gratitude pour votre souvenir, et, comme je relis *Mozart* (1) en ce moment, mon dévouement fraternel... Pour vos romans : *Bella* et *Eglantine* ont déjà paru à l'Insel Verlag. *Bardini* dans le *Berliner Tageblatt*... Mes préférences iraient à *Suzanne et le Pacifique...*

Je n'ai pas vu encore l'Exposition (2), et je reviens vers le 25, pour me préparer au vrai voyage (3) qui sera en octobre. Je vous verrai d'ici là, mais déjà je puis vous dire que ce que vous avez dit d'elle est ce qui en a été dit le mieux;... et grand merci pour les photos.

Je vous envoie un grand salut, et tout mon respectueux dévouement.

Jean Giraudoux.

(1) Le *Mozart* d'Annette Kolb, dont il allait préfacer la traduction française (Albin-Michel, 1938).

(2) Probablement l'Exposition universelle, installée sous ses fenêtres, et dont il avait parlé déjà à plusieurs reprises en tant que président de la Ligue urbaine.

(3) Voir ci-dessous, le tour du monde en cent cinquante jours, p. 245.

UNE LETTRE DE JEAN GIRAUDOUX
PRESIDENT DE LA SOCIETE
DES AMIS DE LA BIBLIOTHEQUE JACQUES DOUCET

Pour éclairer cette lettre, jauger le « mauvais président », préciser la nature de « l'enquête » et le choix d'Armand Petitjean, il suffit de se reporter au *Journal d'un collectionneur*, de René Gimpel (1), à la date du 1ᵉʳ décembre 1938 : c'est le compte rendu d'une séance à la bibliothèque Jacques-Doucet.

p. 456 « M. Giraudoux. — Je crois qu'il est dans un rôle de président de donner aussitôt la parole à Mᵐᵉ la Vice-Présidente [Rose Adler].

En note : « Nous avons élu G. président, après la mort de Mᵐᵉ Walter, et il ne s'occupe pas de la bibliothèque, ne répond pas aux lettres que nous lui adressons, donne 1 ou 2 livres, ne recrute aucun membre, ne remplit pas les devoirs de sa charge ».

(Suivent cinq pages de compte rendu d'une séance à laquelle participent Gide, Mˡˡᵉ Friedmann, Mˡˡᵉ Dormoy, J. Paulhan, Marie Laurencin etc...)

p. 457   G. — [résumant l'avis de tous] : il faut décider de ne plus acheter des livres ordinaires.

p. 458.   G. — Je vois des manuscrits très intéressants chez des libraires, souvent de petits libraires.

M. René Gimpel. — Nous serions reconnaissants à notre président de nous les signaler.

G. — Je vais peu chez eux; j'ai peu de temps.

[On parle du prix Jacques-Doucet. On décide de commander une enquête. Sur quoi ? sur des sujets divers ?]

G. — Je crois qu'il faudrait que l'enquête fût toujours sur le même sujet. Une continuité est nécessaire. La continuité donne une grandeur. Une enquête sur la vie de l'écrivain, des lettres.

Gide. — Sur la manière de gagner sa vie [...]

(1) Calman-Lévy, 1963, 500 p. in 8°, p. 456 sqq.

G. — *Sylvie* a été payée 40 francs. Il faut, c'est nécessaire, que cette enquête porte sur la vie des lettres et des écrivains; sur leurs rapports entre eux et la société; la lutte avec l'éditeur.

G. — Ce n'est pas nécessaire de concourir. Il ne faut pas redouter des inégalités dans une œuvre. Il faut extraire de l'œuvre la somme. Ces inégalités concourent à cette somme.

M. Paulhan. — Petitjean ferait une enquête remarquable.

G. — Il y a plusieurs Petitjean.

A. Gide. — Oui, il a beaucoup de talent. Il ferait très bien.

Mlle Friedmann. — Le comité littéraire devra nous signaler les jeunes capables de cette enquête.

G. — Quand se réunit le comité littéraire ?

M. Gide. obligé de quitter la séance, dit au revoir à chacun.

[On aborde la question des publications d'inédits]

J. Giraudoux. — Il faut quelque chose de large, une idée directrice... Il faut attendre l'instant. Une idée générale n'est pas une encaisse-or; cela s'évapore, il faut certainement préciser.

La spécialité des inédits, c'est d'être remis à la séance suivante.

La séance est levée ».

Jean   Giraudoux
à
Yolande Friedmann (1)

Bibliothèque J. Doucet
M II - 4694 X
Lettre dactylographiée
Paris III - rue Vivienne 18
17.5.39 (timbre de la poste)

Paris, le 17 mai 1939
Mademoiselle Y. Friedmann
Bibliothèque Littéraire J. Doucet
10, place du Panthéon
Paris V

Mademoiselle,

Je continue à être un modèle de mauvais président (2). Je pars en voyage cette semaine et suis obligé de renoncer à assister à votre prochaine réunion, mais je crois qu'il y aurait en effet urgence à décider de notre enquête et de la confier à un jeune écrivain. Je pense que nous sommes d'accord sur l'objet même du travail — vous le préciserez très facilement dans une prochaine séance. Quant au choix de l'enquêteur, j'ai l'impression que l'accord se fera facilement : les noms prononcés — et entre autre le nom de Armand *Petitjean* — étant très sympathiques.

Je vous prie de recevoir, Mademoiselle, mes très dévoués hommages,

Jean Giraudoux.

(1) Aujourd'hui Madame P.O. Lapie.
(2) Président de la Société des Amis de la bibliothèque Jacques Doucet.
Date. La date du 17 contredit celle du 16 donnée p. 265. La seconde est sans doute la bonne et cette lettre-ci a dû être postdatée par erreur.

QUATRIÈME PARTIE

SUPPLÉMENTS
AUX VOYAGES DE L'INSPECTEUR GIRAUDOUX

TRENTE-QUATRE CARTES POSTALES
POUR SUZANNE LALIQUE (MADAME PAUL HALIVAND)

La fille du grand maître-verrier, orpheline de mère, avait été adoptée, un peu comme Jean Giraudoux, par M. et Mme Morand, « la dame » et « le monsieur » comme ils les appelaient plaisamment. Elle fut pour lui une petite sœur, dans une maison qui comptait un fils légitime, Paul, beaucoup de protégés, — dont les « petits peintres », Inguimberty, Brianchon, Houdot, Legueult, élèves du « monsieur », conservateur du dépôt des marbres puis directeur de l'école des Arts décoratifs, — et beaucoup d'amis, Denise Bourdet, Eiric Labonne, entre autres « cordeliers ».

Les Morand allèrent plusieurs étés en vacances avec Suzanne à Crozant, à la jonction de la petite et de la Grande Creuse. Giraudoux y passa. C'était juste après la guerre — et pourquoi pas un dimanche à midi comme dans *Siegfried et le Limousin* :

« C'est l'heure où les peintres et les chasseurs de Crozant rentrent de conserve à l'auberge Lépinat, dégouttants de sang et de couleur ». (p. 302).

Suzanne Lalique épousa Paul Haviland : le verre et la porcelaine, la France et l'Amérique... Ils eurent des enfants, et Jean Giraudoux fut parrain; une maison de campagne, « le Prieuré », à la Mothe, Touraine, et les Giraudoux y passaient, rentrant du Limousin. Les Halivand furent parmi les fidèles des dimanches de l'entre-deux-guerres, avec les Bourdet, les Morand, les Giraudoux. Dans les voyages, on s'envoyait des cartes postales. Et quand Suzanne — le Chardin de son temps — fit une exposition, Edouard Bourdet, Paul Morand et Jean Giraudoux écrivirent chacun un texte dans son catalogue. Celui de Giraudoux est réédité, voir *Or dans la nuit*, p. 75 :

« Nous nous demandions ce que Suzanne Lalique préparait depuis sa naissance. Elle se livrait dès l'école à une opération étrange de politesse envers la vie et son décor (...). Elle les traitait avec les égards, la sûreté et la considération de ce qui a été élevé dans la maison du verre et du cristal ! »

Les billets qui suivent racontent, de loin en loin, l'histoire d'une jolie franco-américaine, et celle d'une amitié transparente.

A Madame Paul Haviland   St-Amand-Montrond
                                                16 (?) 7.19
(Carte postale :
St-Amand-Montrond
la place Carrée)

    Chère Suzon,

    Je suis à 50 kilomètres de Crozant. Je pense donc à vous,
à   (1)

                                    et à   (1)

(1) Deux petits dessins, qui représentent sans doute « le monsieur » et « la
dame ».

A Madame Paul Halivand   Cusset [*Septembre 1919 ?*] (1)
                                              Mercredi
    Chère Suzon,

    De qui est cette phrase : « Bien que jolie et franco-américaine,
j'oublie mes amis qui s'appellent Jean » ?
    J'ai eu beaucoup d'alertes tout ce mois-ci avec la santé de mon
père, et j'ai été par force très négligent, mais je serais très heureux de savoir comment vous allez tous deux. Je fais aussi le
projet d'aller quelques jours à Crozant vous retrouver et le monsieur et la dame. Quand y serez-vous, Paul et vous ?
    Bien affectueusement à vous deux, souvenirs à Jacques,

                                                        Jean.

(1) A rapprocher peut-être de la lettre du 26 septembre 1919.

Madame Paul Halivand   [*septembre 1919 ?*]

    Chère Suzon,

    J'ai bien reçu le télégramme de Paul, remerciez-le infiniment de
m'avoir ainsi prévenu, mais malheureusement je ne peux guère
faire de projets. Mon père a des syncopes un peu moins fortes
depuis hier, mais c'est peut-être qu'il devient plus faible. J'aurais
bien besoin pourtant de vous revoir, ainsi que Madame et Monsieur Morand, et si l'accalmie se continue, j'irai passer quelques

jours à Crozant à la fin de la semaine prochaine. Peut-être serai-je obligé d'aller à Paris lundi et je tâcherai d'y voir Tabac (1).

Ecrivez-moi. Comme je veille les nuits, je dors le jour et mes lettres sont bien brèves. Mais dites toute mon affection à la Dame, au Monsieur et à Paul.

Rien pour vous, Suzon.

Jean.

(1) On appelait ainsi Paul Halivand, qui avait les yeux couleur tabac.
Date : A rapprocher, peut-être, de la carte du 26 septembe 1919.

Carte-Lettre à Madame Paul Haviland   *Cusset, 26 septembre 1919*
Crozant, Creuse   *(Timbre de la poste :*
                               Vichy ? (Allier) 26.9.1919)

Bien chère Suzanne,

J'espère que Paul est enfin avec vous et que vous aurez tous deux quelques jours encore. Dites-lui tous mes regrets, et mon espoir de vous retrouver bientôt. Bien des remerciements à la Chevrière pour sa grande cheminée, son petit feu, et son hospitalité. Bien des choses à Jacques, tous mes plus dévoués souvenirs à Madame et Monsieur Alluaux.

A vous deux, mes meilleures amitiés

Jean.

Au dos de l'enveloppe :

C'est moi qui ai bu *tout* l'Armagnac.

Vichy, 25 septembre 1920

A Madame Paul Haviland
(Carte postale : Vichy
le châlet de l'Empereur) (1)   *25.09.1920*

Amitiés à Suzon

à Paul
à Jacques
à Millerand
à Proust
à Paris

(1) En suscription, de la main de Jean Giraudoux : « Le voilà » suivi d'une flèche qui désigne un vague personnage, dans une embrasure de fenêtre.

A Madame Paul Haviland   **Paris le 18 décembre 1920**
Lettre dactylographiée,
d'apparence très officielle
sur papier grand format :
République Française
Ministère des Affaires Etrangères

                                            Paris le 18 décembre 1920

Je suis tout particulièrement heureux de vous féliciter ainsi que M. Haviland du succès de la brillante fête que vous avez donnée hier rue de Penthièvre en l'honneur des Lettres françaises. M. PAUL MORAND joint ses félicitations aux miennes et je vous autorise à faire de cette lettre, à Paris, à Limoges, à Boston et à Combs-la-Ville, tel usage qu'il vous plaira.

                                            (signature autographe)
                                            Jean Giraudoux.

Madame S. L. HAVILAND.

A Madame Paul Haviland   *Stockholm, 21 mai 21*
(Carte postale : Stockholm
Utsikt fran Operaterassen)
(x)

          Chère Suzanne,

Paul a menti, la première personne que j'ai vue à Stockholm était poudrée de riz... Il est vrai que c'était le vice-consul de France.
Je suis à la place de la croix (mais pas mort). J'espère que vous allez tous trois bien et que la rue du Pré-aux-Clercs nous est un domaine commun. A bientôt. Grand dîner avec ball *(sic)* à mon retour.

                                            Jean.

(x) La croix désigne la terrasse du plus grand café, face au port.

A Madame Paul Haviland   *Talloires (Hte Savoie)*
                                      13 avril ? 1922
(Carte postale :   *(Timbre de la poste :*
Lac d'Annecy)   *Talloires (=près Annecy)*
                                      13. 4 ? 22)

Juste le temps que je voulais à la campagne. Il pleut. Il fait des orages. Il vente. J'espère qu'il fera beau demain pour rentrer.
Bonjour à mon petit filleul et à son Tâne.

                                            Jean G.

A Madame Paul Haviland   *Barfleur 19 août 1922*
(Carte postale : Barfleur
Une flèche indique : « Nos
fenêtres » au 1ᵉʳ étage d'une
petite maison sur le port)

                                                    19.8.22.

  Chère Suzon, cher Paul,

  Donnez de vos nouvelles. Sommes à l'étage marqué au verso jusqu'au 25 environ. Puis retour solennel par Deauville avec Jean-Pierre et ses crabes comme attraction. Avons chaud, depuis un jour. Bien des amitiés, mille choses à mon filleul, avec tous nos vœux de bonnes vacances,

                 Jean.

A Madame Paul Haviland   *Barfleur 30 août 1922*
(Carte postale :
Barfleur, l'Eglise et le Mole)

                                                    30.8.22

  Chère Suzanne,

  Nous rentrons aujourd'hui à Paris, où je reste seul le mois de septembre. J'espère bien que Paul est également privé de vacances, pour sa mauvaise conduite en août et que nous serons contraints d'aller ensemble nous ennuyer mortellement à Montmartre et à Armenonville. Toutes nos amitiés à tous deux et Jean-Pierre envoie à mon filleul l'assurance de toute sa considération

                 Jean.

A Madame Paul Haviland   *Fès, 7 avril 1923*
(Carte postale : Fès   *(Timbre de la poste :*
Porte de la Mosquée Bab-Guissa)   *Fez-Centre 7.4.23 ?)*

  Ce qui correspond ici à la porte Montrouge.
  Avec les affectueux souvenirs pour vous trois de

                 Jean.

A Monsieur Paul Haviland   *Maroc, 1923*
(Carte postale : Nus académiques marocains)

                                    (Timbre de la poste :
                                    (Maroc) ?. ?. 1923)

Avec tous mes plus fidèles souvenirs, ce trio de jeunes sténodactylographes.

J. G.

A Madame Paul Haviland   *Vichy, 11 juin ? 1924*
Carte postale   *(Timbre de la poste :*
                                      Vichy 11. 6 ? 24)

Toutes les amitiés pour vous quatre de Jean.

A Madame Paul Haviland
Hôtel du Morvan
Saint-Honoré les Bains   *Cusset, 14 août 1924*
Nièvre
(carte postale : Chatel-Montagne   *(Timbre de la poste :*
L'Eglise (XIᵉ siècle)   *Vichy, 14.8.24)*

Chers amis,

La dépêche est bien arrivée. C'est vous maintenant que l'on attend à Vichy. Voulez-vous nous confirmer tout de suite votre passage, pour que Suzanne retienne les chambres. Le voyage s'est très bien passé, — par Dompierre où j'ai écrasé sur la place de l'Eglise un superbe coq, — j'ai pu éviter celui du clocher. Amitiés et à bientôt.

Jean.

Au recto : Jean-Pierre envoie tous ses meilleurs compliments à Nicole et ses amitiés à Jacques (1).

(1) Fille et fils de Paul et Suzanne Haviland, âgés alors de un et trois ans.

A Madame Paul Haviland   *Paris, 21 août 1925*
à La Mothe   *(Timbre de la poste :*
par Yzeure   *Paris 115 -*
Indre et Loire   *rue des Sts-Péres*
                                      21 VIII 25 - 9 h. 45)

Ministère des Affaires Etrangères
Service d'Information
et de Presse

Chère Suzanne,

Nous avons appris avec beaucoup de peine que vous aviez été souffrante. Je n'ai pu avoir Paul au téléphone. Ce petit mot est **destiné à vous** apporter bien des amitiés,

Jean.

A Monsieur et Madame P. Haviland

Cusset, 15 août [*1926 ?*]

Cusset, 15 août

Chers amis,

Vittel nous a eus onze jours, et nous a abreuvés généreusement d'une onde que nous lui avons scrupuleusement rendue. Cusset nous a maintenant, avec sa source Elisabeth si décriée par Vichy mais qui est la meilleure du monde, et nous partons aujourd'hui pour le Limousin par le Mont-Dore et par La Bourboule. Chacune de ces villes a été pour Suzanne et pour moi, je ne vous le cacherai pas, l'occasion de boire une vigoureuse bouteille de vin, et un souvenir de l'Anjou de La Mothe nous attire puissamment vers La Roche-Posay (1). Nous serions très heureux d'y passer à la fin de la semaine, pour avoir de vos nouvelles et vous voir. Nous vous arriverions tard dans l'après-midi et nous serions obligés de repartir dimanche après déjeuner; c'est vous déranger pour peu de choses, mais les souvenirs de rencontres à la campagne sont précieux, et il faut les amasser pour l'hiver. Voudrez-vous nous écrire un petit mot ou nous télégraphier à l'adresse ci-dessous, où nous serons jusqu'à samedi matin 8 heures 17. J'espère bien que vous allez tous parfaitement, et que les enfants prennent paisiblement des couleurs. Il faut que Nicole ait un bon fond de joues rouges pour pouvoir y mettre de la poudre de riz crème. De Jean-Pierre nous avons très bonnes nouvelles. Où sont nos parents Morand ? Nous sommes passés quelques jours à Paris, mais personne n'était là.

A bientôt chers amis. Nous vous envoyons tous deux mille affectueux souvenirs, et bien des baisers au filleul et à sa sœur... Si vous aviez par hasard des hôtes samedi, ou des empêchements, ne vous préoccupez pas de nous... Mais nous serions très heureux d'avoir des nouvelles de La Mothe.

Jean.

chez Monsieur J. Chamboux
Sornac, (Corrèze)

(1) A côté du prieuré de La Mothe, au confluent de la Creuse et de la Gartempe.

Date : Les deux dates du 15 août et du 20 août, le projet avorté de rentrer par La Mothe, après des vacances passées à Cusset, dans le Limousin et à Sornac, tout invite à rapprocher cette lettre du 20 août 1926. Toutefois, le délai aurait été bien court pour visiter le Limousin, gagner la Normandie, rentrer à Paris, y recevoir une lettre, y connaître la solitude et achever *Elpénor* ! Ou bien l'une des dates est fausse, celle du 15 ou celle du 20, ou bien il s'agit de deux étés différents mais semblables.

A Madame Paul Haviland
(Suzanne Lalique)
Ministère des Affaires Etrangères
Service d'Information et de Presse

20 août [*1926*]

Chère Suzanne,

J'ai reçu dans la même heure votre carte et la visite de Gonse (1). Ces deux rappels du Prieuré m'ont touché, d'autant plus que je suis seul à Paris. Suzanne et Jean-Pierre habitent la Normandie où ils sont, d'après la lettre de ce matin, renversés et piétinés par des béliers. Je me demande dans quel sens il faut interpréter cette aventure mythologique. Nous avions bien l'agréable projet de passer par La Mothe à notre retour, mais Jean-Pierre a eu une santé très fragile à Cusset et il a fallu courir directement le mettre à ses vraies vacances. Tels sont les épisodes modestes de notre mois d'août, si j'y ajoute un gros ver dans la soupe à Meymac, la Sainte Philomène en vue de Mauriac, et un crapaud sauteur aperçu à Sornac. Car nous avons fait de Cusset une pointe en Limousin, et mangé beaucoup de truites.

J'ai pensé souvent à vous, — je n'attends pas l'hiver pour cela, et à nos parents des Marbres (2). Je n'ai pu savoir leur adresse exacte car on me dit qu'il y a une panne de téléphone vers Fleurus, mais dès que je l'aurai, je vais leur écrire. Paul a dépassé Hong-Kong. Il est en très bonne santé et en Indo-Chine. J'espère que l'élan qu'il a pris est tellement fort qu'il ne pourra s'arrêter au Siam et sera ici dans quelques mois, pour votre retour de Lamotte. Je suis passé chez Grasset. *L'Europe galante* (3) va très bien, si bien que Grasset a beaucoup d'argent et a acheté une femme nouvelle, électrique dit-on.

Paris est plein de visiteurs, mais vide de nos habitudes et jamais je n'y ai vécu avec une impression aussi parfaite d'étranger. J'ignore d'ailleurs quelle est ma langue, car je ne parle plus. Gonse me sort ce soir et me mène chez les belles Italiennes. Le ministère est vide, vide. Tout ce qu'il y a de beaux secrétaires est à Dinard, et de dactylos intéressantes à Deauville. Il me reste les trente-deux journalistes du matin, devant lesquels je tue à midi le veau maigre de l'actualité (4). Dites à Monsieur que, de solitude, j'ai fini *Elpénor*.

(1) Collectionneur, ami de Paul Morand, qui avait acquis le Prieuré de La Mothe et venait de le céder aux Haviland.
(2) M. et Mme Morand, que Giraudoux et Suzanne Lalique connurent alors que M. Morand était conservateur du dépôt des Marbres.
(3) de Paul Morand.
Date : 1926 à cause de la mention d'*Elpénor*, édition augmentée en 1926, et de *l'Europe galante*, de Paul Morand, Grasset, 1926.
(4) Voir les lettres à Paul Bressy.

Au revoir, chère Suzanne. Mille amitiés à vous deux, ainsi qu'aux enfants, que j'espère bien portants, et dites bien des choses affectueuses aux baigneurs de La Roche-Posay de la part de leur fils de Paris (jamais cette expression n'a mieux convenu).

Jean.

Ci-joint une lettre spéciale pour Paul, qui ne s'est vraiment pas fendu pour m'écrire sur la carte !

A Monsieur Paul Haviland   [*joint à la lettre du 20 août 1926*]
(dans l'angle : « déchirer en suivant le pointillé »)

Cher Paul,

Bonjour.

Jean.

A Monsieur Paul Haviland   *(Châteauroux,*
(Carte postale :   *23 ? juillet ? 1928 ?)*
groupe folklorique)   *(Timbre de la poste :*
        Châteauroux 23 ? — ? — 28 ?)

Pour Paul, la dernière de mes photographies en couleurs. Jean-Pierre ressemble assez maintenant au jeune suisse de la carte. Il envoie bien des choses à ses petits amis et moi à mes grands.

Jean.

Date. Jean Giraudoux était le 13 juillet 1928 à Châteauroux où il présidait la distribution des prix du lycée.

A Madame Paul Haviland   *Paris 7 [septembre 1929 ?]*

Paris 7

Chère Suzanne, Dear Paul,

Nous are going to quitter the Bowl Dimanche and to passer à The Mothe lundi for déjeuner. We serions exceedingly heureux not to déranger you, et (zut !) de vous voir quelques bonnes heures.

Si vous étiez ce jour-là bondés de visiteurs ou si le district d'Yzeure était infecté de la fièvre aphteuse pour autos, ayez la gentillesse d'envoyer un télégramme à La Baule (Sables d'Or, Hôtel des Dunes). Sinon vous nous verrez arriver vers midi et nous repartirons vers quatre heures, car il faut que je sois à Paris le mardi très tôt.

J'espère que vous êtes tous quatre en bonne santé. J'ai eu par Paul de vos nouvelles, et de celles de Madame et de Monsieur Morand, auxquels nous envoyons tous des signes affectueux.

Bonjour spécial à mes filleul et filleule; à vous mille amitiés,

Jean.

Date : Les Giraudoux sont allés en vacances à La Baule dans l'été 1929. J. G. y laisse son fils aux soins des Richet, puis, de Paris, avant d'aller le rechercher — au début de septembre plutôt que d'août ou d'octobre — projette de rentrer par La Mothe.

A Madame Paul Haviland   [*Début octobre 1930*]

Chère Suzon,

Vous aurez le petit article (1) dans quelques jours. Je vous l'enverrai de l'Acropole, par avion. Il sera beaucoup mieux que les deux premiers (2).

Qui n'ont pas tout dit, d'ailleurs.

Il y a pas mal à dire sur vous. Ah ! si c'était du mal, j'aurais déjà fini.

Mille choses à tous deux. Voulez-vous dire à Paul (3) que ma secrétaire est en fonction maintenant et hésite à changer. Pourrait-il en faire part à Monsieur Lalique auquel j'ai parlé d'elle par téléphone.

Affectueusement.

Jean.

Date : Le 4 octobre 1930, J.G. rentrait de Toulon et partait pour la Grèce (Lettre à Adal Henraux). Le 22, il annonçait, de Delphes, son retour pour le 28.

(1) Préface au catalogue de l'exposition de Suzanne Lalique (1930), Sorbonne, B.U., et *Or dans la nuit* p. 75.

(2) De Paul Morand et d'Edouard Bourdet.

(3) Paul Haviland.

A Madame Paul Haviland   *Céret (Pyrénées Orientales)*
Château de La Mothe   *5 (avril) 1932*
par Yzeure   *(Timbre de la poste :*
(Carte postale : Céret   *5 — ? — 1932)*
Ermitage de Saint-Ferréol)

Tous nos souvenirs de Céret en fleurs de cerisiers.

Jean G.

Amitiés, Suzanne.

Date. Les fleurs de cerisier indiquent le mois, confirmé par une carte du 8 avril à Louis Jouvet.

A Madame Paul Haviland   *Bagdad 8 juin 1935*
(Carte postale :   *(Timbre de la poste)*
Ur for the Chaldees)

Voici le fameux Ur des mots croisés. Je ne suis pas fâché de le tenir.

Mille souvenirs affectueux à toi et à ton mari, et aux enfants, et à la Seine, et à Paris, et à (inachevé)

Madame Paul Haviland   *La Havane, 23 avril 1936*
(Carte postale : Havana,   *(Timbre de la poste :*
Fraternity Square)   *Habana, Cuba, Abr. 23. 1936)*

A la Yankee.

D'un ami cubain

Jean.

A Monsieur Paul Haviland   *Mexico, 18 mai 1936*
40, cours La Reine   *(Timbre de la poste :*
(Carte postale :   *18 ? may 36)*
Pyramides de Mexico)

Du pays aztèque au pays de Lamotte

affectueusement à tous,

Jean.

A Madame Paul Haviland   San Francisco, 5 juin 1936
(Carte postale en couleurs :   *(Timbre de la poste :*
Rhododendrons.   San Francisco, jun 5 1936)
Golden Gate Park.)

Une vue de La Motte (1)

   d'un ami anonyme

                                 Jean.

(1) Propriété des Haviland en Touraine.

A Madame Paul Haviland   Biarritz 28.9.36 ?
                                  (Timbre de la poste)

   Mille souvenirs pour vous trois de nous trois. Quand rentrez-vous ? Nous serons mardi à Paris.

   Heureux quand même d'y rentrer.

A Madame Paul Haviland   *(Timbre de la poste :*
(Carte postale : « Hanaero-Tuwharetoa   Auckland 29 nov 37)
Chief N.Z. » - sorte de grand sorcier
une massue à la main, devant un
énorme totem)

Auckland 29 nov,

   C'est moi, n'est-ce pas ?
   Mille affectueuses pensées à Paul et aux enfants.

                                   Jean.

A Madame Paul Haviland   Batavia 14 janvier 1938
(Carte postale : Papuau   *(Timbre de la poste :*
Hommes et femmes)   Batavia 14.1.38)

   Effleuré la Papouasie — des yeux. A bientôt la revanche. Comment allez-vous ? J'ai eu un mot de la dame (1) et en ai été très heureux,

                                   Jean.

(1) Mme Morand.

A Madame Paul Halivand
40, cours Albert-1ᵉʳ
(Carte postale :
devant un temple de Singapour,
une femme en costume exotique,
la poitrine nue.)

Singapour 22 janvier 1938
(Timbre de la poste :
Singapour, 24. ja.38)

Singapour, 22 janvier

On dirait la poste de Crozant ... Je ne me rappelle plus si tu avais ce costume ...
Affectueusement à tous quatre

Jean.

A Madame Paul Halivand
(Carte postale)

Hanoï, 7 février 1938
(Timbre de la poste :
Hanoï 7.2.38)

Hanoï 7 février

Chère Suzanne, me voici à Hanoï où j'ai été surprendre Inguimberty (1). Il va très bien. Nous avons été faire ensemble une promenade sur ses sites favoris et ses rizières. C'est un paysage intermédiaire entre Pékin et Tourcoing. C'est très bien. A Paul, aux enfants et à toi, bien des souvenirs,

Jean.

(1) C'était l'un des « petits peintres » — ces élèves préférés de M. Morand, directeur de l'Ecole des Arts décoratifs, et qui s'appelaient Brianchon, Houdot, Inguimberty et Legueult.

A Madame Paul Haviland
(Carte postale :
Châteauroux
vue sur l'Indre)

(Timbre de la poste :
illisible)

De la plus belle ville de France (1), mes plus affectueuses pensées à Suzon, à cousin Paul, et à neveu (mode de Bretagne) Jacques,

Jean.

(1) « O Châteauroux, ville la plus laide de France (...) », *Adorable Clio* p. 80.

A Madame Paul Haviland   *s.d.*
(Carte postale :
Bruxelles Manneken-Pis)

Et je signe votre affectionné

Jean Giraudoux.

A M. et Mme Paul Haviland   *s.d.n.l.*

Chers amis,

Nous partons aujourd'hui sans savoir encore si votre pauvre grand-mère va mieux ou plus mal, et en prenant de votre peine toute la part qui en revient à vos amis. Mais je veux que vous sachiez que notre pensée sera souvent avec vous, ainsi que notre profonde amitié,

Jean.

LE TOUR DU MONDE EN CENT CINQUANTE JOURS

Trente ans ont passé depuis le premier départ vers l'Amérique. L'étudiant est maintenant inspecteur général des postes diplomatiques et consulaires, flanqué de l'ami Job, inspecteur de première classe sans être général. Ils vont traverser les États-Unis, le Pacifique, l'Australie, l'Océanic, l'Indochine, et rentrer par Colombo et Marseille. L'auteur de *la Pharmacienne* va assister au succès de son *Amphitryon* à New York. Le jeune homme secret est devenu un personnage célèbre, père d'un garçon qui étudie à Oxford. Et pourtant le fils sage qu'il était est resté un fils sage. Lorsqu'il écrit à sa mère, il compte, comme jadis, les mois et les semaines qui le séparent du retour. Il s'inquiète de la santé de sa mère, la rassure sur la sienne, récite sa leçon de géographie appliquée et l'embrasse tendrement, ainsi que son frère Alex, sa belle-sœur Marguerite, Jean, son neveu et filleul, sa nièce Anne-Marie dite Riquette : il vit toujours à l'heure de Cusset. S'il rêve, c'est de sa mère (14 janvier). S'il voit des geysers, c'est en pensant aux sources du bassin de Vichy (3 décembre).

Le souci est constant de maintenir avec sa mère les liens de la correspondance, d'une étape à l'autre, malgré les « espaces » (3 décembre), et de la rassurer.

Le fils est plus filial que jamais; l'écrivain, en revanche, est absent. Celui qui sait « combler une âme d'un mot », sachant qu'il peut aussi « d'un mot éteindre une journée d'espoir » [1], semble se défier des mots. La littérature constitue un registre séparé, qui n'a pas sa place dans la correspondance familiale, pas plus que les soucis professionnels. Le succès *d'Amphitryon* est traité comme, jadis, le succès à un examen. Le tour du monde s'effectue à la surface du globe, sans qu'il soit à craindre qu'il en résulte quelque révolution dans la façon de voir et de penser.

Le journal de voyage est ailleurs, par bribes, dans *Choix des élues* pour la partie new-yorkaise, dans *Souvenirs de deux existences* pour l'épisode de Batavia : « Voici exactement le point où a été perdue la trace de Rimbaud ... » [2]

Quant au *Supplément au voyage de Cook*, il a été écrit avant. La première a lieu à l'Athénée quand Giraudoux est en Polynésie. On pourrait même dire que le voyage apparaît comme un supplément inutile au *Supplément*. Giraudoux a perdu le goût des

---

[1] *Siegfried*, p. 185-186.
[2] *La Nef*, février 1949. Texte daté de janvier 1937 — par erreur, pour 1938.

voyages : « Bien loin, trop loin, c'est la dernière de mes longues missions » (14 nov. 1937). Sa lassitude sera bientôt celle de Hans : « J'ai à commander à cinq sens, à trente muscles, à mes os eux-mêmes. Un moment d'inattention, et j'oublierai d'entendre, de respirer... » (1) Parmi tant d'escales, l'amour filial est le seul havre.

Épistolier distrait, Giraudoux s'intéresse d'abord aux bêtes (3 décembre),puis à la végétation, et croise des peuples comme autant de passants. Oxford (octobre), New York (21 octobre, 2 novembre), La Nouvelle-Orléans (8 novembre), Honolulu, les îles Samoa, les îles Fidji, la Nouvelle-Zélande (3 décembre), l'Australie (21 décembre), Bali (9 janvier), Java (14 janvier), l'Indochine (14 février), Singapour (22 février), Ceylan (1er mars) font l'objet d'une description de quelques lignes, impersonnelles, banales, quand ce n'est pas : « Passé à Angkor. Très beau » (7 février).

(1) *Ondine,* acte III, scène 6.

Oxford, [*14 octobre 1937*].
(Cachet de la poste)

New College, Oxford.

Chère maman,

Je t'écris du bureau de Jean-Pierre. Très joli bureau (il a à l'étage supérieur une petite chambre) qui donne sur les jardins et les vieux murs de la ville.

Nous avons passé la matinée en promenades et en conversation qui, j'espère, porteront leurs fruits. Je l'ai trouvé un peu enrhumé, mais il m'a promis de se soigner et il a l'air disposé à travailler et à être le bon étudiant qu'il peut être.

Je m'embarque ce soir à Southampton. Job m'attend dans le bateau, où j'ai une excellente cabine. Je souhaite à tous les voyageurs le confortable de mes voyages. Il fait beau, et la mer ne doit pas être mauvaise. Octobre est d'ailleurs meilleur en général que septembre, à cause des équinoxes.

Figure-toi que je crois m'être trompé d'adresse et t'avoir envoyé une lettre écrite pour Suzanne. Tu serais gentille, si c'était le cas, de la lui renvoyer tout de suite.

Jean-Pierre rêve d'avoir Grise Chatte ici. Mais c'est un rêve. Elle serait malheureuse de te quitter, et je n'ai pas vu un seul chat dans le collège. Je mets mon veto.

Tendrement, chère mère, de tous deux,

Jean.

Je déjeune avec Jean-Pierre dans son salon.

New York, 21 octobre [*1937*]

21 Oct.

Chère petite mère,

Nous arrivons dans quelques heures à New York après une traversée inattendue en Octobre : une mer calme, et si bleue qu'on aurait pu croire que le bateau se trompait et nous emmenait aux Tropiques. Le Champlain n'est pas très rapide, mais il a mis cette fois à peine sept jours. Vie de bord habituelle, nous avions à bord les petits chanteurs viennois et les ballets russes qui nous ont donné un gala. Le reste du temps s'est partagé entre ping pong, la promenade, et le travail. Je travaillais toujours une ou deux heures le matin pour ne pas en perdre l'habitude.

J'avais quelques amis à bord, sans compter le fidèle Job, et ma cabine était suffisamment spacieuse. Nous partons après demain pour la Nouvelle Orléans (2 jours de chemin de fer) et je reviens à New York comme convenu pour la première d'Amphitryon, le 2 novembre. Il y a panique à la bourse de New York, mais plus il est ruiné, plus le New Yorkais aime se distraire et peut-être cela ne nuira-t-il pas au Théâtre. Je t'écrirai toutes les nouvelles dans quelques jours. Suzanne avait formé le projet d'aller passer un peu de temps avec toi. J'espère qu'elle pourra le faire. T'a-t-elle raconté qu'on m'avait volé le 12 à 8 heures ma voiture, qui n'était assurée que jusqu'au 12 à minuit. Elle m'a téléphoné à Londres qu'on l'avait retrouvée au Bois, avec des roues en moins.

J'ai été bien triste de ne pouvoir aller te redire au revoir, mais c'était difficile. Je crois que je n'ai jamais été aussi bousculé de ma vie. J'avais trois préfaces à faire pour trois traductions, préfaces promises depuis un ou deux ans, et j'ai réussi à tout achever — sans compter le reste. Mais j'étais mort.

En faisant le calcul du voyage, je pense qu'à la fin de février je ne serai plus très loin de te revoir. Il y a des fois, hélas, où je ne t'ai pas vue de cinq mois. Je vais imaginer que je ne te vois pas, mais que tu es tout près.

Je t'embrasse, mère chérie.

Affection à tous.

La Nouvelle-Orléans, 30 octobre (1937)

(Carte postale :
Jackson Square, New Orleans
St Louis Cathedral.)

30 Oct.

Chère petite maman,
De la Nouvelle Orléans, dont je te raconterai dans ma prochaine lettre la visite et où j'ai passé mon 29 Oct. (1) avec de très charmants amis. Tu vas bien, n'est-ce pas ?
Tendrement.

(1) Anniversaire de sa naissance. Cinquante-cinq ans !

New York, 2 novembre (1937)

The St-Regis, New York
2 Nov.

Chère petite maman,

Journée effarante, entre tant de personnes et d'occupations ! *Amphitryon* est un succès de public. On va le jouer deux ou trois mois au moins, peut-être beaucoup plus. Je te raconterai cela en détail de San Francisco.

Je t'écris aujourd'hui pour te remercier de tes si jolis mouchoirs. Je ne l'aurais jamais fait ! J'en suis très fier.

J'ai eu un gros rhume, mais il est passé. Et toi ?

Tendrement, et affectueusement à tous.

                                            San Francisco, 8 novembre 1937

Hotel St-Francis
One of the World's Great Hotels   Management
San Francisco, California.   James H. Mc Cabe

8 novembre 1937

     Chère petite maman,

Me voici à nouveau à San Francisco, où je suis à dix mille kilomètres de France, dans une ville amie. J'y ai retrouvé des français de l'an dernier, qui sont devenus des amis à ce voyage, il y a une colonie française nombreuse qui a vaguement entendu parler de mes pièces, et des américains flattés que la première d'*Amphitryon* en Amérique ait eu lieu ici. Le chef de l'hôtel où je suis (et un chef dans un hôtel de 1 000 chambres est un haut personnage) m'a envoyé un panier de fruits à mon arrivée. Tout est ainsi. Cela dure deux jours à peine car mon bateau part demain, mais cela m'empêche de bien saisir quelle distance me sépare de vous. Le navire que je prends est un très beau navire, où nous avons trouvé difficilement de la place (nous avons une grande cabine pour nous deux, et je ne vais pas seul jusqu'à Honolulu), qui nous ramènera le 26 à Auckland, capitale de la Nouvelle Zélande. Nous y restons 5 ou 6 jours. De là, après 5 jours de bateau, l'Australie, où nous serons au moins une semaine. Cela nous mettra jusqu'au 15 décembre. De là, départ pour Java. Nous serons à Batavia pour Noël. Ecris-moi à cette adresse au début de décembre : « aux bons soins du Consulat de France à Batavia, Ile de Java. Indes Hollandaises. *Attendre* » et cela par avion. Il ne faut qu'une semaine aux lettres pour arriver de Paris à Java. Essaie aussi auparavant, dès que tu recevras ce mot, de m'écrire bons soins du Consulat Général de France. Sidney, Australie. *ATTENDRE.*

par avion également. Il est possible que cela m'arrive avant le huit décembre.

Pour en revenir à New York, Amphitryon a été très bien reçu par le public, assez mal par la critique. Je crois néanmoins que ce sera un gros succès. Les deux principaux acteurs sont merveil-

leux. La pièce est très bien montée, et très bien traduite. Tout
New York était saturé d'*Amphitryon*, aux devantures des magasins,
dans tous les journaux. C'était très amusant.

La Nouvelle Orléans : une grande ville américaine autour d'une
vieille ville franco-espagnole. Beaucoup de souvenirs et d'anciennes
maisons, habitées encore par d'anciennes familles. Consul et sa
femme charmants.

Et toi, chère petite maman, comment es-tu ? Je pense bien à toi,
Je me rappelle et note dans ma mémoire tout ce qui t'intéresserait,
et j'aurai bien des choses à te raconter à mon retour. Job toujours
agréable compagnon et charmant.

Dis toute mon affection aux Giraudoux seniors et à toi, chère
petite maman, toute ma tendresse

Jean.

Honolulu, 14 novembre 1937

Océanic line
Havaï, South Seas
New Zeland
Australia
America
14 novembre 1937

Chère petite mère,

Je t'écris du bateau, le Monterey. Nous arrivons demain à Honolulu, dans les îles Hawaï, après six jours de traversée. Grand
bateau, bonne cabine que je partage avec Job, qui a trouvé le
moyen de se jeter hors de son lit cette nuit, parce qu'il rêvait
qu'un train allait l'écraser, et mer excellente depuis le départ.
Mais les voyageurs manquent de grand intérêt. Ce sont de braves
australiens qui regagent leur pays après être venus en Europe pour
les fêtes du couronnement, et l'on voit que les toilettes des femmes
ont été faites à Londres. Nous voilà aux Tropiques. Nous repartons
dans la nuit de Honolulu pour Samoa (cinq autres jours et passage
de l'équateur), puis après escale aux îles Fidji (as-tu enfin ta carte
du monde détaillée ?), nous serons en Nlle-Zélande le 26, comme
je te le disais. La santé est redevenue bonne, et il ne me manque
que d'avoir une lettre de toi et des nouvelles. Rien en somme depuis
ma lettre de San Francisco, que la monotonie de ce voyage que
coupent seulement mes parties d'échecs et de ping pong. Mais
déjà nous sommes en plein été, et je pense à ce que doit être
Cusset, et la case froide pour Grise Chatte. Il y a un mois
aujourd'hui que je suis parti : trois et demi encore !

Je t'envoie ce petit mot pour te rassurer et t'embrasser. Dis à tous mon affection, et que je pense à eux. Dès que tu auras ce mot, écris-moi

Batavia (Java, Indes Hollandaises), Consulat Général de France. *Attendre*

et envoie la lettre par avion. Je crois qu'il faut huit jours d'Europe, et j'y serai vers le 15 ou 20 décembre.

Bien loin, trop loin, c'est la dernière de mes longues missions.

Tendrement

ton Jean.

Sydney, 3 décembre 1937

THE AUSTRALIA HOTEL
Sydney, 3 décembre 1937

Chère petite maman,

Me voici enfin arrivé à Sidney après trois semaines et plus de voyage et d'escales dans le Pacifique. Notre bateau était très rapide, mais que d'espaces ! Le plus intéressant a été l'arrêt dans toutes ces îles polynésiennes où nous restions soit quelques heures soit le jour entier; Honolulu, Samoa, Fidji. On ne peut imaginer de climat plus agréable, d'arbres plus beaux, de sauvages plus charmants. Nous sommes restés quatre jours en Nouvelle-Zélande, île immense, où le tremblement de terre est journalier, et où nous avons vu les derniers geysers, ceux d'Islande étant éteints. Belle concurrence à Vichy et à la source de Bellerive que toute une vallée de fontaines montant à trente mètres, avec les maoris pour guides et le bruit continuel du tonnerre souterrain. Sur le bateau, cabine confortable, mais à deux, car le bateau était retenu depuis trois mois par les Australiens qui reviennent d'Europe. Nourriture à la longue bien fatigante. J'ai été tout heureux ici d'avoir enfin du poisson frais et de la viande non conservée. La santé n'est pas mauvaise, sauf mon point dans le dos qui me reste d'un muscle froissé (ou forcé).

Sydney est une ville d'un million et demi autour d'un des plus beaux ports qui soient. C'est une vie anglaise tranquille, au milieu d'un bruit et d'une agitation effroyables. Les Australiens sont simples, agréables, et, ils diffèrent en cela des anglais, très sympathisants avec les français. Magnifique jardin zoologique, avec de vrais requins, les premiers que je vois bien que les mers en soient pleines depuis les tropiques. J'ai commencé comme toujours mes visites aux gens par ma visite aux bêtes. Nous sommes en ce moment en plein début d'été, et l'on prépare Noël, qui est ici la fête d'été, avec tout ce que peuvent donner les fleurs et une haute température. J'ai ma chambre à l'Hôtel du Nord, c'est-à-dire en plein soleil.

Ce matin j'ai eu des nouvelles de Suzanne, les premières depuis l'Amérique. Je suis bien heureux que vous alliez tous bien. Je pense que tu recevras peu à peu ainsi que les enfants mes cartes postales du Pacifique. Quoique, paraît-il, on les vole sur le parcours à cause des timbres. Je suis ici jusqu'au 22, car nous n'aurons pas de bateau auparavant pour Batavia. Tu peux m'écrire par avion à l'adresse ci-dessous. Les lettres mettent de dix à douze jours au plus d'Europe, et je serai à Batavia du 10 au 15 janvier. Nous aurons nos fêtes à bord du bateau hollandais. Je n'en suis pas plus fier. Nous nous rattraperons à Pâques.

J'espère bien que cet hiver ne te sera pas trop dur. Que ne puis-je t'envoyer **tout** ce beau temps !

Tendrement, petite mère. Embrasse tous bien affectueusement. Je t'embrasse,

Jean.

Consulat Général de France, Batavia. Ile de Java. Indes Hollandaises.

Je t'écrirai encore d'ici par le prochain avion. Je pense que Mlle Avignon vient bien t'expliquer mon périple. Remercie-la bien de ma part [1].

(1) Lettre à rapprocher de celle adressée le même jour à Suzanne (ci-dessus p. 184).

Sydney, 15 décembre 1937

THE AUSTRALIA HOTEL

Sydney, 15 Déc. 1937

Chère petite mère,

L'avion part aujourd'hui, et cette lettre t'arrivera sans doute pour le Premier Janvier. Je le passerai sur le bateau, bien loin de vous. Je quitte Sidney dans huit jours, le 22, et il me faut quinze jours pour arriver à Batavia, le 10 janvier à peu près. Cela me retarde de quelques jours dans mon voyage mais, quoique aussi grande que l'Europe, l'Australie est une île et l'on n'en part pas comme on veut. D'ailleurs j'ai eu ici du travail intéressant, et la distraction d'un continent nouveau. Sydney a un million et demi d'habitants, tous heureux, dans un pays éloigné de tous nos ennuis ou guerres, dans un beau climat, avec des fleurs en toute saison, des jardins comblés d'arbres magnifiques, et dont la seule difficulté à vivre est l'absence de domestiques. On doit dîner à six heures, car à sept heures le serveur vous quitte, ou la servante, pour s'en aller à ses propres affaires. C'est une habitude à prendre.

Je reviens de Melbourne, autre ville presque aussi grande, où je suis allé en automobile avec le consul, en traversant, sur plus de mille kilomètres d'immenses espaces vides pleins de moutons, ou des forêts d'où sortaient des kangourous. Malgré sa grandeur, le pays n'a pas sept millions d'habitants. D'où ce vide. Melbourne est une sorte de grande ville anglaise où j'ai vu mes hôtes habituels, professeurs ou écrivains, et où la Noël se prépare avec passion, dans la chaleur torride. Car nous arrivons ici à l'été. Je t'imagine avec peine, et parfois même avec un peu d'envie, devant ton feu. Le froid est pour moi une rareté dont je me sens privé. Mon rhume est complètement passé, mon estomac se conduit pas trop mal, en dépit des changements constants d'une nourriture dont la seule constance est d'être toujours assez médiocre. Je pars d'ailleurs ce soir passer quatre jours en pleine campagne, avec Job que j'emmène un peu malgré lui, mais, avant de nous plonger à nouveau dans l'Equateur, je crois prudent de nous ravitailler en air frais. Nous serons dans un hôtel situé sur des collines, isolé, et je suis sûr de m'y reposer et d'y travailler admirablement, si les mouches n'arrivent pas, comme elles le font parfois, en nuages; nous avons été ainsi arrêtés, dans notre voyage à Melbourne, par des nuages de sauterelles sur plus de deux cents kilomètres. On doit protéger l'auto avec des voiles de mousseline.

Je t'écrirai dans quelques jours par le prochain avion. Où aurai-je de tes nouvelles ? Ecris moi souvent. Il n'y a pas d'autre moyen de me faire oublier la distance qui nous sépare. Je crois que si maintenant tu m'écrivais aux bons soins de la Légation de France à Bangkok, Siam, par avion, la lettre m'arriverait. Je serai à Bangkok vers le 20 ou 22 janvier. D'ici là je serai du 22 déc. au 10 sur le Niew Holland, bateau hollandais de la ligne Sydney-Singapour, et ensuite à Batavia (Java) c/o Consul de France.

Porte toi bien. Songe que presque la moitié de mon voyage est faite en ce moment.

Tendrement je t'embrasse

Jean.

Toute affection en face et au dessus...

THE AUSTRALIA HOTEL

Sydney, 21 décembre 1937

Sydney, 21 décembre 1937

Chère petite mère,

J'ai bien trouvé ta lettre à Sydney, pour m'accueillir, et ce matin m'arrive de Batavia celle que tu m'y avais envoyée. Comme je te l'ai écrit, nous avons été bloqués ici un peu plus longtemps que je ne le supposais par le manque de bateaux pour Java. Nous partons demain seulement, mais nous n'avons perdu notre temps d'aucune façon. Je suis allé passer une semaine dans l'état de Victoria, au sud, dont la capitale est Melbourne, où le consul m'a conduit en auto. Deux mille kilomètres dans un beau pays de vallons et de montagnes, dont le seul arbre est l'eucalyptus, mais parfois géant, et par immenses forêts. Au retour, je suis allé avec Job, pour être dispos pour l'Equateur, passer quatre jours dans un charmant hôtel à la campagne, où j'ai pu dormir, jouer au tennis à volonté, et nous sommes revenus, lui avec le dos emporté par les coups de soleil, moi avec un effort dans le dos : c'est ce qu'on appelle le repos. Mais nous allons très bien. Beaucoup à faire, parmi les mondanités, les clubs. Les français ici sont aimés et nous profitons de cette préférence.

L'Hôtel Australia est un caravansérail où s'accumulent toutes les distractions et les solennités de la ville, mais nous vivons dans des chambres très tranquilles, où je peux aussi de temps en temps travailler pour moi.

Je ne sais quand ce mot te parviendra. Sans doute au début de Janvier. Dis à tous, — à toi pour commencer — que ma pensée aura été avec vous de bien près toute cette fin et ce début d'année. J'en suis resté au départ de Marguerite et de Jean pour le midi, mais je sais qu'ils n'ont pas déserté la maison, et que vous étiez réunis ces jours-ci. Suzanne et Jean-Pierre ont-ils pu arranger leurs vacances de façon à passer te voir, c'est ce que je ne sais pas encore.

Nous prenons demain un bateau hollandais qui nous mettra dans une quinzaine de jours à Batavia. Il remonte vers les Tropiques et l'Equateur, à travers les îles, s'arrête aux Célèbes, et nous débarque à Bali, où je reste deux jours. C'est, paraît-il, l'île la plus extraordinaire d'Asie avec ses coutumes et ses temples. Le 8 Janvier, je serai à Batavia, où j'attendrai un bateau pour Singapour et le Siam. Je t'écrirai d'ailleurs dès Bali pour que mon itinéraire soit connu de toi. As tu enfin une carte ? Sinon demande à Mademoiselle Avignon de te la procurer...

J'ai reçu un télégramme de Pierre Abreu d'après lequel il semble que la première de mon petit acte et la reprise de *Troie* ont eu du succès. Je crois qu'en Amérique cela ne marche pas mal non plus. Mais je n'ai rien de précis. Suzanne doit avoir des renseignements plus efficaces.

A bientôt. Je crois que tu as encore le temps de m'écrire par avion au Siam (Légation de France à Bangkok). Fais le vite, et dis moi que tu vas toujours bien.

Je t'embrasse tendrement et te demande de bien embrasser tous les nôtres,

Jean.

Batavia, 9 janvier 1938

THE GATE OF JAVA
HOTEL DES INDES

Batavia, 9 janvier 1938

Chère petite mère,

Nous voici enfin arrivés à Batavia. Je ne pensais vraiment pas qu'il nous fallait autant de jours depuis l'Australie. Le navire était parfait, mais lent. Nous avons pu aussi parfois faire des escales, longer les attolls, voir en détail toutes ces petites îles en corail d'Océanie. Les passagers étaient de gentils australiens, des musiciens hongrois, et deux français de Bordeaux, connaissances et voisins des Sarrazy. Bonne nourriture. Pas d'autre incident qu'une écorchure à la jambe qui s'est vite guérie. Puis arrivée sous les Tropiques. C'est la saison des pluies. Dans les Célèbes, à Mokassar, pluie diluvienne sans arrêt. Puis, à Bali, île heureuse peuplée de danseurs et de chanteurs, nous sommes restés trois jours très agréables, reçus par des amis installés au milieu des indigènes. Les cuisines exotiques se succèdent dans chaque île sans se ressembler et Marguerite hésiterait longuement aux repas devant les menus indiens, chinois ou manillais. A Batavia, les matinées sont belles et il pleut l'après-midi. Je pars demain pour le centre de l'île et reviendrai Vendredi 14. Le 15, départ pour Singapoure. Nous voici maintenant presque proches par le courrier. Je crois que ma lettre te parviendra dans cinq ou six jours. J'ai bien trouvé, à mon arrivée ici, tout le courrier de décembre, et la lettre écrite de Cusset par Jean-Pierre. Mais j'étais bien loin de vous le jour du premier janvier !

Je vais être obligé de raccourcir mon voyage et de renoncer à la partie africaine, car je ne puis trouver de communication assez rapide. Pour réaliser mon programme, il me faudrait au moins aller jusqu'au mois de Juillet. Aussi, après le Siam, je reviendrai par Colombo. Cela ira d'ailleurs jusqu'au milieu de Mars, ou à peu près. J'écris à Suzanne pour qu'elle change sa route d'attente, au cas où elle viendrait me chercher dans mon retour, ce que j'espère bien.

Je n'ai pas d'autres nouvelles que les vôtres; et j'en suis très affamé. Ecris moi Légation de France, Bangkok, par avion. J'y serai du 25 janvier au 3 ou 4 février.

J'habite ici l'Hôtel des Indes, célèbre dans l'Orient. J'ai à mon côté gauche Job, et devant moi des troupeaux de petits cerfs. La santé n'est pas mauvaise.

Je t'écris dans quelques jours. Il faut que ce mot parte par l'avion de ce soir et j'ai juste le temps de l'achever.

Tendrement, chère petite mère. J'espère que tu vas toujours bien. Sois bien sage en pensant à moi, et distribue autour de toi toutes mes pensées affectueuses. Merci à Jean pour son mot.

Jean.

Batavia, 14 janvier 1938.

14 janvier 1938

Chère petite mère,

J'ai rêvé l'autre nuit, en chemin de fer, que tu trouvais le temps long et que tu étais venue me rejoindre à Batavia. C'était bien gentil de ta part, mais je me demandais, en t'embrassant, comment Alex avait pu te permettre cette petite divagation. Enfin, d'ailleurs, nous voilà sur le retour. Puisque le temps nous manque pour aller d'ici en Afrique du Sud, nous reviendrons directement de Colombo, et serons en France vers le 25 mars. Cela ne fait plus que deux mois et quelques jours. Attends moi avec le printemps.

Le voyage continue à être très beau. J'ai moins de travail ici, car il n'y a pas d'œuvres françaises ni de politique, tout étant colonie hollandaise, et je me permets quelques excursions pendant que Job travaille avec acharnement au consulat. Je reviens du centre de Java, de la capitale indigène où les fils du rajah m'ont guidé, parmi les temples hindous et les acteurs, car le théâtre est la folie de tout javanais. Cela n'a aucun rapport avec notre théâtre. Ce sont des légendes hindoues pleines de dieux et de démons, avec des costumes merveilleux et des décors enfantins. La représentation commence à 8 heures et se poursuit sans entractes jusqu'au deux ou trois heures du matin, devant une assistance émerveillée que je voudrais bien voir à l'Athénée. Malheureusement nous sommes dans la saison des pluies. Il pleut l'après-midi entière et toute l'île est sous les eaux. Cela sèche heureusement vite. J'ai eu de la chance dans mon voyage, et la pluie était restée avec Job, ce qui était le moindre mal.

Je pense que tu as reçu ma première lettre. Celle de Sydney a dû se perdre dans l'accident d'un avion. De Singapour je t'enverrai l'itinéraire définitivement fixé jour par jour.

Jean-Pierre m'a écrit de St Moritz la veille du jour de l'an et j'ai reçu sa lettre qui me donnait les dernières et bonnes nouvelles de vous tous. Soigne-toi bien, nous aurons nous aussi des excursions à faire quand ce ne serait que chez Riquette. Comment va t-elle.

Je t'embrasse bien tendrement, chère petite mère. A bientôt. Embrasse bien ton voisin d'au dessus et dis lui de m'écrire aussi quelques mots. Mille baisers à Marguerite, à Alex, Riquette, et mille choses à M. Barrat et à Pierre. Ne m'oublie pas auprès de Pauzet et de Mlle Avignon.

Ton Jean.

Singapour, 22 [janvier 1938]

Singapour 22

Bien chère Maman,

Voici faite l'étape de la Malaisie, d'abord sous le déluge et maintenant dans un beau soleil. Nous sommes à peu près l'été à Nice. Je t'avouerai que si un peu de neige tombait un matin sur les palmiers, je n'en serais pas trop malheureux. Les santés sont bonnes, mais la fatigue perce sous notre bonne humeur. Il est temps de rentrer. Je serai à Marseille vers le 20 mars.

Je pars aujourd'hui pour Bangkok, par le train. Ce sont des trains confortables avec couchette. Il ne faut que trois jours, à travers un beau pays habité par les buffles et les tigres. Nous allons leur faire bien peur. Ici c'est un grand port, avec des jardins comme les anglais savent en mettre partout et une ville chinoise très amusante. A défaut du consul, qui est quelconque, quoique berrichon, nous avons trouvé de très gentils français qui nous ont gardé aux heures des repas. C'est la Chine avec ses pousse pousse, ses théâtres de rue, ses marchands. C'est curieux.

Je n'ai à te donner de moi que des nouvelles bien monotones. La santé est bonne, à part quelques petites poussées d'entérite vite corrigées. Job a été nommé de première classe. Depuis ce jour, et sans qu'il s'en rende compte, il parle haut et terrorise les pauvres employés collègues. Comme il engraisse aussi, nous sommes entourés de considération.

Le voyage à Bangkok nous fait remonter un peu en Asie, mais par avion nous sommes toujours à cinq ou six jours d'Europe. Ecris moi maintenant à *Saïgon* (Indo Chine) aux bons soins des *Messageries Maritimes*. J'y serai vers le 7 ou 8 février et jusqu'au 11 ou 12. Recevez vous régulièrement mes cartes ? Je vous en envoie de toutes les villes où j'en trouve, et, comme je me rappelle toujours mal l'adresse de Riquette, je les lui envoie chez Marguerite. Quoi de nouveau pour elle ?

Porte toi bien, petite maman. Je t'embrasse bien tendrement. Toute mon affection à la famille Alex senior, y compris mon filleul,

Jean.

BANGKOK, 30 janvier (1938)

Bangkok, 30 janvier

Chère petite mère,

J'ai bien reçu tes lettres. Continue à m'attendre en te soignant bien. J'arrive. Je serai le 17 mars en France. Je pense que Suzanne viendra m'attendre en Egypte. C'est très bien.

Ce petit mot pour te dire que tout va bien. Mon estomac vacillant a repris allégremment ses (illisible). Je pars demain pour Angkor et l'Indo-Chine. Je quitte Saïgon le 13 mars pour Colombo. Ecris-moi à *Colombo* (par avion) aux bons soins du Consulat de France, Ceylan. J'y serai du 25 février au 2 mars. D'ici là, Gouvernement de l'Indo-Chine, mais les lettres ne m'attendraient plus.

A bientôt, Je t'embrasse bien tendrement. Mille baisers à tous,

Jean.

Hanoï, 7 février [*1938*]

Hanoï, 7 février

Chère petite grand mère,

Ce mot pour t'embrasser bien fort. Depuis huit jours je n'arrête pas, et, après une courte halte à Hanoï, je repars tout à l'heure pour Hué. Suis le chemin sur la carte. Ma santé est bonne, et je me réjouis de voir le voyage toucher à sa fin.

Ecris-moi désormais à Colombo (Ceylan) c/o Consulat de France. Mais vite, car l'avion n'y va pas directement.

Je prends le 13 le « Félix Roussel » de Saïgon à Colombo.

Le 2, le « Président Doumer » de Colombo à Marseille.

A bientôt. Embrasse la famille et ses annexes, et à toi tendrement.

Jean.

Passé à Angkor. Très beau.

[*à sa mère*]   *Singapour, 14 février* [*1938*]
Messageries Maritimes
A bord du Félix Roussel

14 février

Chère petite mère,

Voici l'Indo-Chine abandonnée. J'ai quitté Hanoï il y a une semaine, et par auto, suis allé à Saïgon. C'est assez long, 1800 kilomètres environ, mais partout des résidents français qui reçoivent admirablement, et de beaux paysages, et de bons hôtels. Leur cuisine a même été un peu trop excellente, puisque j'ai l'estomac un peu lourd aujourd'hui. Vu tous les temples boudhistes de la région, des oiseaux extraordinaires, des paons sauvages, et une panthère qui a traversé la route devant nous. A Saïgon, j'ai retrouvé Job, qui revenait du nord du Siam, où il allait visiter un consulat isolé. On m'y attendait, paraît-il, moi aussi, car son chef est un bellachon, qui dit m'avoir vu tout petit, Notton, consul, qui est au Siam depuis vingt-cinq ans et qui a épousé une siamoise. Te souviens-tu de sa famille, ou de lui ? Il a trois ans à peu près de plus que moi et a dû aller à l'école avec Alex.

Nous faisons aujourd'hui relâche à Singapour, où je mettrai ce mot. J'y avais laissé au premier passage mes effets d'hiver, et je vais les y reprendre sans grand besoin, car il fait très chaud; nous sommes tout près de l'équateur et cela me change du Tonkin, où il pleuvait et faisait froid. Je pense que votre hiver touche bientôt à sa fin. J'arriverai le jour du printemps ou à peu près, car le bateau touchera Marseille le 17 ou 18 Mars. Nous serons le 20 à Colombo et comme je te le disais, il nous faudra attendre le bateau suivant. Mais l'île est très belle, et je tâcherai d'y attendre sans trop d'impatience le retour en travaillant au bord de la mer.

Suzanne m'écrit qu'elle ne sait pas trop ce qu'elle va faire. Elle semble dire qu'elle a été un peu fatiguée. Je pense qu'elle pourra cependant venir au-devant de moi.

Porte toi bien. Attends moi bien. Je pense que mes cartes vous arrivent peu à peu. Je t'embrasse bien fort, et bien des fois aussi tout le monde autour de toi,

Jean.

Colombo, 1er mars (1938)

Colombo, 1 Mars

Chère petite maman,

Voici l'ultime lettre. Je m'embarque demain soir pour Marseille, sur le « Président Doumer ». Quand tu auras ce mot, peu de jours nous séparerons, car je ne crois pas que le bateau mette plus de quinze jours. Je suis bien heureux de rentrer et de te revoir.

Je me suis réjoui beaucoup de la naissance de Jean Paul. Nous aurons maintenant toutes les variétés de Jean dans la famille. J'ai envoyé un message à Riquette. Au cas où elle ne l'aurait pas reçu, dis-le à Marguerite qui leur dira ma joie et mes félicitations.

J'ai eu un mot de Jean-Pierre, qui me dit commencer à travailler, mais qui ajoute qu'il part pour l'Allemagne. Nous verrons tout cela au retour. De Suzanne rien encore. Je voudrais bien savoir si elle vient m'attendre et où. Je lui écris de me télégraphier.

Je suis allé me reposer quelques jours dans le centre de Ceylan, avec un peu d'altitude. J'y étais très bien, en attendant le bateau, mais la cuisine était mauvaise ici comme dans tous les pays anglais. Mon pauvre foie a bien besoin de Vichy et mon estomac de tes escalopes et de tes filets. Job mange tout, il est gras comme un moine.

A bientôt, petite mère. Voilà le mois du printemps. Cet hiver que je n'aurai pas connu va se terminer à mon arrivée. Porte-toi bien et embrasse tous.

Tendrement

Jean.

CINQUIÈME PARTIE

GÉNÉRATIONS

D'UN FILS A SA MÈRE

Après l'armistice. L'essence clandestine est impure, l'automobile rétive, le fonctionnaire indésirable. Consolations : la solitude, l'écriture, l'amour maternel.

Lundi
[*Automne 1940*]

Chère petite mère,

Ce petit mot pour que tu ne t'inquiètes pas de moi. J'ai eu des ennuis stupides avec l'essence du jardin. Une première fois il a fallu que je fasse vider et défaire le réservoir. Une autre fois, revoir toute la tuyauterie. Cela m'a valu plusieurs jours d'attente. Depuis Vendredi j'ai renoncé à la voiture et suis monté au Mont Pila, dans une auberge seule, où je travaille. J'ai téléphoné au ministère où l'on n'a pas besoin de moi. Je vous téléphonerai de temps en temps. J'espère que tu vas et que vous allez bien. Tout est calme ici et me repose de ces mois d'agitation et de tristesse. Il fait très frais. J'ai repris mon métier d'écrivain et j'en suis content. Je désespérais d'y trouver le moindre intérêt.

On me dit qu'au dessus de La Bourboule, il y a un chalet dans la montagne. Je vais voir. Peut-être sera-t-il bien et j'y serais un peu plus près de toi. Je pense rentrer à la fin de la semaine. Pense à moi tendrement. C'est ce dont j'ai surtout besoin dans la vie. Embrasse tous de ma part.

Jean.

PERE ET FILS

21 lettres de Jean à Jean-Pierre (1938-1942)
et une réponse de Jean-Pierre à Jean Giraudoux

Jean Giraudoux adora son fils Jean-Pierre, jouant avec le petit animal, gâtant l'enfant charmant et répétant ses « mots » enjolivés, accordant à l'adolescent le rang d'égalité que lui refusait sa mère. « Bébé Giraudoux commençait d'être un homme à quatorze et quinze ans » (Jean-Pierre Giraudoux, *Le Fils*, p. 82, et *passim*). Scolarité raffinée : séjours en Angleterre entre l'Ecole alsacienne et le lycée Henri IV, cours pour étrangers à Cambridge pendant l'été, classe de première au lycée français de Londres, études de philosophie à Oxford comme *undergraduate*. Le fils retrouve souvent son père, qui mêle confidences amicales et gronderies paternelles comme dans trois premières lettres que voici (les autres lettres d'avant-guerre, nombreuses, ont été volées).

La guerre survient. Le fils prend un appartement rue Séguier. Le père quitte à son tour le foyer déserté par son fils, — mais c'est avec sa femme qu'il l'accompagne à la caserne de Dijon, en mai 1940.

Dès le 19 juin, Jean-Pierre désertait à Bayonne pour répondre à l'appel du général de Gaulle, traversait l'Espagne et s'arrêtait quinze jours au Portugal, appelant, attendant son père, dont il était sans nouvelles. Jean et Suzanne, réunis par l'inquiétude, ne reçoivent pas ses messages avant le 16 juillet. Ils cherchent à faire revenir leur fils. Ils apprennent qu'il est à Londres. En septembre, ils vont jusqu'à Lisbonne en Citroën, pensant que de là ils communiqueront mieux avec lui, qu'ils le décideront à rentrer, au moins à venir les revoir. En vain. Retour en France (tantôt Cusset, tantôt Paris).

Commence alors un dialogue à longue distance, — et la distance s'accroît aussi parce que les lettres se perdent, qu'il faut donc répéter les mêmes nouvelles sans être sûr de se répéter, ni même d'être entendu; parce qu'il faut passer au travers de la censure; parce que père et fils, tendus vers le même rêve patriotique, tirent chacun en sens inverse. Et plus ils se témoignent l'un à l'autre de tendresse et d'estime, plus cruellement chacun ressent l'absence de l'autre.

Ils ne devaient pas se revoir.

Jean Giraudoux   [*de Paris*] *1er août* [*1938*] (1)
à son fils, Jean-Pierre [*à Londres*]

                                          Lundi 1er août

    Cher Jean-Pierre,

Je suis rentré hier de Vittel où je me suis reposé un peu caché beaucoup et limité à la compagnie, de haut ordre et tellement charmante, de Charles et d'Edmond. Puck était là aussi, que j'appelle parfois Jean-Pierre quand j'ai à le gronder... Mais pour lui c'est rare. Nous partons demain pour Cusset et serons, je pense Jeudi ou Vendredi à Cannes, où je me propose de m'enterrer, la tête seule dépassant à l'heure des repas. J'ai du travail suffisamment pour la faire disparaître le reste de la journée... Heureux les pousse-pousse et les chameliers !

(1) Edmond Jaloux raconte, dans les *Cahiers de la compagnie Renaud-Barrault* (1955) : « J'ai passé avec lui [J. G.], un de nos amis communs, Charles de Polignac et Puck, son caniche qu'il adorait, une grande partie de juillet 1939, à Vittel. » Toutefois J. G. a été rappelé à Paris à la fin du mois de juillet de cette année-là pour prendre en charge le Commissariat à l'Information et l'hypothèse d'un départ pour Cannes était alors impensable. J. G. a fait également une cure à Vittel en juillet 1938 (trois semaines à compter du 2 juillet, disent les Archives diplomatiques), et il semble avoir eu dès cette cure de 1938 la compagnie d'Edmond, de Charles et de Puck.

Je t'écris après le déjeuner coupé par les téléphones des habitués, Recht and Co. J'ai travaillé un peu à Vittel et compte sur ma chambre de Cannes pour continuer. Et toi ? Ne néglige rien de ce qui pourrait t'éviter une année au Lycée de Chateauroux. J'en ai tiré un grand parti, mais tu n'as pas les mêmes méthodes. Je compte sur Betty pour te contraindre à savoir l'histoire d'Angleterre et de France, à sa place et à la mienne, avant la fin de Judith. Ci-joint un mot de M. Pritchell, ne le perds pas.

Tendrement (à condition que tu travailles), sinon : paternellement. Nous t'embrassons tous et envoyons mille pensées affectueuses à Betty. (2)

Un père qui ne veut pas être déçu.

J.

(2) Amie de Jean-Pierre, fille de Lord Askwith. La maison de Lady Askwith à Londres, sera pour Jean-Pierre, avant et pendant la guerre, comme un second foyer.

Jean Giraudoux
à son fils, Jean-Pierre [*à Paris*]   [*de Sornac*] *2 septembre* [*1938*]

Samedi 2 septembre

Cher Jean-Pierre,

Nous sommes à Sornac (1) depuis Mardi soir et le quittons Dimanche pour Cusset, où nous resterons un jour ou deux suivant la santé de grand-Mère et les lettres de Paris. Nous serons très heureux de te revoir. J'espère que tu sais maintenant à quoi t'en tenir sur les perspectives de ton examen, (2) et que tu travailles en conséquence. Pourquoi as-tu manqué l'autre après-midi ? J'ai reçu ton bulletin d'absence. Il faut me mettre en mesure de répondre à ton Directeur. Ecris-moi un mot, même bref, à Cusset. Où en est ta santé et ton argent ? Economise sur tes déjeuners puisque tes dîners sont gratuits et copieux. Londres m'a rapporté très peu et je ne suis pas riche.

Téléphone à Jouvet qui doit revenir vers le 4 ou le 5. Annonce-lui, ainsi qu'à Edouard Bourdet, mon arrivée pour Mercredi au plus tard. J'ai fini l'esquisse — détaillée — des deux premiers actes d'*Ondine* (sur trois).

Travaille bien, chéri. Nous t'embrassons.

Dad.

(1) Chez sa cousine germaine, Jeanne Chamboux, fille de son oncle maternel Lucien Lacoste, installé à Saint-Amand-Montrond.
(2) Le baccalauréat.

Jean Giraudoux   [*A bord du Champlain, en rade*
à son fils Jean-Pierre   *de Southampton*] *le 16 mai* [*1939*]
[*à Oxford*]
Papier à en-tête :
C.G.T. French Line

à bord le 16 mai

Cher Jean-Pierre, je t'envoie ce mot de tes eaux territoriales. J'aurais bien aimé t'y apercevoir, mais tout est rendu difficile par le non-accostage à quai. Ecris-moi Consulat Général de France à New-York. Je suis content de savoir que la traduction d'*Ondine* ne fatigue pas trop Betty et t'amuse. Les recettes continuent à battre les records; et des queues s'alignent sous la pluie devant le théâtre toute l'après-midi. J'ai reçu un mot de Miss Arthur. C'est à Ann Harbor (Michigan) que doit avoir lieu la représentation de *No War in Troy*, avec Merriale Hector, Dennis Hoey Ulysse, Doris Dalton Helen, Edith Atwater Andromache, Dorothy Sands Cassandra et Wester Addy Pâris. Je vais tâcher de pousser jusque là-bas et de voir une représentation.

Job (1) n'est pas avec moi. Il me rejoindra la semaine prochaine. Plus de jeu d'échecs sous l'œil de la France en or de Bourdelle. La masse de passagers d'ailleurs est plutôt terne. Le ciel aussi.

A bientôt, chéri. Travaille et couche-toi tôt. Le monde est à ceux qui se couchent tôt. La nuit aussi.

Tendrement Jean.

Mille souvenirs à Betty. Tous mes plus reconnaissants hommages à Jenny (2).

(1) Inspecteur des postes diplomatiques et consulaires, adjoint de l'inspecteur général Giraudoux et son compagnon habituel de voyage.
(2) Jenny de Margerie.

Jean Giraudoux   [*de Cusset ?*]
à son fils, Jean-Pierre [*à Lisbonne*]   *16 juillet* [*1940*]

16 juillet

Cher petit Jean-Pierre, nous avons été bien inquiets de toi. Je reçois seulement ta lettre du 4 et nous voici à peu près au courant de tes aventures, mais il ne faut pas les continuer, du moins dans ce sens. Comme je te le disais, ta place est maintenant ici, et nous avons, avec toi y compris, beaucoup à faire. Demande donc Conseil à Monsieur de Colbert ou à mon collègue Panafier, et au besoin j'irai te chercher car je serais bien heureux de te voir et de t'avoir.

Ici les santés sont à peu près bonnes. Ta mère va aller un peu dans le midi. Jean (1) est interné en Suisse. De Suzy (2) bonnes nouvelles. Pour Richard (3) je fais mon possible.

A bientôt, mon chéri. Nous t'embrassons. Attends mes indications. Un de mes amis colonel me les prépare. Surtout ne pars pas. Et ton argent ? Monique (4) est à Randan (5).

Dad.

A toi tendrement.

(1) Jean Giraudoux, aujourd'hui médecin à Cusset, neveu de l'écrivain.
(2) Suzy : Dominique Auclères.
(3) Richard Redler, diplomate autrichien avec lequel Jean-Pierre avait fondé le « Centre danubien » (voir *Le Fils*, p. 99).
(4) Monique Hallu, nièce de Jean, cousine de Jean-Pierre, — plus précisément : fille de la sœur de Suzanne. Mal mariée, comme on verra p. 277.
(5) Randan, près de Vichy.

Jean Giraudoux   [*de Cusset,*]
à son fils, Jean-Pierre   *28 juillet* [*1940*]

28 juillet

Mon cher petit Jean-Pierre, nous pensons bien à toi et voudrions bien savoir où tu es, ce qui t'arrive. J'ai cherché en vain à te joindre, je partais pour Lisbonne quand j'ai appris que tu étais allé définitivement chez Betty (1). J'aurais aimé que tu restes avec nous, et je serais heureux que tu reviennes. Reçois en tout cas toute notre affection et toute notre tendresse. Je t'écris par l'entremise d'une ambassade. Tâche de me répondre de la même façon. Nous sommes à Cusset près de ta grand-mère qui ne va pas trop mal et nous parlons beaucoup de toi. Jean est interné en Suisse. Ta mère dans le midi. Il nous reste beaucoup de courage et d'espoir au cœur mais je voudrais te savoir près de tes amis, et je me demande comment te joindre pour t'envoyer l'argent dont tu manques. J'ai rapporté de Paris tes vêtements et tes bibelots les plus chers. Pense à nous, mon chéri; bon courage et à bientôt. Si tu reviens, les difficultés pourront être aplanies.

Dad.

Je me suis occupé de Dominique (2) et de Richard (3). J'espère réussir.

(1) Donc à Londres.
(2) Dominique Auclères, plus tard du *Figaro*.
(3) Richard Redler.

Jean Giraudoux   [*De Lisbonne*]
à son fils Jean-Pierre   *11 septembre* [*1940*]
[*à Londres*]

Mercredi 11 septembre

Mon cher Jean-Pierre, nous voilà à Lisbonne depuis dimanche soir, ta mère qui a voulu venir malgré son mauvais état et moi qui ai vaillamment conduit la Citroën à travers Pyrénées et Tage. Nous avons été très déçus de ne pas te trouver ici. Je pensais que tu nous y attendais déjà et tes télégrammes ne nous expliquent pas ton retard. Je donne cette lettre à l'avion ce matin, pour qu'elle te dise au cas où tu serais toujours en Angleterre — que ton retour en France est maintenant indispensable. Nous avons besoin là-bas de toutes les bonnes volontés et de toutes les énergies. Tu as montré ton énergie et tu n'en as que plus de raisons de venir retrouver tes camarades pour lesquels tu pourras beaucoup. Je suis resté pour cette seule raison. Le changement que nous voulons, que nous attendons dans la conduite et la destinée de notre pays ne peut se réaliser que par la présence des aînés et des jeunes qui le souhaitent. L'aide que nous pourrons porter à notre cause ou à nos amis anglais sera bien plus efficaces du dedans que du dehors. Je ne parle pas de toutes les raisons personnelles et familiales qui elles aussi te rappellent. Dès que tu auras ce mot, écris-moi par avion tes projets immédiats et tes possibilités immédiates, car je ne peux rester ici que quelques jours. La limite d'âge de mon grade a été abaissée à une limite que j'atteins dans quelques jours, en octobre (1), et si je reste je perds toutes chances d'une prolongation. Hâte-toi de nous fixer et de venir.

Toute la France suit avec anxiété les attaques contre l'Angleterre. Dis à nos amis que nous partageons leurs sentiments. Il commence à y avoir beaucoup de souffrance chez nous, mais l'espoir n'est pas éteint, ni le courage.

Les nouvelles que je peux te donner de tous ne sont pas trop mauvaises. Monique est rentrée à Paris avec ses parents, ou, du moins, doit l'être depuis quelques semaines. Richard ne va pas mal et je m'occupe de lui, A la maison, ta grand-mère, après une forte crise, se reprend, dans l'espoir de te voir bientôt et attend avec inquiétude notre retour. J'ai pu obtenir des autorités l'assurance que celui-ci se passerait sans incident.

A bientôt, mon chéri. Réponds vite par toi-même. Nous t'embrassons tendrement.

Dad.
Hôtel Borgès, Lisbonne.

Nous n'avons plus que quelques jours à rester ici. Hâte-toi et dis nous quels obstacles tu trouves au visa ou au voyage. As-tu besoin d'argent et comment puis-je t'en envoyer ?

(1) Il aura, ce 29 octobre, cinquante-huit ans.

Jean Giraudoux   [*De Lisbonne*]
à son fils, Jean-Pierre   *Jeudi, 12 septembre* [*1940*]
[*à Londres*]

Jeudi 12 septembre

Mon cher petit Jean-Pierre, nous sommes encore à Lisbonne malgré la nécessité de mon retour en France. Car je voudrais bien profiter de ce voisinage hélas relatif que j'ai en ce moment avec toi. Je voudrais te convaincre que, pour beaucoup de raisons, il serait souhaitable que tu reviennes avec moi. Tu sais que j'ai les mêmes idées que toi, que j'aurais eu les mêmes réactions, que je suis fier que tu aies obéi à ton cœur. Mais il est d'autre part hors de doute que nous avons à livrer en France un combat pour lequel nous ne serons jamais trop nombreux. Je suis resté pour cela. Les résultats que j'ai obtenus ne sont pas minces. Mais mon action, au lieu d'être naturelle et facile, paraît suspecte du fait que tu n'es pas là, et l'on y voit une dissidence intéressée au lieu d'y sentir l'expression d'une conviction nationale. J'ai beaucoup réfléchi à tout cela et, malgré le chagrin que cela peut te faire, je te demande de remettre tes projets d'engagement et de venir m'aider dans une mission qui te procurera peut-être moins de satisfaction visible, mais qui est importante et vaudra plus pour nos deux pays. Réfléchis encore à cela. Remets ta décision; consulte nos amis anglais, qui apprécieront sans aucun doute l'intérêt que ta venue en France peut avoir pour mes projets et leur réussite. J'aimerais beaucoup mieux d'autre part te voir engagé dans une formation anglaise, en tout cas pas dans la marine. On m'écrit que ton état de santé n'est pas fameux. Tu dois en profiter pour songer à ton devoir le plus vrai. Attends donc ma prochaine lettre. Je ne sais où joindre le général Sp. (1) qui sûrement me comprendrait, et te ferait comprendre.

Nous avons été heureux de retrouver tes traces à Lisbonne. Ta mère, qui en réalité n'aime que toi au monde, parle de te rejoindre. Pour moi, mes projets même exigent que je ne le fasse pas, malgré tout mon désir, et ma hâte de t'avoir pour aide... J'ai vu tes amies de l'Institut (2) qui t'envoient leurs souvenirs. Nous sommes au centre de la ville, à l'hôtel Borges, mais écris-moi à l'adresse ou par l'entremise qui te paraît la meilleure.

À bientôt, mon chéri. Pense à ce que je te dis; crois-moi, nous t'embrassons bien tendrement.

                                                            Jean.

Présente tous nos compliments, et notre gratitude, à nos amis de Londres.

---

(1) Le général Spear, que J. G. connaissait personnellement.
(2) L'Institut français de Lisbonne.

Jean Giraudoux   [*De Lisbonne*]
à son fils, Jean-Pierre,   *18 septembre* [*1940*]
[*à Londres*]

Mercredi, 18 septembre

         Mon cher petit Jean-Pierre,

J'ai bien reçu tes lettres, ou quelques-unes de tes lettres. J'aimerais mieux t'avoir reçu toi-même. Si tu ne viens pas à Lisbonne, je ne pourrai pas te voir, car je ne serai jamais autorisé par mes chefs à aller jusqu'à toi. Il va d'ailleurs falloir que nous rentrions en France vers la fin de cette semaine. Nous serons très tristes d'avoir fait ce long voyage sans te joindre. Mais j'espère encore que tu comprendras mes raisons. J'ai rencontré ici la sœur de Solange (1) qui va en Angleterre attendre son mari, nous déjeunons avec elle ce matin, et elle te dira ce que j'attends de toi et ce que je tente de faire en ce moment. Tu me serais en effet très utile... Du moins il nous a semblé ici être plus proche de toi, et ce sera un entracte dans notre séparation... Le voyage à Cambridge ou à Oxford sera pour la prochaine fois. Mais je compte bien n'avoir pas trop longtemps à le remettre.

Je ne sais comment je vais retrouver la France en rentrant. Je n'ai pas l'impression que les changements apportés au ministère le rehaussent beaucoup. Notre mission est de résister de tout notre cœur, puisqu'il n'a pas été permis de résister de toutes nos armes. Dans tout le pays, l'énergie croît, la conscience monte, et il importe que ceux qui peuvent aider à cette rénovation ne s'éloignent pas. Tu as de la chance d'être encore dans une nation qui se bat, mais chez nous le combat est à reprendre, et tu n'y serais pas non plus inutile. Pourquoi t'engager dans la marine ? Je te voyais beaucoup plus dans un service d'information ? Fais pour le mieux, mon chéri. Mais j'aimerais que tu attendes d'avoir su [*ou vu*] ce que je voulais de toi avant de prendre une décision.

Nous avons vu Mademoiselle Bidal et quelques-uns de tes amis. Ils t'envoient mille souvenirs. Je vais voir Martins aujourd'hui. Je ne sais comment je t'enverrai un peu d'argent. — ton cadeau de Saint-Jean, un peu en retard; cela ne semble pas commode. Je ne sais non plus laquelle choisir entre toutes les adresses que tu me donnes, celle de Betty ou celle de sa mère. Fixe-moi définitivement à ce sujet... Je t'écris encore ce soir pour te parler de notre déjeuner. Nous t'embrassons bien tendrement.

                                                        Jean.

(1) La « sœur de Solange » d'Ayen, nommée Mrs. Mc Ready dans la lettre suivante et Elisabeth dans la suivante, était la fille du duc de Noailles et la femme du général anglais Mc Ready.

Tout le monde est heureux des 185 avions... On doit l'être en France aussi... De Cusset, Tantôt (2) te fait dire bien des choses. Ecris à ton parrain : Monsieur Pierre Sanchez Abreu (3) — Quixota Palatina. La Havane. Cuba. Présente tous mes hommages à Lady Askwith, mes amitiés à Betty, à toutes deux ma gratitude.

(2) Menuisier, compagnon de guerre de J. G., cité dans *Lectures pour une ombre*.
(3) Frère de Lilita, voir ci-dessus p. 116.

Jean Giraudoux   [*De Lisbonne*]
à son fils, Jean-Pierre   *19* [*septembre 1940*]
[à Londres]

Jeudi 19

Mon chéri, nous avons eu la chance de rencontrer Mrs. Mac Ready et de passer deux jours avec elle. Elle serait heureuse de te voir, et te dire de notre part tout ce que nous avons à te dire. 78 Park Mansions.

Je profite de cette bonne occasion pour t'envoyer nos tendresses. Comme Paul Morand avait des livres (1) à Londres, j'écris à M. Chartier pour qu'il t'en remettre cinquante afin de payer tes dettes et de te donner un peu d'air. Nous quitterons lundi ou mardi Lisbonne, mais j'y reviendrai au cas où tu y viendrais enfin.

Nous t'embrassons.

Jean.

(1) Des livres-sterling.

Jean Giraudoux   [*De Lisbonne*]
à son fils, Jean-Pierre   *23 septembre* [*1940*]
[à Londres]

Lundi 23 septembre

Mon cher Jean-Pierre, Je demande à Monsieur Colson de vouloir bien te remettre ce mot et te voir. Monsieur Colson est un de mes camarades de guerre, il a sur les circonstances actuelles une opinion sage, il y joue un rôle important, et je serais heureux que tu profites de sa bienveillance et de ses conseils. Il t'apportera aussi les plus récentes nouvelles de tes parents, qui sont bonnes et sera content de bavarder avec toi. Je t'embrasse très tendrement et voudrais te dire à bientôt.

Dad.

Jean Giraudoux   [*De Lisbonne*]
à son fils, Jean-Pierre   *lundi 30 septembre* [1940]
[à Londres]

Lundi 30 septembre

Mon chéri, je t'écris bien mal mais j'ai un rhumatisme à mon index que le climat ici entretient. Nous sommes à Lisbonne pour un jour ou deux encore, dans l'attente de tes nouvelles, car ta lettre du 22 n'est pas encore arrivée. Il faut que je rentre maintenant en France, tu sais que l'âge des retraites est abaissé; c'est le 29 octobre que la cloche sonnerait pour moi si je n'obtenais pas un délai et je ne l'aurais point absent. Mais je compte revenir ici assez vite pour rester en contact avec Londres et avec toi, en attendant une réunion plus complète. Elisabeth t'a dit les raisons pour lesquelles je te prie de sacrifier provisoirement tes projets; elles sont plus fortes que jamais; elles n'ont aucun caractère personnel, ni égoïste. Mais la mission que je veux remplir exige une pleine liberté d'action et ton séjour là-bas me l'enlève.

Nous habitons toujours l'hôtel Borgès, au centre du quartier bruyant. Nous voyons passer le courant chaque jour diminué de nos amis en route vers le monde libre. Alliki (1) part demain. Morize (2) aussi. Nous voyons aussi tes amis et amies d'ici, qui t'envoient tous leurs souvenirs. De France, je veux dire de Cusset, pas de nouvelles.

Envoie moi ta véritable adresse. J'hésite toujours entre les deux que tu m'as données. A bientôt, mon chéri; nous t'embrassons.

Bien tendrement.

Jean.

(1) Ancienne Miss Europe, alors épouse de Paul-Louis Weiler, en secondes noces Lady Russell. Sa sœur Christine épousa Henri Claudel, fils de Paul Claudel.
(2) Voir ci-dessus, p. 219.

Jean Giraudoux   [*De Lisbonne*]
à son fils, Jean-Pierre,   *4 octobre* [1940]
[à Londres]

Jeudi 4 octobre

Cher petit,

Je reçois à l'instant ta lettre, et ai juste le temps d'y répondre par un mot. Je comprends très bien tes sentiments, mais j'aurais cru que tu comprendrais aussi les miens, et que tu te ferais violence pour m'aider à faire en France ce qui doit être fait, ce qui me réclame. Ta présence avec moi m'eût facilité tout cela. Tu sais que je ne te parle pas pour te dérober à un devoir, mais pour t'en imposer un autre, bien urgent.

Aujourd'hui je veux seulement t'embrasser tendrement et te dire malgré tout à bientôt. Je compte revenir à Lisbonne si je le puis sans trop tarder. Envoie tes lettres en disant aux amis qui les transmettent de les remettre à Lisbonne à M. de Panafieu qui me les fera suivre... Je tâcherai de faire au mieux tes commissions.

A bientôt, chéri. Travaillons bien tous deux. Mille amitiés à Betty; tous mes remerciements et mes hommages à Lady Akswith.

Jean.

Jean Giraudoux   [*de Cusset, mi-octobre 1940*]
à son fils, Jean-Pierre [*à Londres*]

Cher petit,

Nous voici revenus à notre point de départ, à Cusset, où nous avons trouvé tout le monde en bon état, et d'où nous avons pu téléphoner à Jean (en Suisse) qui était très anxieux d'avoir des nouvelles de toi. Le voyage (1) a été long et sans histoires. Peut-être trouverai-je une occasion de repartir pour Lisbonne dans un avenir prochain, et je ne désespère pas de te revoir et de passer avec toi quelques jours. Mais je suis encore dans l'incertitude sur mes propres destinées. Tous nos amis — dont Jouvet et Madeleine (2) —, qui sont ici pour deux jours — t'envoient mille souvenirs et se félicitent de te savoir en bon état et en bonne âme.

A un de ces jours, cher enfant. Tous nous t'embrassons bien tendrement.

Dad.

Grise Chatte t'envoie ses tendresses. On l'aime beaucoup plus à cause de ta protection.

(1) De Lisbonne à Cusset.
(2) Madeleine Ozeray.

Jean Giraudoux   [*de Cusset,*] *8 décembre* [*1940*]
à son fils, Jean-Pierre
[*à Londres*]

8 décembre

Cher petit Jean-Pierre, nous n'avons rien de toi depuis deux mois; tâche de nous donner des nouvelles. Ici rien de bien nouveau. Nous allons tous à peu près Ta grand-mère a eu 88 ans le 25 novembre et nous avons fêté avec ta pensée son anniversaire. Je me suis remis au travail. Jean n'est pas encore revenu de Suisse. Nous pensons aller peut-être à Paris un de ces jours, mais rien de précis encore. Où es-tu ? et comment vas-tu ? Tous nous t'embrassons bien tendrement, ainsi que Grisechatte qui ronronne sur mes genoux. Je m'occupe des amis du Vésinet (?) Rien à redouter de ce côté. Monique est à Paris ainsi que Pata et Charles. Les Turura (1) avaient acheté une propriété de 400 hectares près de Narbonne mais Pierre, le mari Turura, a perdu l'argent dans une valise à Marseille. Je pense qu'ils y restent quand même. Jouvet est passé en météore. Il a ouvert pour quelques semaines avec *L'Ecole des Femmes*. Tendrement, mon chéri, et bien des compliments reconnaissants à ceux dont à nos yeux l'amitié te garde.

Jean.

(1) Surnom de Mme Pierre Lestringuez, et plus généralement de la famille Lestringuez, amie de la famille Giraudoux. Pierre Lestringuez avait écrit *Tricolore*, qui fut créé à la Comédie Française en même temps que *Cantique des cantiques*.

Jean Giraudoux   [*de Cusset*] *1er avril* [*1941*]
à son fils, Jean-Pierre
[*à Londres*]

1 avril

Mon chéri, nous rentrons de Paris après un séjour de plus de deux mois. Cela a été pénible de ne rien savoir de toi si longtemps et j'ai trouvé en arrivant ici tes lettres du début de Janvier et un mot de Lady Akswith. Nous sommes contents de te savoir meilleure mine. Ici les santés sont bonnes. Ta Grand-mère s'assourdit un tout petit peu mais résiste mieux au temps qu'à la peine de ne pas te voir. Jean est revenu de Suisse en février et a repris son travail. L'enfant de Riquette (1) s'appelle Dominique, il n'y en a pas d'autres en perspective. Ton oncle est animateur de la

(1) Marie-Anne de son prénom, fille du Dr Alexandre Giraudoux.

Légion de Cusset. Grisechatte ne quitte pas la chambre chaude, mais le manque définitif de viande pour les animaux ne lui sourit pas plus qu'à Puck, que ta pensée a touché beaucoup.

Je te donne des nouvelles détaillées des amis. A Paris nous avons vu ta marraine (2) et Charles qui se sont confinés à Neuilly (Nelly revient d'Amérique; je l'ai rencontrée hier). Les Richet (3) vont bien, le gendre est à Dakar et Claude-Charles prisonnier. Hier je me suis heurté à Suzy qui était à Vichy pour quelques heures. Elle habite Lyon avec ses enfants, travaille à un journal, vit en communauté avec les Brisson, et paraît aussi satisfaite qu'elle peut l'être en ce moment. Richard doit être maintenant en Amérique. Il est parti en bateau, de Marseille, voilà quelques semaines. Je suis passé l'autre jour près du Centre (4), avenue Matignon, et mon cœur a battu. Ton appartement est en bon état. J'ai payé le terme, et il t'attend. Tes vêtements sont en partie à Cusset ainsi que tes objets les plus familiers. J'ai vu la propriétaire qui est charmante et t'envoie ses souvenirs. Rien au nôtre non plus. Yvonne du Mazel (5) va l'habiter de temps en temps. Les Pariset (6) sont toujours fidèles et actives.

Je vais reprendre ma correspondance avec toi de façon régulière. De ton côté ne ménage pas tes lettres. Tu ne saurais croire combien tu manques à tous et surtout à moi. Je ne sais si c'est à cause de tes vingt et un ans et de ta majorité, mais les liens paternels tirent davantage sur moi. J'aurais tant besoin de ta présence et de ta jeunesse. Nous nous rattraperons un jour. Je fais comme si tu n'étais pas loin. Mais c'est l'époque de ma vie où ma pensée et mon travail réclament cette collaboration de discussion, de conviction, de curiosité qui était ta présence. Je vais maintenant recommencer à écrire. Mes premières lignes ont été notre recherche de Jean-Pierre au Portugal (7). Je réunis mes articles de critique, Racine et autres, pour essayer de voir clair et de passer au collyre les yeux des Français en ce qui concerne leur littérature (8). Ma pièce sur la guerre civile (9) reparaît à l'horizon. Un roman aussi se prépare. Tout cela serait intéressant si tous les jours je t'y voyais intéressé... Je ne peux croire d'ailleurs que la séparation durera longtemps encore. Travaille de ton côté. Ce sera pour moi ta présence.

(2) Madame Charles de Polignac, dite aussi Pata.

(3) Le professeur Charles Richet fils appartenait à une dynastie de professeurs de la Faculté de médecine de Paris.

(4) Le Centre danubien.

(5) Voir ci-dessus les Lettres à Suzanne. Yvonne du Mazel fut en outre secrétaire de J. G. à l'Information.

(6) Malcye et Maryse Pariset, amies de Riquette, filles de Clémence Cohadon (p. 79).

(7) *Portugal.*

(8) *Littérature.*

(9) *Les Gracques ?*

A bientôt, chéri. Nous t'embrassons tendrement. Beaucoup de choses excellentes se font en France sous des apparences un peu contradictoires. Je crois que je vais remporter ma victoire pour l'urbanisme. Du côté du moral, tu dois être renseigné.

Gigi.

Présente tous nos hommages à Lady Akswith, mille souvenirs à Elisabeth, à Betty, à Théo (1).

Envoie-moi ton adresse. Tu oublies toujours de la mettre.

(1) The Hon. Theodore Benson, fille de Lord Charmwood, grande amie de Betty et écrivain comme elle.

Jean Giraudoux   [*de Cusset*] *7 avril* [*1941*]
à son fils, Jean-Pierre
[*à Londres*]

7 avril

        Mon chéri,

Je t'ai écrit il y a quelques jours à notre retour de Paris. Je t'y disais ce qu'avait été notre séjour là-bas. Nos appartements sont intacts. J'ai été voir le tien et j'ai payé le loyer à la propriétaire. Nous avons décidé de ramener la plus grande partie de tes vêtements. Il faisait très beau et Paris était très bien. Les Bourdet (1) y sont; Marie (2) était là et s'occupait de Suzanne, quai d'Orsay. J'étais à l'hôtel. Nous sommes restés deux mois dans l'attente des permis. Nous avons retrouvé ici tous en bonne santé, y compris ta grand-mère pour laquelle l'hiver a été long. Jean est revenu de Suisse il y a plusieurs semaines et a repris sa vie. L'enfant de Riquette est une fille et s'appelle Dominique. Je ne sais s'il y en a d'autres à l'horizon.

Je te répète ce que je t'ai déjà écrit. Ne m'en veuille pas de redites. Suzy est à Lyon dans la famille de Pierre Brisson. Ses enfants suivent les cours de la ville. Richard doit être en Amérique maintenant. Il a quitté Marseille voilà un mois en bonne santé. Edmée (3) et sa sœur sont revenues à Paris où je les ai vues un jour que je déjeunais chez Pierre Renoir, qui a épousé Lisa. Jouvet fait une tournée triomphale de *L'Ecole des femmes* et prépare pour un voyage un lot de pièces où je figure avec *Ondine, la Guerre,* et *Electre.* Ombres entre lui et Madeleine à peu près éclaircies, mais pas dissipées. Nous les avons vus à Lyon où nous sommes

(1) Edouard et Denise Bourdet.
(2) Fidèle domestique.
(3) Edmée Rodrigue-Elie, belle-fille de Pierre Lestringuez.

allés ces jours-ci et où je repars aujourd'hui. Suzanne doit être à Avignon où le printemps bat son plein. Pas d'amis qui ne t'envoient ses vœux et ses souvenirs les plus profonds. Grisechatte fait un peu trop état de ta préférence auprès de Puck qui en est désolé.

Dans l'absence d'inspection, je me suis remis à d'autres travaux. J'ai enfin décidé mes chefs à prendre l'urbanisme (4) au sérieux. Je réunis mes articles dans un livre qui s'intitulera *Littérature française*, et j'y expose enfin mes convictions littéraires qui sont des convictions humaines, comme il convient. Si l'inaction continue, j'achèverai un roman et ma pièce sur la guerre civile. Comme je regrette, moi aussi, nos entretiens où tu serais maintenant plus encore que ce collaborateur de mouvement et d'inspiration que tu amenais à moi par ta présence. Tout cela reviendra, peut-être pas vite, mais bien.

Je suis heureux de te savoir chez des amis aussi parfaits. Pourquoi ne me donnes tu jamais leur adresse ? J'ai écrit voilà huit jours à Lady Akswith. Dis moi si mon mot lui est parvenu.

Tendrement de nous tous, mon chéri.

(4) Voir notre *Giraudoux et l'Allemagne*, p. 432.

De Jean-Pierre Giraudoux   *41 Haskerstreet*
à son père, Jean [*à Cusset*]   *London S.W. 1*
       De Londres, 1er mai 1941

1er mai 1941

Mon cher petit Gigi,

Je reçois à l'instant à Oxford où je termine ma permission (qui aura à mon grand regret duré cinq mois et demi !) ta lettre du 1er avril. Ta lettre du 7 avril m'est parvenue il y a une semaine. J'avais été près de cinq mois sans lettres de toi !

J'ai été bien heureux d'avoir de tes nouvelles, mon chéri, mais absolument abasourdi par l'état d'esprit qui, d'après tes lettres, semble être celui de la France. Après tout la guerre n'est pas terminée, elle est, à mon avis, fort loin de l'être et la France semble, cependant, l'oublier ou l'ignorer. Toutes tes occupations me semblent des occupations de temps de paix, absolument « beside the point » et je ne peux, mon chéri, y prendre le moindre intérêt. Ton absence, et ce que j'appelle ton inaction, me rendent excessivement malheureux.

Toute la politique intérieure de Vichy est peut-être excellente mais le moment n'est certes pas encore venu de la mettre en pratique ! Tout cela est « beside the point ». Je vais souvent dans l'immense champ de bataille qu'est devenu Londres. Un champ de bataille très gai, où les restaurants, les théâtres et les boîtes de nuit sont combles. Le courage et l'allant de ce pays sont bien réconfortants.

Je suis plongé jusqu'au cou dans les mathématiques, l'électricité et la navigation théorique. Ce n'est pas l'action mais la préparation à l'action.

Tous nos amis vont bien. Lady A. a été très heureuse de recevoir ton mot. Elisabeth est toujours charmante et je vois son fils à Oxford. Betty va bien et pense à toi.

Je t'ai dit dans ma dernière lettre que j'avais fait mes débuts de professeur à Cambridge. Il est difficile de se croire en guerre dans les deux Université où tout semble continuer comme auparavant, à cette différence près que les étudiants restent rarement plus d'un an.

Je t'ai dit qu'Hélène (1) avait épousé un jeune homme de 31 ans, ami de Théo. Elle est allée habiter dans sa ville de garnison. Ce mariage sera un interlude (je suis optimiste !).

Tu ne me donnes pas de nouvelles de Monique. J'espère que son mari est prisonnier ! Je trouve que Susy devrait épouser Pierre B. De Richard, je n'ai jamais reçu de lettre. Personne, d'ailleurs, sauf toi mon chéri, ne m'a jamais écrit ! Que devient Edmée de La R. ? Dis à Grand-Mère de m'écrire. Habites-tu à Vichy ou à Cusset ? Tout le monde ici, Français et Anglais, pense à toi et t'envoie les plus affectueux messages. Tu sais quel est le mien.

Tout ce qui a trait (pour toi et moi) au Portugal me fait penser à « Choix des Elues ». Un nouveau chapitre, une nouvelle version de « Choix des Elues ». Bientôt un an mon chéri que nous ne nous sommes vus. Jamais père n'aura tant manqué à son fils.

Au revoir mon chéri, Je voudrais bien pouvoir te dire à bientôt. A bientôt Quai d'Orsay, à bientôt rue Séguier (2), à bientôt Avenue Matignon (3), à bientôt Cusset et Vichy, à bientôt...

Mais comme toi il me faut dire : « Travaille de ton côté. Ce sera pour moi ta présence ! »

J'espère que Suzanne va bien. Où habite-t-elle en ce moment ?

Je vous embrasse bien tendrement tous les trois. Transmets à chacun toutes mes affectueuses pensées. J'ai rêvé de Christian (4) toute la nuit. Que devient-il ? Et Sylvie (4) ? Et les Chamboux ? Mes affectueux messages pour eux tous !

Ton fils adorable

Jean-Pierre.

(1) Sœur du dernier duc de la Trémouille.
(2) Adresse de l'appartement de Jean-Pierre à Paris.
(3) Adresse du Centre danubien fondé par J.-P. G.
(4) Christian Pineau, demi-frère de Jean-Pierre et leur nièce Sylvie.

à son fils, Jean-Pierre   [*de Cusset*] 7 *mai* [*1941*]
[*à Londres*]

7 mai

Cher petit Jean-Pierre, nous n'avons plus de nouvelles de toi depuis ton télégramme de Pâques. Ne peux-tu nous écrire par une valise anglaise avec enveloppe ouverte ? Ce mot te dira que nous allons tous assez bien. Ta grand-mère est assez fatiguée et t'envoie toute son affection qu'elle me recommande de te transmettre de la façon la plus particulière. Après quelques voyages à Lyon, où je m'étais rendu pour travailler ave Jouvet à l'élaguement des pièces qu'il emporte en Amérique du Sud, *Electre*, *La Guerre* et *Ondine* et pour parler cinéma avec un directeur de firme, je me suis remis à mon urbanisme et espère enfin remporter une victoire sur les ilotes et les ingénieurs. J'achève aussi mon recueil de littérature, et, entre temps, j'ai parlé à la Légion (1) de Cusset sous la présidence de ton oncle. Voilà pour ta famille. Pour ton pays, j'ai l'impression qu'il se remet lentement, mais sûrement. Tu sais combien je croyais que le mal était profond. Il l'était, mais la cruauté de la leçon a servi, et les qualités du peuple restent intactes sous le pauvre uniforme qui les avait revêtues et salies. Tes amis vont bien. Malcy P. [Pariset] a été très souffrante pendant deux mois, elle va mieux. Maryse toujours infirmière. La fille d'Edmée (2) toujours belle et indépendante. Jean Madier (3) est mort subitement il y a quinze jours. Son fils le pleure. Les Castaigne - Richet (4) sont au Maroc. Grisechatte est sur un arbre et Puck aboie vers elle.

Nous avons su par Mlle Avignon (5) que tu avais fêté ton anniversaire et tes vingt et un ans. J'attends le prochain de tout mon cœur. Nous t'embrassons tous tendrement. Courage. Tu me manques beaucoup. Tous mes souvenirs à tes amis.

(1) *Légion française des combattants*, voir notre *Giraudoux et l'Allemagne*, p. 432.
(2) Isabelle, fille d'Edmée de la Rochefoucauld.
(3) Jean Madier, chirurgien ami de Suzanne puis de Jean Giraudoux, parent des Richet.
(4) Marianne Richet, fille du professeur Charles Richet fils, devenue par mariage Mme Castaigne.
(5) Fidèle amie de la grand-mère.

Jean Giraudoux   de [*Cusset*] *30 juillet* [*1941*]
à son fils, Jean-Pierre
[*à Londres*]

Mercredi, 30 juillet

Cher petit Jean-Pierre, je suis allé à Paris et j'ai été obligé d'y
rester près de deux mois et demi. De là-bas je ne pouvais t'écrire.
J'ai reçu quelques unes de tes lettres avec beaucoup de retard à
mon retour, jeudi dernier, mais tant que la vision à distance ne
sera pas inventée, il faudra bien que nous contentions de signes
à retardement. Je dois dire que ton état d'esprit est tonifiant et
nous en sommes heureux. C'est ta santé qui m'inquiète, et je
commence ce mot en te la recommandant. Tu as besoin d'être
fort, tu sais que tu as à lutter pour cela, et sur ce point comme
sur les autres, sois énergique. Où en sont tes ressources ? Aujour-
d'hui un des mes agents de théâtres part pour les Etats-Unis, et
comme j'aurai quelques droits à toucher, je lui demande de
trouver un moyen qui permette de t'envoyer les quelques dollars
que l'on peut débloquer par mois. Je donne pour adresse 5 Cadagan
Gardens. Peut-être sera-ce possible...
Chapitre informations d'abord. Tous ceux auxquels tu t'inté-
resses vont à peu près. Jean Madier est mort subitement mais tu
le connaissais peu. Le doyen de la famille aussi, Sarazy, de Bordeaux, à 92 ou 93 ans. Mais ta grand-mère, entre crise et crise, ne
va pas trop mal, bien qu'elle se soit attristée beaucoup, et que tu
lui manques énormément. Riquette n'a pas encore de quatrième
enfant. Toute la maison subit lourdement ,mais courageusement,
et avec réactions excellentes, les événements. A Paris, comme
Lestringuez a repris son appartement, Edmée (1) et sa sœur nous
ont demandé d'habiter le tien, dont je paye scrupuleusement les
termes, et elles s'y plaisent beaucoup. J'ai rencontré quelques-uns
de tes amis. Un soir, à la Comédie Française — j'y avais été
entraîné par Jean-Louis (2) qui la dirige et avec lequel je dînais —
la débutante dans Musset, Mlle Auger, m'a dit qu'elle était avec toi
à l'Ecole Alsacienne. D'ailleurs personne ne t'oublie et chacun
t'envoie son affection et ses souhaits. Je sais que Suzanne a rencontré je ne sais où le jeune Kayserling (3) et qu'on a parlé de toi.
Jouvet et Madeleine sont partis pour l'Amérique du Sud avec un
large programme et une troupe restreinte. Je viens de recevoir un
câble où ils m'annoncent succès et triomphe. Je suis loin d'eux
et de cela. Ils comptent revenir fin septembre. Pas de nouvelles
de Richard. Je vais peut-être en avoir demain à Lyon, par Suzy.

(1) Edmée Rodrigue-Elie, belle-fille des Lestringuez.
(2) Jean-Louis Vaudoyer.
(3) *Sic.* Manfred, fils du comte Edouard de Keyserling.

Ici je m'efforce d'être juste pour une France qui se reconstitue lentement, se cicatrise péniblement, et commence, je crois à entrevoir son rôle futur et son avenir dans cette mêlée. Expliquer son effrondement par une défaillance subite et définitive, c'est ne pas comprendre. Il est le résultat du long combat — terrible pour elle car elle était seule à le mener —, qui s'est livré depuis 1918. Vingt-deux ans, elle a été seule à prévoir, à voir, elle n'a été qu'un pays de mobilisés et de sentinelles, sans aide extérieure, avec tous les mécomptes et les refus extérieurs. On ne se raidit pas vingt ans ainsi, en sacrifiant à ce qu'on croit un devoir international le libre exercice d'un pays et sa vie naturelle— ce qu'elle était seule à faire — sans arriver à un point dangereux de fatigue et de doute qui devient fatal avec des chefs médiocres. D'ailleurs je crois qu'il ne faut plus en être au passé. Mais un des éléments de l'avenir, un des plus importants, est de ne pas favoriser la méconnaissance systématique de cet énorme et épuisant effort solitaire. Nous avons été prêts trop tôt, alors que les autres l'ont été trop tard...

A bientôt, mon chéri. Je t'écrirai la semaine prochaine quand j'aurai refait connaissance avec la zone libre. Tous t'embrassent très fort, ta mère et moi bien tendrement.

Dad, comme on dit.

Grisechatte va bien.

Jean Giraudoux　　　　　　　　　　[*de Cusset*] *17 septembre* [*1941*]
à son fils, Jean-Pierre [*à Londres*]

17 septembre

Cher petit Jean-Pierre, voici la lettre mensuelle qui est un peu en retard car je suis retourné à Paris et n'en suis revenu que récemment. Tes télégrammes pour la fête de ta grand-mère et de ta mère leur ont fait grand plaisir, mais depuis rien de toi. Nous voudrions t'imaginer aussi bien portant qu'actif, et pour cela le minimum de nouvelles est nécessaire. L'époque Porquerolles est arrivée, qui te laissait large et doré. Il ne doit pas faire plus chaud où tu es qu'à Cusset où l'on grelottait jusqu'à hier. Aujourd'hui un peu de soleil s'est dévoilé et tiédit nos espoirs.

Revue de famille. Tous en bonne santé à part ta mère qui est en ce moment dans le midi mais qui est fatiguée. Ta grand-mère se plaint de sa jambe et marche avec peine mais elle m'a confessé Dimanche qu'elle allait descendre à la cave pour surveiller le scieur de bois et monter au grenier pour contrôler des rangements. Grisechatte l'assiste dans ses tournées. Le doyen de la famille, ton Oncle Sarrazy de Bordeaux, est mort et elle est la seconde doyenne, après sa sœur. Mademoiselle Avignon apporte presque quotidiennement sa visite et ses fleurs. Ton oncle s'occupe avec ardeur de la Légion. Tous, y compris Maria, pensent à toi avec beaucoup d'assiduité, sans compter ceux qui t'envient. Tantôt le menuisier et d'autres me demandent ce que tu deviens et sont heureux de te savoir en bon état et en bon lieu. Revue des amis : Ton amie Wanga s'est mariée, avec un jeune homme gentil et riche. Jean de Baroncelli publie un livre de guerre. Suzie vit toujours dans le caravansérail de la famille Brisson à Lyon. J'ai vu ta marraine (1) et Charles pleins d'affection pour toi. Ils ont un petit tonneau avec un cheval pour leurs voyages à Paris et élèvent des poules dans le jardin. Jouvet est au Brésil et en Argentine. où *La guerre de Troie* et *Ondine* ont des théâtres trop petits, à ce que me disent ses câbles. Jean-Louis V. [Vaudoyer] essaye avec beaucoup de peine de marier Carnavalet avec la Comédie Française. Fred a perdu à la fois sa mère et son père, et Geneviève est une grande personne sympathique. Claude est marié avec une jeune femme jolie et toute petite, mais il est toujours mobilisé et sans liberté. Vu Clauzel qui t'envoie ses souvenirs, je n'ai pas l'impression d'oublier quelque événement important en ce qui concerne les autres.

Pour moi, tu me manques beaucoup. A cette fin de septembre, nous avions l'habitude nous retrouver, pour nous séparer à nouveau bientôt, sans doute, mais j'aimais, à l'entrée d'une nouvelle année de tes études ou de tes voyages, profiter quelques semaines de ce que l'année descendante avait fait de toi. Je n'ai pas assez de confiance dans mon travail, je veux dire qu'il n'a pas assez de nouveauté pour moi, pour m'y donner sans réticence quand mon fils n'en est plus le bénéficiaire et l'aiguillon. En ce moment, je tente à nouveau ma chance d'urbaniste et j'essaye d'amener à ma science ceux qui prétendent refaire le pays avant de savoir comment il sera et quel il sera. Mes autres travaux aussi m'occupent, mais l'accolade qui unirait ces occupations pourrait être toi, et chacune vit un peu personnelle et taciturne à cause de ton absence.

Nous t'embrassons bien tendrement tous. Dis à nos amis notre gratitude et nos souhaits.

Dad.

(1) Madame Charles de Polignac.

à son fils, Jean-Pierre   [*de Cusset*] *5 novembre* [*1941*]

5 *novembre*

Mon cher petit Jean-Pierre, voilà longtemps que je n'ai pu t'écrire, car je ne suis revenu que depuis deux jours de Paris où j'étais depuis deux mois. J'ai été heureux d'apprendre à mon arrivée que tu n'allais pas trop mal et qu'on avait de tes nouvelles. Tu ne saurais croire combien tous pensent à toi, je ne te parle pas seulement de Suzanne, de ta grand-mère ou de moi, mais de tous tes amis et amies. A Paris, j'ai rencontré Loulou de Vilmorin, Arletty, l'amie qui t'avait prêté l'hispano, ici une jeune turque — je te les cite dans la confusion des rencontres, — et toutes t'envoient leurs amitiés les plus vives. J'ai vu Edmée qui habite ton appartement avec une camarade et qui travaille beaucoup et qui pense à toi avec envie. J'habitais l'hôtel de Castille, rue Cambon, car l'appartement est trop froid, et j'y travaillais. Tu sais que Flandin, dans son court passage, m'a écarté du ministère et je n'en suis pas malheureux, car j'ai repris ma liberté de travail. Je n'ai rien accepté encore de ce que l'on a pu m'offrir dans les cadres officiels. J'ai passé mon temps de loisir à réorganiser ma ligne urbaine dont les dessous seront exclusivement de nature morale. J'ai publié un livre qui contient mes articles de critique et un certain nombre de documents nouveaux sous le titre de « Littérature », mais tu verras, en le lisant, que le véritable titre est « Non-Littérature ». Je projette un pendant à *Pleins Pouvoirs* qui s'appellerait *Sans pouvoirs*, et, après avoir écrit pour Jouvet, qui d'ailleurs reste en Amérique après une tournée où il a joué *Electre, la Guerre de Troie* et *Ondine*, une tragédie sur la fin du monde [1], je vais en commencer une qui sera d'actualité plus encore sur les conquérants et les exils et les travaux et les espoirs [2]. Tu ne saurais croire comme ceux des Français qui étaient bien sont devenus bien et comme ceux qui étaient mal restent mal. Dans l'ensemble le pays souffre atrocement de sa situation et des contraintes qu'elle entraîne. A part dans les quelques villes et les quelques milieux qui ne la comportent pas, une véritable dignité règne partout. Une grande peine aussi de l'injustice avec laquelle on mélange dans certains pays étrangers nos impurs et nos purs. Parmi toutes les conceptions de l'individu et de la nation qui sont en lutte, c'est celle de notre pays que je continue à considérer comme la seule vraie, et l'abominable régime que nous avions avant la guerre ni la défaite qui lui est due n'en modifieront pas l'excellence et l'humanité. Mais en ce moment il ne s'agit pas de concours de civilisation; il s'agit de sacrifice, et nombreux sont ici ceux qui y sont prêts.

(1) *Sodome et Gomorrhe.*
(2) *Les Gracques ?*

Jean GIRAUDOUX (1er à gauche) à Munich (1906).

Jean GIRAUDOUX dans le rôle de Mascarille, entre ses cousines, Cécile-Marguerite (à droite) et Marguerite-Marie TOULOUSE. *Les Précieuses ridicules*, 76, rue du Théâtre, 10 janvier 1907.

Le lieutenant GIRAUDOUX (au centre) instructeur à Harvard (1917).

Le lieutenant GIRAUDOUX (2ᵉ à gauche) aux Etats-Unis (1917).

Jean GIRAUDOUX (1ᵉʳ à droite) et André MORIZE (3ᵉ à droite)
en route vers les U.S.A. sur le *Touraine* (1917).

A bientôt, cher petit. Je ne sais si mes lettres te parviennent.
Voilà bien longtemps que je n'ai eu la joie d'ouvrir les tiennes.
Ici ta grand-mère t'attend devant son feu et sous l'œil de Grisechatte, privées toutes deux de leurs nourritures préférées. Elle a eu
quatre-vingt-neuf ans le 25 novembre. Elle est toujours aussi vive
de cœur et d'esprit. Tous les autres vont très bien. Suzanne a dû
t'écrire et tu auras vu par ses lettres son état d'esprit. Pour le
moment elle est calme et a trouvé ici des amis qui l'aiment.

Dis à nos amis toute notre affection. Je me suis occupé d'Aimery
junior. Ta marraine t'envoie mille souvenirs, ainsi que la duchesse
d'Ayen que j'ai vue la semaine dernière chez elle et qui m'a donné
des nouvelles de sa belle-sœur. Tâche d'écrire à ta mère et à moi.

Tendrement,

Dad.

Jean Giraudoux   [*Cusset*] *31 mars 1942.*
à son fils, Jean-Pierre [*à Londres*]

31 mars 1942

Tous mes vœux pour votre famille et vous. Cusset est en
bonne santé (1).

Pour Jean-Pierre Boland (2). Nous allons assez bien tous, cher
enfant. Je viens de faire en Suisse une tournée de conférences (3).
J'y ai trouvé nos amis tous accueillants et confiants en notre pays.
Vu le Dr et la tante Marguerite (4); déjeuner royal. Ils n'ont plus
de clients, sont ruinés, mais très bien. Liselotte a un fils
nommé Jean-Pierre, que j'ai vu et qui est beau. Elle habite Fribourg avec un agréable mari alémanique, mais qui se met à l'air
de Fribourg dans une charmante maison. Beaucoup de tes camarades, amis ou amies sont venus me voir et me parler de toi. Je
pars ce soir pour Paris quelques jours, voir où en sont les théâtres,
j'ai deux pièces terminées, *Sodome et Gomorrhe* et *L'Apollon de
Marsac,* mais j'attends Jouvet. Je lui ai téléphoné de Genève à
Rio de Janeiro. C'était surprenant et touchant, Madeleine collée à
lui, toujours pleine de haine pour lui, mais toutes ses passions

---

(1) Ce prologue s'adresse probablement à quelque collègue diplomate en
poste dans un pays neutre, sous le couvert duquel Jean Giraudoux correspondait
avec son fils.
(2) Le nom de jeune fille de la maman sert provisoirement de nom de
guerre.
(3) Cf. *Visitations.*
(4) Le docteur Brüstlein et sa femme, amis de Jean et Suzanne Giraudoux,
avaient accueilli Jean-Pierre en vacances dans leur maison de Lausanne
(voir *Le Fils,* p. 46). Leur fille, Liselotte, amie d'enfance de Jean-Pierre,
fut plus tard la première femme député que connut la Suisse.

cèdent au théâtre. Ta mère est quai d'Orsay, en assez bon état,
avec Marie... Nous pensons à toi constamment, et à tes amis auxquels tu diras notre amitié et notre gratitude. Ici (secret) Jean est
fiancé. Ta grand-mère aimerait t'avoir pour ses quatre-vingt-dix
ans, et Grisechatte pour son treizième anniversaire. Je n'ai pris
aucune mission dans le ministère, mais je m'occupe de l'urbanisme
— tu devines ce que j'en fais — et nous travaillons tous.

Pense à moi, à nous.
Tendrement

Dad.

Jean Giraudoux　　　　　　　　　[*de Cusset*], *12 août 1942*
à son fils, Jean-Pierre

12 août 1942

Cher, bien cher J.-P., ta lettre du 29 mai est notre dernier
phare sur ton voyage. Depuis, ton télégramme de la St-Jean (merci !) et c'est tout. Je te suis chaque jour dans cet océan (1) où je ne
savais pas que je te précéderais de si peu, et à tous notre vie est
pour une grande part près de toi, très distraite de nous-mêmes. Rien
de bien nouveau à t'apprendre. Ta grand-mère ne va pas trop mal,
ni personne. Grisechatte vit toujours mais vieillit. Des amis de Paris
l'existence continue; Marie-Louise empressée auprès de ta mère, la
Comtesse Mereati à New York où elle t'attend, la pr. Poniatowska
au Mexique, Pariset ici, toutes au complet et vigilantes. Jouvet toujours Buenos-Aires. Je l'attends pour deux pièces que je ne donnerai sans doute pas sans lui. Mon travail est axé d'ailleurs sur
des structures plus tragiques que les structures théâtrales. Tu dis
que tu ne reçois pas mes lettres. Je t'ai écrit bien souvent : —
Après mon voyage en Suisse où j'ai trouvé les Brüstlein en bonne
santé (Liselotte a un fils, Jean-Pierre et en attend un second, les
Jaloux anxieux de tes nouvelles). Après mon dernier séjour à
Paris où je retourne aujourd'hui pour une quinzaine. — Peut-être
te parviendront-elles un jour.

Je t'envoie toute ma tendresse et tout notre espoir — qui ressemble au tien à s'y tromper.

Gigi.

---

(1) Le Pacifique, où les Forces Françaises Navales Libres ont envoyé
l'aspirant Montaigne, nom de guerre de Jean-Pierre Giraudoux (voir *Le Fils*,
p. 132).

TABLE CHRONOLOGIQUE
DES LETTRES CONTENUES DANS CE VOLUME

DATE	LIEU	A SES PARENTS	AUX COUSINS TOULOUSE	AUTRES DESTINATAIRES
		Pages	Pages	
20-28 janvier	Voyage Niagara Montréal	152 - 153		
29 janv. - 5 février	Cambridge	153 - 154		
14-18 février	Voyage Washington-Richmond	156 et 157	114	
26 fév. - 25 mars	Cambridge	157 - 161		
28 mars	New-York	162		
18 août	Paris	166		
Printemps 1909	Paris			195 (à Ch.-L. Philippe)
22 déc. - juillet 1910	Paris			196 à 198 (A. Gide)
août	Paris			201 (à l'am de J, l'Egoïste
1911	Constantinople	167 - 168		
automne	Paris	168		
1911 ou 1912	Paris			106 (à Ruede rer)
16 février	Moscou		114	
8 septembre	St-Bonnet de Rochefort	169		
7 mai 1913	Vienne	170		
			A SUZANNE	
10 mai	Constantinople	168	172	
fin de l'été	Paris		173	
18 septembre	Sainte-Enimie	170		
12 et 16 mai ? 1914	Paris		174 - 175	
22 et 31 juillet	Cusset		176 - 177	
début janvier 1915	Roanne		178	
1er février	Pau ?		179	
14 février	Moulins		(?) 185	
fin juin - 5 août	Hyères		181	
5 nov. 1916	Lisbonne		182	
fin avril ou mai 1917	Boston			203 (à P. d Lanux)

DATE	LIEU	A SUZANNE SA FEMME	A S. LALIQUE	AUTRES DESTINATAIRES
		Pages	Pages	
6 juillet **1919**	Saint-Amand-Montrond		232	
eptembre	Cusset		232 - 233	
iver	Cusset			206 (à V. Larbaud)
9 décembre	Paris	183		
5 septembre **1920**	Cusset		233	
8 décembre	Paris		234	
1 mai **1921**	Stockholm		234	
3 avril ? **1922**	Talloires		234	
9 et 30 août	Barfleur		235	
0 septembre	Paris			210 (à J. Doucet)
7 avril **1923**	Fès		235	
1 juin ? **1924**	Vichy		236	
4 août	Cusset		236	
novembre	Cusset			216 (à E. Maynial)
Entre 1920 et 1924	Paris			207 (à V. Larbaud)
août **1925**	Vichy			214 (à P. Bressy)
21 août	Paris		236	
décembre	Paris			207 (à V. Larbaud)
entre 1924 et **1926**	Cusset, Lyon, Paris			212-214 (à P. Bressy)
5 août **1926** ?	Cusset		237	
0 août	Paris		238	
23 juillet ? **1928** ?	Châteauroux		239	
7 septembre **1929**	Paris		239	
février **1930**	Paris			93 (à M. Ray)
début octobre	Paris		240	
28 janvier **1931**	Paris			218 (traductrice d'A. 38)
août	Vevey			220 (à A. Morize)
décembre	Paris			222 (à A Suarès)
février **1932**	Paris			225 (à A. Breton)
avril	Céret		241	
26 avril **1933**	Paris			222 (à A. Suarès)

Date	Lieu	A SA MÈRE	A S. LALIQUE	AUTRES DESTINATAIRES
		Pages	Pages	
8 janvier **1935**	Badgad		241	
16 mars **1936**	Paris			93 (à M. Ray)
23 avril - 5 juin	Voyage La Havane, Mexico, San Francisco		241 -242	
28 septembre 1936	Biarritz		242	
novembre	Vienne			227 (à A. Kolb)
12 septembre **1937**	Paris			227 (à A. Kolb)
14 octobre	Oxford	247		
21 octobre	New-York	247		
30 octobre	Nouvelle-Orléans	248		
2 novembre	New-York	248		
8 novembre	San-Francisco	249		
14 novembre	Honolulu	250		
29 novembre	Auckland		242	
3 - 21 décembre	Sydney	251-3		184 (à sa femme Suzanne)
9 - 14 janvier **1938**	Batavia	255-6	242	
22 janvier	Singapour	257	243	
30 janvier	Bangkok	257		
7 février	Hanoï	258	243	
14 février	Singapour	258		
1ᵉʳ mars	Colombo	259		

Date	Lieu	A SA MÈRE	A SON FILS JEAN-PIERRE	AUTRES DESTINATAIRES
1ᵉʳ août	Paris		263	
2 septembre	Sornac		264	
mai **1939**	Paris			230 (à Y. Friedmann)
16 mai	Southampton		265	
16-28 juillet **1940**	Cusset		265 - 266	
11 sept. - 4 octobre	Lisbonne		267 - 272	
mi-octobre	Cusset		272	
automne	Cusset	262		
8 déc. 1940 - 12 août **1942**	Mont Pila		273 - 284	

TABLE DES MATIERES

ACHEVÉ D'IMPRIMER SUR LES PRESSES
DE L'IMPRIMERIE D'OC, A TOULOUSE.

DÉPÔT LÉGAL : 2e TRIMESTRE 1975

—— IMPRIMÉ EN FRANCE ——